유튜버 나원참

손해평가사 2차 이론서

주제별 특강 (상권)

| 개념·예제 설명 + 실전문제풀이 |

아무나 합격하는 것이 아니라 준비된 수험생들만 합격하는 아주 어렵고 고급스런 자격증입니다.

나원참 편저

영상 바로가기

"손해평가사 강의의 새로운 중심!! 나원참 손해평가사"

손해평가사의 바램이 되어~

안녕하세요 손해평가사 나원참입니다.

손해평가사 2차시험을 준비하고 계신 수험생 여러분들께 희망과 바램을 드리고자 이 책을 출간하게 되었습니다.

농업정책보험금융원의 이론서는 복잡하고 실망스런 설명으로 수험생들을 혼란스럽게 하고 이해하는데 어려움이 많이 있습니다. 손해평가 이론과 실무에 해당되는 내용들을 주제별로 묶어서 설명하고 예제문제 풀이를 통한 개념이해를 쉽게 만들었습니다.

논란이 되는 부분들도 잘 정리하여 문제풀이 요령 그리고 답안작성 방법에 대해서 자세하게 설명을 합니다.

손해평가사 2차시험은 아무나 합격하는 시험이 아니고 준비된 10% 수험생들만 합격하는 시험입니다. 10회 시험에서 5.9% 합격률이 발표되었듯이 10명 중에 9명은 불합격되는 시험으로 철저하게 준비를 해야 합격 할 수 있습니다.

어려운 시험에 수험생 여러분들이 합격 할 수 있도록 최선을 다해 열심히 노력하겠습니다.

감사합니다.

손해평가사 나원참

나원참 손해평가사

https://www.youtube.com/@appraiser-gaussla

목차
CONTENTS

01

2025년도 손해평가사 (입문편)

2025년도 손해평가사(입문편)

2025년도 제11회 손해평가사 자격시험 일정

(1차 시험)- 5월 10일(토요일): 3과목(각 과목 객관식 4지선다형 총 75문항) 90분

① 상법- 보험편 ② 농어업재해보험법령 ③ 원예학 및 재배학

(2차 시험)- 8월 30일(토요일): 2과목(각 과목 서술형 총 20문항) 120분

① 농작물재해보험 및 가축재해보험의 이론과 실무

② 농작물재해보험 및 가축재해보험 손해평가의 이론과 실무

⊙ 2024년도 제 10회 손해평가사 접수 현황

* 1차 시험(2024년 6월 8일 시행): 합격자 9,343명(응시자: 14,037명) 합격률: 약67%

▣ 10회 손해평가사 2차 시험(2024년 8월 31일 시행)

1. 시행현황

구분	대상	응시	결시	응시율	합격	합격률
2024년도 제10회	11,291명	9,584명	1,707명	84.9%	566명	5.9%

※ 2023년도 합격률: 13.93% (11,732명 중 9,977명 응시하여 1,390명 합격)

2. 과목별 채점현황

구분	응시자수	평균점수	과락자수	과락률
농작물재해보험 및 가축재해보험의 이론과 실무	9,584명	39.41점	5,133명	53.56%
농작물재해보험 및 가축재해보험 손해평가의 이론과 실무	9,584명	19.54점	8,319명	86.8%

⊙ 2023년도 제9회 손해평가사 합격자 현황

▣ 1차 시험(2023년 6월 3일 시행)

1. 응시 및 합격자 현황

구분	1회	2회	3회	4회	5회	6회	7회	8회	9회
응시자	4,002	2,879	2,374	2,594	3,901	8,193	13,230	13,361	14,107
합격률	46.6	61.2	60.8	75.1	63.7	70.2	71.9%	67.9%	76.8%

2. 과목별 과락률

구분	2020년도	2021년도	2022년도	2023년도
상법	5.0%	4.8%	5.2%	7.5%
농업재해보험법	4.6%	11.8%	4.7%	1.1%
재배학·원예학	11.7%	7.4%	15.6%	11.2%

강의 순서(2025년도)

① 보험의 이해(손해평가사 입문편)
② 필수강좌(평년착과량, 평년수확량, 보험가입금액, 영업보험료)
③ 적과전종합위험(과수4종)
④ 종합위험 수확감소보장 과수(포복자만. 밤호두, 참다래유자, 매대살오)
⑤ 종합위험 과실손해보징 과수(무화과,복분자, 감귤(온주밀감),오디)
⑥ 종합위험 수확감소(논작물): 벼밀보리귀리, 조사료용벼
⑦ 수확감소(밭작물): 콩팥차, 고구마양배추, 감자, 마늘양파, 옥수수, 수박(노지)
⑧ 특정작물(인삼)
⑨ 생산비보장 밭작물(고추브로콜리, 배무당단파메시양)
⑩ 생산비보장 시설작물과 버섯작물
⑪ 농업수입감소보장(농업수입안정보장: 포도, 고감마양양콩, 옥수수, 밀, 보리 예정)
⑫ 가축재해보험(이론과 실무)
⑬ 가축재해보험(보험가액산정)
⑭ 농업용 시설물(비가림시설, 해가림시설, 원예시설물과 버섯재배사, 축사)
⑮ 시설물 총정리
⑯ 주제별 강의
⑰ 완전정복 강의
⑱ 합격도전문제 강의

⑲ 예상문제 강의
⑳ 최종 요약 정리
* **25년도 신규 상품: 수박(노지), 블루베리, 두릅, 봄배추**

강의 교재

* **최고의 손해평가사 교재**: 농금원 이론서를 다운 받아서 제본한 교재
* **최악의 손해평가사 교재**
(1) 중고책(투자한 만큼 결실을 맺는 공부)
(2) 주관적인 의견이 반영된 학원교재, 유투브 강사 교재

손해평가사 준비 유의 사항

(1) 이론서 중심의 학습 진행(반복적인 정독 학습)
(2) 학원교재, 유투브 강사 교재는 보충학습 교재로 이용
(3) 매년 교재 내용이 변경: 중고책으로 공부하는 것은 장수생의 지름길!!
(4) 애매한 이론서 내용(논란이 되는 내용 정리)
(5) 기출문제 분석(출제유형 분석 1, 2과목별 문항분석)
(6) 기출문제 논란의 문제 분석(전원정답과 복수정답)
(7) 반복학습으로 기본적인 공식 암기(이해를 통한 암기)
(8) 시험 답안 작성 요령 파악(시험지 우선, 이론서 기준 작성)
(9) 철저한 시간관리, 실수예방 연습
(10) 체감 난이도 조절(변별력이 있고 난이도가 높은 문제풀이)
(11) 절대평가(평균 60점 이상), 과락(40점 미만)이지만 상위 10% 정도만 합격하는 아주 어려운 시험
(12) 반복훈련과 정확한 암기력으로 철저하게 학습하고 실전모의고사를 통한 시간관리, 실수예방, 체감난이도 조절을 잘 하면 무난히 합격 할 수 있습니다.
(13) 강의만 많이 듣는다고 좋은 것이 아니고 실전 훈련이 제일 중요합니다.
(14) 공짜 강의의 한계성(투자한 만큼 실효성이 많음)
(15) 나만 나이가 많은 것이 아니라 대부분 수험생들이 나이가 많습니다.
(16) 온라인(정보. 통신)문화에 익숙하지 않아서 공부하는데 어려움이 많습니다.
(17) 120점 목표로 공부하면 100% 불합격 되므로 최소 140점을 목표로 공부하시길 바랍니다.(120점~140점은 법인 취업이 불가능)

나원참 손해평가사
2025년도 제11회 시험대비 커리큘럼

손해평가사 1차 시험 준비과정	*4~5월 중 시험대비- 업데이트 완료(무료강의 제공) (상법 보험편. 농어업재해보험법령. 재배학 및 원예학)
손해평가사 입문 준비과정	*손해평가사 최단기간 합격방법 *농업재해보험 용어 설명 *손해보험과 농업재해보험에 관한 용어설명과 문제풀이 *손해평가사 시험 준비과정의 필수 사항
손해평가사 2차 시험 준비과정	*농작물 재해보험 전체과정(농업용시설물 포함) (보험가입금액, 보험료, 보험금 산정 요령 등) *가축 재해보험 전체과정(축산시설물 포함) *2차시험 고득점 합격방법 (시간관리요령, 답안작성 요령, 실수예방 방법 등등)
이론서 개정부분과 논란의 부분 해설 강의	*3월 농업정책보험금융원 이론서 개정부분 설명 *농업정책보험금융원 이론서 논란이 되는 부분 발췌 설명
1차 시험 모의고사 (총 2회)	*손해평가사 1차시험 기출문제(1회~10회) 중요 설명 *출제 예상문제 모의고사 총 2회분 테스트
2차 시험 모의고사 (총 10회)	*한국산업인력공단 출제 경향에 맞는 출제 예상문제 *1단계(1회~5회): 25년 6월 20일경 배송 시작 *2단계(6회~10회): 25년 7월 20일경 배송 시작

구분	내용
농업부분 위험의 유형	- 생산위험 - 가격위험 - 제도적위험 - 인적위험
재해보험의 기능	- 농가의 신용력 증대 - 농촌지역경제 및 사회 안정화 - 농업투자의 증가 - 농업정책의 안정적 추진 - 재해농가의 손실 회복 - 재해대비 의식 고취 - 지속가능한 농업발전과 안정적 식량공급에 기여
재해보험의 특징	- 국가 재보험 운영 - 경제력이 낮은 농업인을 대상 - 손해평가의 어려움 - 주요담보위험이 자연재해 - 소멸성 단기보험(물보험) - 위험도에 대한 차별화가 곤란 - 경제력에 따른 보험료지원 일부 차등
재보험의 기능	- 기업경영의 안정 - 신규 보험상품의 개발촉진 - 원보험자의 인수능력의 확대로 마케팅능력 강화 - 위험의 분산(질적, 양적, 장소적)
보험의 성립요건	- 한정적 손실 - 동질적 위험의 다수 존재 - 손실의 우연적 발생 - 경제적으로 부담 가능한 보험료 - 비재난적 손실 - 확률적으로 측정 가능한 손실
보험의 특성 **(대전집분실)**	- 예기치 못한 손실의 집단화 - 대수의 법칙 - 위험의 전가 - 위험의 분담 - 실제 손실에 대한 보상
손해보험의 원리.원칙 **(이분대급수)**	- 이득금지의 원칙 - 위험의 분담 - 위험대량의 원칙 - 급부. 반대급부 균등의 원칙 - 수지상등의 원칙
보험의 순기능 **(신투손자불안)**	- 신용력 증대 - 투자재원 마련 - 손실 회복 - 자원의 효율적 이용 기여 - 불안 감소 - 안전(위험대비)의식 고양
손해보험 계약의 법적특성 **(유상계부최불쌍)**	- 유상계약성 - 상행위성 - 계속계약성 - 부합계약성 - 최고선의성 - 불요식낙성계약성 - 쌍무계약성
보험 계약의 법적원칙 **(최대실피)**	- 최대선의의 원칙 - 보험자 대위의 원칙 - 실손보상의 원칙 - 피보험이익의 원칙

구분	보상내용
사고발생시 조사단계	**사고발생통지(계약자) ⇨ 사고발생 보고 전산입력 ⇨ 손해평가반 구성 ⇨ 현지조사 실시 ⇨ 현지조사결과 전산입력 ⇨ 현지조사 및 검증조사**
보험금 지급시 유의사항	- 계약체결의 정당성 확인 - 고의, 역선택 여부 확인 - 면책사유 확인 - 고지의무 위반 여부 확인 - 기타 확인
면부책 판단 확인사항	- 보험기간 내에 보험약관에서 담보하는 사고인지 여부 - 사고의 원인과 손해 결과의 상당인과관계 여부 - 보험약관에서 정하고 있는 면책조항에 해당되는지 여부 - 중대과실에 의한 사고, 고지의무 위반에 해당되는 사고인지 여부
보험사기의 성립요건	- 계약자 또는 보험대상자에게 고의가 있을 것 - 기망행위가 있을 것 - 사기가 위법일 것 - 상대방인 보험자가 착오에 빠지는 것 - 상대방인 보험자가 착오에 빠져 그 결과 승낙의사 표시를 한 것
보험자의 의무	- 설교영낙지
보험계약자 피보험자의 의무	- 고지의무 - 통지의무(위험변경.증가, 위험유지, 사고발생통지) - 손해방지 경감의무
보험약관의 해석원칙	- 단체성. 기술성을 고려하여 합리적으로 해석 - 신의 성실의 원칙에 따라 공정하게 해석 - 계약자에 따라 다르게 해석하면 안 된다. - 인쇄내용과 수기내용은 수기내용을 우선으로 한다. - 애매. 모호한 경우에는 보험자에게 엄격. 불리하게 계약자에게 유리하게 해석

<농업위험의 유형과 정책수단>

위험의 유형	주요 정책 수단
생산위험	농작물재해보험(수량보험,수입보험), 비보험작물재해지원, 긴급농업재해대책
가격위험	최저가격보장제, 가격손실보상제, 수입손실보상제, 수입보장보험
제도위험	환경보전 및 식품안전 규제에 대한 비용분담, 장려금 지원, 영농컨설팅 및 전업을 위한 교육훈련 지원, FTA 피해보전직불제 등
인적위험	농업인안전보험, 농기계보험, 농업고용인력 중개지원 등

구분	보상내용
잔존물제거비용	보험목적물에 손해가 발생한 경우 사고현장에서 잔존물의 **해**체비용, **청**소비용, 차에 **싣**는 비용(해체비용, 청소비용, 상차비용)은 보상 오염물질제거비용, 폐기물처리비용은 보상하지 않는다.
잔존물처리비용	보험목적물이 폐사한 경우 사고현장에서 잔존물의 견인비용, 차에 싣는 비용(**견**인비용, **상**차비용, 적법한 시설내에서의 **랜**더링비용)은 보상하고 있다. 오염물질제거비용, 매몰비용, 폐기물처리비용은 보상하지 않는다.
손해방지비용	보험사고 발생시 손해의 방지와 경감을 위하여 지출한 필요 또는 유익한 비용을 말한다. *** 보험목적 관리의무에 소요되는 비용은 제외한다.** (사육관리보호, 예방접종, 정기검진, 기생충구제, 질병. 부상치료)
대위권보전비용	재해보험사업자가 보험사고로 인한 피보험자의 손실을 보상해 주고 피보험자의 보험사고와 관련하여 제3자에 대하여 가지는 권리가 있는 경우 보험금을 지급한 보험자는 지급한 금액의 한도에서 그 권리를 취득하게 되며 이와 같이 보험사고와 관련하여 제3자로부터 손해의 배상을 받을 수 있는 경우에는 그 권리를 지키거나 행사하기 위하여 지출한 필요 또는 유익한 비용을 말한다.
잔존물보전비용	보험사고로 인해 멸실된 보험목적물의 잔존물을 보전하기 위하여 지출한 필요 또는 유익한 비용을 말한다. **재해보험사업자의 잔존물취득의사 표시를 하는 경우에 지급대상**
기타협력비용	재해보험사업자의 요구에 따라 지출한 필요 또는 유익한 비용을 말한다.

구분	품목
식량작물(10)	옥콩벼메밀감고보팥귀리
채소작물(12)	브단마당파고배무시양양,양상추, 수박(노지)
과수작물(12)	매복살자유참포감무사배단
임산물(7)	오호밤대표떫복
특용작물(3)	인삼, 오디, 차
버섯작물(3)	새송이버섯, 느타리버섯, 양송이버섯
원예시설작물(23)	배무시상토가오호수파딸파고참백국장미쑥부카멜시설감자
농업용시설물(4)	해비원축(부대시설)
착과감소. 과실손해(4)	과수4종
수확감소(과수)(9)	매복살자유오호밤 만감류
수확감소(비가림과수)(3)	참다래, 포도, 대추
수확전 종합과실손해(2)	복분자, 무화과
종합위험 과실손해(2)	오디, 감귤(온주밀감)
수확감소(밭작물)(9)+1	고마양양옥, 감차콩팥, 수박(노지)
생산비보장(밭작물)(10)	고브배무당단파메시양
생산비보장(시설작물)(23)	배무시상토가오호수파딸파고참백국장미쑥부카멜시설감자
수확감소(논작물)(4)	버밀보귀리
농업수입감소보장(7)+3	고감마양양콩포, 옥수수, 밀, 보리(예정)
가축(16)	소말돼오닭거칠타관꿩메사양오토꿀
수확감소(25)	매복살자유오호밤참포대(12),고마양양옥감차콩팥(9), 논(4)
경작불능(24)	밭(16)- 차고브(x), 논(5), 복분자, 사료용옥수수
나무손해(13) (특약)	4종매복살자유참포감무(O), 오호밤오복대(x)
25년도 신규 품목(예정)	블루베리, 두릅, 봄배추

구분	품목
특정작물(1)	인삼
생산비보장(37)	시설작물(23), 밭작물(10), 버섯작물(3), 임산물(1)
수확량감소추가(3)(특약)	포복만
동상해과실손해(1)(특약)	온주밀감
과실손해추가보장(1)(특약)	온주밀감
조기파종(1)(특약)	마늘(남도종)
재파종(5)	마늘(메밀.월무, 고무.쪽파1.쪽파2,시금치, 당근)
재정식(5)	양배추(브로콜리.월배.가배.고배,양상추,단호박,대파)
재이앙(1)	벼
수확불능(1)	벼
이앙. 직파불능(1)	벼
시설작물(화훼류)(4)	백국장카
시설작물(비화훼류)(19)	배무시상토가오호수파딸파고참미쑥부멜감
최저자기부담비율20%(16)	배무당파메귀리호유살,농업수입감소(7)
50만원 미만	벼보밀메귀리
100만원 미만	배무당단파시옥콩팥
1,000m² 미만	조사료용벼, 사료용옥수수, 차
300m² 미만	원예시설
200m² 미만	비가림시설
병충해(보통)(3)	복숭아,고추,감자
병충해(특약)(1)	벼
긴급도축(4)	(부산난고유), (부고), (부산난산실), (부산난)

문제 1 농작물재해보험의 이론과 실무에서 정의한 보험에 관하여~

(1) 위험의 정의(3가지)
(2) 위태 ⇨
(3) 손인 ⇨
(4) 손해 ⇨
(5) 위험의 분류: 속성, 범위, 기회, 변화(8가지)
(6) 보험이 가능한 위험(4가지)
(7) 순수위험(4가지)
(8) 농업부분 위험의 유형(4가지)

문제 2 농작물재해보험의 이론과 실무에서 정의한 위험관리에 관하여~

(1) 위험관리의 목적 ⇨
(2) 위험관리의 방법 ⇨ 위험분산: 위험요소의 분리(2가지), 위험전가, 위험보유, 위험통제, 위험회피
(3) 위험통제 ⇨ 발생하는 위험을 줄이거나 해소하기 위한 방법
(4) 손실통제 ⇨ 손실예방(음주단속, 속도제한, 캠페인), 손실감소(안전벨트, 에어백)
(5) 위험 결합을 통한 위험발생에 대비(대규모 피해 ⇨ 공동으로 대비)
(6) 위험관리
　① 손실규모가 크고 손실횟수가 많다 ⇨ (위험회피)
　② 손실규모가 작고 손실횟수가 많다 ⇨ (가)
　③ 손실규모가 크고 손실횟수가 적다 ⇨ (나)
　④ 손실규모가 작고 손실횟수가 적다 ⇨ (위험보유)

문제 3 농작물재해보험의 이론과 실무에서 정의한 보험에 관하여~

(1) 보험의 정의 ⇨ 경제적 관점, 사회적 관점, 법적 관점, 수리적 관점
(2) 보험의 특성(5가지)
(3) 이득금지 원칙의 법적규제(3가지)
(4) 보험의 성립조건(6가지)
(5) 보험의 순기능(6가지)
(6) 보험의 역기능(3가지)
(7) 역선택과 도덕적 해이의 차이점
(8) 손해보험계약의 법적원칙(4가지)

문제 4 농작물재해보험의 이론과 실무에서 정의한 손해보험에 관하여~

(1) 손해보험의 원리.원칙 ⇨ 위험의 분담, 위험 대량의 원칙, 이득금지의 원칙 급부. 반대급부 균등의 법칙, 수지상등의 법칙
① 이득금지 원칙(법적규제 3가지)
② 급부. 반대급부 균등의 법칙 ⇨ (보험료)=(가)x(사고발생확률)
③ 수지상등의 법칙 ⇨ (수입보험료의 합계)=(지출보험금의 합계)
(수입보험료의 합계)=(나)x(보험료), (지출보험금의 합계)=(다)x(평균지급보험금)
(2) 손해보험 계약의 법적 특성(7가지)
(3) 실손보상의 원칙에 예외가 되는 경우(3가지)
(4) 보험자대위: 목적물대위(잔존물대위), 제3자에 대한 보험자대위(청구권대위)
(5) 피보험이익 원칙의 목적(3가지)
(6) 피보험이익의 요건 ⇨ 적법성, 경제성, 객관적 확정 가능성

문제 5 농작물재해보험의 이론과 실무에서 정의한 손해보험에 관하여~

(1) 최대 선의의.원칙 ⇨ 고지의무 위반
① 고지의무 위반 또는 부실고지
② 은폐(의식적 불고지)
③ 보증(담보) ⇨ 계약자가 보험계약의 효력을 유지하기 위해서 지켜야 할 약속
(2) 보험자의 의무(5가지)
(3) 보험계약자 및 피보험자의 의무(3가지)
(4) 손해방지 의무와 손해방지 비용

문제 6 농작물재해보험의 이론과 실무에서 정의한 손해보험 증권과 약관에 관하여~

(1) 증권의 내용 ⇨ 보험증권의 기재사항, 보통보험과 특별보험 약관의 내용
① 보통보험의 약관: 보상하는 손해와 보상하지 않은 손해(정형화된 약관)
② 특별보험의 약관: 보통보험 약관을 변경, 보충, 배제하기 위한 약관
③ 손해보험 증권의 기본적인 기재사항(9가지), 화재보험증권:(+3가지)
(2) 보험증권의 법적 성격(4가지)
(3) 보험 약관의 효력

① 보험계약체결과 동시에 법적인 구속력을 갖는다.
② 약관은 금융위원회의 허가를 받아야 한다.

(4) 보험약관 해석의 원칙
① 단체성. 기술성을 고려하여 합리적으로 해석
② 신의 성실의 원칙에 따라 공정하게 해석
③ 계약자에 따라 다르게 해석되어서는 안 된다.
④ 인쇄내용과 수기내용은 수기내용을 우선으로 한다.
⑤ 애매한 경우에는 보험자에게 엄격. 불리하게 계약자에게 유리하게 해석한다.

문제 7 농작물재해보험의 이론과 실무에서 정의한 농업재해보험에 관하여~

(1) 농업재해보험의 기능(7가지)
(2) 농업재해보험의 특성(6가지)
(3) 농업재해보험의 특징(7가지)
(4) 농업재해보험의 필요성: WTO ⇨ 농가지원정책을 축소 또는 폐지해야 하는데 농업재해보험과 직접지불제는 허용된다. (열악한 농업환경을 보완하는 정책)
(5) 농업재해보험의 주요 법령: 농어업재해 보험법, 농어업재해 보험법 시행령
(6) 농어업재해 보험 행정규칙
(7) 농어업재해 보험법 시행령
(8) 농어업재해 보험 손해평가요령
(9) 농작물 재해보험을 추진하는데 법적근거(5가지)
(10) 농작물 재해보험에 가입하기 위한 요건(3가지)

문제 8 농작물재해보험의 이론과 실무에서 정의한 농업재해보험 대상 농작물에 관하여~

(1) 식량작물(10개 품목)
(2) 과수작물(12개 품목)
(3) 채소작물(12+1개 품목)
(4) 임산물(7개 품목)
(5) 특용작물(3개 품목)
(6) 버섯작물(3개 품목)
(7) 원예시설작물(22개 품목)

문제 9 농작물재해보험의 이론과 실무에서 정의한 농업재해보험 보상방식에 관하여~

(1) 적과전 종합위험방식(4개 품목)
(2) 작물특정, 시설종합위험방식(1개 품목)
(3) 수확감소보장방식(26개 품목)
(4) 과실손해보장방식(4개 품목)
(5) 비가림 과수손해보장방식(3개 품목)
(6) 생산비보장방식(10+23+4=37개 품목)
(7) 농업수입감소보장방식(8개 품목)
(8) 경작불능보장방식(24개 품목)
(9) 수확불능보장방식(1개 품목)
(10) 재정식보장방식
(11) 재파종보장방식
(12) 조기파종보장방식(1개 품목)
(13) 수확량감소추가보장방식(3개 품목)
(14) 과실손해추가보장방식(1개 품목)

문제 10 농작물재해보험에서 정하는 용어의 정의이다. 괄호 안에 들어갈 내용을 쓰시오.

(1) 개화기: 꽃이 전체 (가)% 정도 핀 날의 시점
(2) 발아기: 과수원에서 전체 눈이 (나)% 정도 발아한 시기
(3) 신초발아기: 과수원에서 햇가지가 전체 (다)% 정도 발아한 시기
(4) 꽃눈분화기: 과수원에서 꽃눈의 분화가 전체 (라)% 정도 진행된 시기
(5) 출수기: 농지 전체에서 (마)% 정도 출수한 시점
(6) 종실비대기: 콩과 팥의 꼬투리 형성기

문제 11 농작물재해보험에서 정하는 용어의 정의이다. 괄호 안에 들어갈 내용을 쓰시오.

(1) 개화기: 꽃이 (가)%정도 핀 날의 시점
(2) 수확기: 과수원이 위치한 지역의 기상여건을 감안하여 통상적으로 해당 농작물을 수확하는 시기를 말한다.
(3) 발아: 눈의 인편이 (나)mm 정도 밀려 나오는 현상
(4) 신초발아: 신초(햇가지)가 (다)mm 정도 자라기 시작하는 현상

(5) 꽃눈분화: 영양조건, 기상조건, 기간, 기온, 일조시간 등의 필요조건이 다 되어 꽃눈이 형성되는 현상
(6) 낙과: 나무에서 떨어진 과실(자연낙과, 보상하는 낙과, 미보상 낙과)
(7) 착과: 나무에 달려있는 과실
(8) 적과: (라)를 방지하고 안정적인 수확을 위해 알맞은 양의 과실만 남기고 과실을 솎아 내는 것
(9) 열과: 과다한 (마)로 고온이 지속될 경우 수분을 배출하면서 과실이 갈라지는 현상

문제 12 농작물재해보험에서 정하는 용어의 정의이다. 괄호 안에 들어갈 내용을 쓰시오.

(1) 매몰: 나무가 토사 및 산사태 등으로 주간부의 (가)% 이상이 묻힌 상태
(2) 도복: 나무가 (나)도 이상 기울어지거나 넘어진 상태
(3) 유실: 나무가 과수원 내에서의 (다)를 벗어나 점유를 잃은 상태
(4) 절단(1/2): 나무의 주간부가 분리되거나 전체주지, 꽃(눈) 등의 (라) 이상 분리
(3) 절단: 나무의 주간부가 분리되거나 전체주지, 꽃(눈) 등의 (마) 이상 분리
(4) 신초절단: 단감, 떫은감의 신초의 (마) 이상 분리된 상태
(5) 침수: 나무에 달린 과실(꽃)이 물에 잠긴 상태
(8) 소실(1/2): 화재로 인하여 나무의 1/2 이상이 사라지는 것
(9) 소실: 화재로 인하여 나무의 (바) 이상이 사라지는 것

문제 13 농작물재해보험에서 정하는 용어의 정의이다. 괄호 안에 들어갈 내용을 쓰시오.

(1) 계약자: 재해보험사업자와 계약을 체결하고 (가)를 납입할 의무를 가진 사람
(2) 가입률: 가입대상면적에 대한 (나)을 백분율로 표시한 것
(3) 손해율: 순보험료에 대한 (다)의 백분율
(4) 피해율: 보험금 계산을 위한 (라)의 백분율
(5) 피보험자: 보험사고로 인하여 손해를 입은 사람을 말한다
(6) 보험증권: 계약의 성립과 그 내용을 (마)하기 위하여 재해보험사업자가 계약자에게 교부하는 것
(7) 보험의 목적: 보험에 가입한 목적물로 보험증권에 기재된 (바), (사), (아) 등이 있다.

문제 14 농작물재해보험에서 정하는 용어의 정의이다. 괄호 안에 들어갈 내용을 쓰시오.

(1) 표준수확량: 가입품목의 (가), (나), (다) 등에 따라 정해진 수확량
(2) 평년수확량: 가입년도 직전 (라)년 중에서 보험에 가입한 연도의 (마)과 (바)을 가입횟수에 따라 가중평균하여 산출한 해당 과수원에 기대되는 수확량을 말한다.
(3) 가입수확량: 보험에 가입한 수확량으로 (사)의 일정범위(아) 내에서 계약자가 결정한 수확량으로 보험가입금액의 기준이 된다.
(4) 가입가격: 보험에 가입한 농작물의 단위면적당 가격, kg당 가격, 1주당 가격을 말한다.
(5) 미보상감수량: 보상하는 재해 이외의 원인으로 수확량이 감소되었다고 평가되는 부분을 말하며 계약 이전에 발생한 피해, (자), (차) 등으로 인한 수확감소량으로 피해율 산정 시 감수량에서 제외한다.

<보험 대상 품목별 대상 재해>

구분	품목	대상 재해
적과전 종합위험	사과, 배, 단감, 떫은감 (특약) 나무보장	(적과전) 자연재해·조수해·화재 (5종특약) 태풍·우박·집중호우·지진·화재 한정보장 (적과후) 태풍(강풍)·우박·화재· 지진·집중호우·일소피해·가을동상해 (특약) 가을동상해·일소피해 부보장
수확전 종합위험	무화과 (특약) 나무보장	(7.31일 이전) 자연재해·조수해·화재 (8.1일 이후) 태풍(강풍)·우박
	복분자	(5.31일 이전) 자연재해·조수해·화재 (6.1일 이후) 태풍(강풍)·우박
특정위험	인삼	**(태풍(강풍)·폭설·집중호우·침수.화재·우박·폭염·냉해)**
종합위험	참다래, 매실, 자두. 유자, 살구(특약) 나무보장	자연재해·조수해·화재
	포도(특약) 나무보장, 수확량감소추가보장	자연재해·조수해·화재
	감귤(만감류)	자연재해·조수해·화재
	복숭아(특약) 나무보장, 수확량감소추가보장	자연재해·조수해·화재· **병충해(세균구멍병)**
	감귤(특약) 나무보장, 과실손해 추가보장	자연재해·조수해·화재(12.20일 이전) (특약)동상해(12.21일 이후)
	벼	자연재해·조수해·화재 (특약) **병충해 (흰잎마름병·줄무늬잎마름병·벼멸구·세균성벼알마름병,깨씨무늬병,도열병,먹노린재)**
	밀, 고구마, 옥수수, 콩, 차, 오디, 밤, 대추, 오미자, 양파	자연재해·조수해·화재
	감자	자연재해·조수해·화재·**(병충해)**
	마늘(특약) 조기보장특약	자연재해·조수해·화재
	배추, 무, 파, 호박, 당근, 시금치,메밀, 팥, 보리	자연재해·조수해·화재
	양배추	자연재해·조수해·화재
	호두(특약) 조수해부보장	자연재해·조수해·화재
	브로콜리	자연재해·조수해·화재
	고추	자연재해·조수해·화재·**(병충해)**
	해가림시설 (인삼)	자연재해·조수해·화재
	농업용시설물(특약) 재조달가액, 버섯재배사, 부대시설	자연재해·조수해 (특약)화재, 화재대물배상책임, 수해부보장
	비가림시설(포도, 대추, 참다래)	자연재해·조수해 **(특약) (화재)**
	시설작물, 버섯작물	자연재해·조수해 (특약)화재, 화재대물배상책임

<농작물재해보험 판매기간>

(2023년 기준)

품목	판매기간
사과, 배, 단감, 떫은감	1~**2**월
농업용시설물 및 시설작물(수박, 딸기, 오이, 토마토, 참외, 풋고추, 호박, 국화, 장미, 파프리카, 멜론, 상추, 부추, 시금치, 배추, 가지, 파, 무, 백합, 카네이션, 미나리, 쑥갓, **감자**)	2~12월
버섯재배사 및 버섯작물 (양송이, 새송이, 표고, 느타리)	2~12월
밤, 대추, 고추, 호두	4~5월
고구마, 옥수수,사료용옥수수, 벼, 조사료용 벼	4~6월
감귤, 단호박	5월
감자	(봄재배) 4~5월, (고랭지재배) 5~6월, (가을재배) 8~9월
배추	(고랭지) 4~6월, (가을)8~9월, (월동) 9~10월
무	(고랭지) 4~6월, (월동) 8~10월
파	(대파) 4~6월, (쪽파) 8~10월
참다래, 콩, 팥	6~7월
인삼	4~5월, 11월
당근	7~8월
양배추, 메밀	8~9월
브로콜리	8~10월
마늘	9~11월
차, 양파, 시금치(노지)	10~11월
밀, 보리, 귀리	10~12월
포도, 유자, 자두, 매실, 복숭아, 오디, 복분자, 오미자, 무화과, 살구	11~12월

<보험 대상 품목별 보장 수준>

구분	품목	보장 수준(보험가입금액의 %)				
		60	70	80	85	90
적과전 종합위험	사과, 배, 단감, 떫은감	○	○	○	○	○
수확전 종합위험	무화과	○	○	○	○	○
	복분자	○	○	○	○	○
특정위험	인삼	○	○	○	○	○
종합위험	참다래, 매실, 자두, 포도, 복숭아, 감귤, 벼, 밀, **보리**, 고구마, 옥수수, 콩, 팥, 차, 오디, 밤, 대추, 오미자, 양파, 감자, 마늘, **고랭지무, 고랭지배추, 대파, 단호박, 시금치(노지)**	○	○	○	○	○
	유자, 살구, 배추(고랭지제외), 무(고랭지제외), 쪽파(실파), 당근, 메밀, 호두, 양상추, 귀리	○	○	○	-	-
	양배추(10% 신설 예정)	○	○	○	○	-
	사료용 옥수수, 조사료용 벼	**30%**	**35%**	**40%**	**42%**	**45%**
	브로콜리, 고추	잔존보험가입금액의 3% 또는 5%				
	해가림시설 (인삼)	(자기부담금) 최소 10만원에서 최대 100만원 한도 내에서 손해액의 10%를 적용				
	농업용 시설물 · 버섯재배사 및 부대시설 & 비가림시설 (포도, 대추, 참다래)	(자기부담금) 최소 30만원에서 최대 100만원 한도 손해액의 10%를 적용 (단, 피복재 단독사고는 10만원~ 30만원 한도 내에서 손해액의 10%, 화재사고, 자기부담금=0원)				
	시설작물 & 버섯작물	손해액이 10만 원을 초과하는 경우 손해액 전액 보상 (단, 화재로 인한 손해는 자기부담금을 적용하지 않음)				

- **10% 선택조건**: 최근 3년 연속 가입 및 3년간 수령보험금이 순보험료의 (   )**%미만**인 계약자
- **15% 선택조건**: 최근 2년 연속 가입 및 2년간 수령보험금이 순보험료의 (   )**%미만**인 계약자
- 적과전종합위험은 **(100)%** 미만인 계약자

농어업재해	농작물·임산물·가축 및 농업용 시설물에 발생하는 자연재해·병충해. 조수해·질병 또는 화재와 양식수산물 및 어업용 시설물에 발생하는 자연재해·질병 또는 화재
농어업재해보험	농어업재해로 발생하는 재산 피해에 따른 손해를 보상하기 위한 보험
보험가입금액	보험가입자의 재산 피해에 따른 손해가 발생한 경우 보험에서 최대로 보상할 수 있는 한도액으로서 가입자와 사업자 간에 약정한 금액
보험가액	재산보험에 있어 피보험이익을 금전으로 평가한 금액으로 보험목적에 발생할 수 있는 최대 손해액
보험금	보험가입자에게 재해로 인한 재산 피해에 따른 손해가 발생한 경우에 보험가입자와 재해보험사업자 간의 약정에 따라 재해보험사업자가 보험가입자에게 지급하는 금액
보험료	보험가입자와 재해보험사업자 간의 약정에 따라 보험가입자가 재해보험사업자에게 내야하는 금액
계약자 부담 보험료	국가 및 지방자치단체의 지원보험료를 제외한 계약자가 부담하는 금액 **(계약자부담보험료)=(순보험료)x(1- 정부지원율- 지자체지원율)**
보험기간	계약에 따라 보장을 받는 기간
시범사업	보험사업을 전국적으로 실시하기 전에 보험의 효용성 및 보험 실시 가능성 등을 검증하기 위하여 일정 기간 제한된 지역에서 실시하는 보험사업
가입자 수	재해보험에 가입한 농가, 과수원(농지)수 등
가입률	가입대상면적 대비 가입면적을 백분율(100%)로 표시한 것
가입금액	보험가입금액으로, 재해보험사업자와 보험가입자간에 약정한 금액으로 보험사고가 발생할 때 재해보험사업자가 지급할 최대 보험금 산출의 기준이 되는 금액
계약자	재해보험사업자와 계약을 체결하고 보험료를 납부할 의무를 지는 사람
피보험자	보험사고로 인하여 손해를 입은 개인 또는 법인을 말한다.
보험의 목적	보험의 약관에 따라 보험에 가입한 목적물로 보험증권에 기재된 농작물의 과실 또는 나무, 시설작물 재배용 농업용 시설물, 부대시설 등
보험증권	계약의 성립과 그 내용을 증명하기 위하여 재해보험사업자가 보험계약자에게 드리는 증서
과수원	한 덩어리의 토지의 개념으로 필지(지번)와는 관계없이 과실을 재배하는 하나의 경작지

농지	한 덩어리의 토지의 개념으로 필지(지번)에 관계없이 실제 경작하는 단위로 보험가입의 기본 단위임. 하나의 농지가 다수의 필지로 구성 될 수도 있고, 하나의 필지(지번)가 다수의 농지로 구분될 수도 있음
구조체	기초, 기둥, 보, 중방, 서까래, 가로대 등 철골, 파이프와 이와 관련된 부속자재로 하우스의 구조적 역할을 담당하는 것
나무	계약에 의해 가입한 과실을 열매로 맺는 결과주
농업 시설물	시설작물 재배용으로 사용되는 구조체 및 피복재로 구성된 시설
부대시설	시설작물 재배를 위하여 농업용 시설물에 설치한 시설
피복재	비닐하우스의 내부온도 관리를 위하여 시공된 투광성이 있는 자재
동산 시설	저온저장고, 선별기, 소모품(멀칭비닐, 배지, 펄라이트 등), 이동 가능 (휴대용) 농기계 등 농업용 시설물 내 지면 또는 구조체에 고정되어 있지 않은 시설
보험료율	보험가입금액에 대한 보험료의 비율
환급금	무효, 효력상실, 해지 등에 의하여 환급하는 금액
자기부담비율	보험사고로 인하여 발생한 손해에 대하여 보험가입자가 부담하는 일정 비율로 보험가입금액에 대한 비율
자기부담금	손해액 중 보험가입 시 일정한 비율을 보험가입자가 부담하기로 약정한 금액. 즉, 일정비율 이하의 손해는 가입자 본인이 부담하고, 손해액이 일정비율을 초과한 금액에 대해서만 재해보험사업자가 보상
자기부담제도	소액손해의 보험처리를 배제함으로써 비합리적인 운영비 지출의 억제, 계약자 보험료 절약, 피보험자의 도덕적 위험 축소 및 방관적 위험의 배재 등의 효과를 위하여 실시하는 제도로, 가입자의 도덕적 해이를 방지하기 위한 수단으로 손해보험에서 대부분 운용
보험사고	보험계약에서 재해보험사업자가 어떤 사실의 발생을 조건으로 보험금의 지급을 약정한 우연한 사고(사건 또는 위험이라고도 함)
사고율	사고수(농가 또는 농지수) ÷ 가입수(농가 또는 농지수) X 100
손해율	순보험료에 대한 수령보험금의 백분율=(보험금/보험료)x100
피해율	보험금 계산을 위한 최종 피해수량의 백분율
식물체피해율	경작불능조사에서 고사한 식물체(수 또는 면적)를 보험가입식물체(수 또는 면적)으로 나누어 산출한 값

전수조사	보험가입금액에 해당하는 농지에서 경작한 수확물을 모두 조사하는 방법
표본조사	보험가입금액에 해당하는 농지에서 경작한 수확물의 특성 또는 수확물을 잘 나타낼 수 있는 일부를 표본으로 추출하여 조사하는 방법
재조사	보험가입자가 손해평가반의 손해평가결과에 대하여 설명 또는 통지를 받은 날로부터 **7일 이내**에 손해평가가 잘못되었음을 증빙하는 서류 또는 사진 등을 제출하는 경우 재해보험사업자가 다른 손해평가반으로 하여금 실시하게 할 수 있는 조사
검증조사	재해보험사업자 또는 재보험사업자가 손해평가반이 실시한 손해평가 결과를 확인하기 위하여 손해평가를 실시한 보험목적물 중에서 일정수를 임의 추출하여 확인하는 조사
표준수확량	가입품목의 품종, 수령, 재배방식 등에 따라 정해진 수확량
평년수확량	가입년도 직전 5년 중 보험에 가입한 연도의 **실제 수확량과 표준 수확량**을 가입 횟수에 따라 가중평균하여 산출한 해당 농지에 기대되는 수확량
가입수확량	보험 가입한 수확량으로 **평년수확량의 일정범위(50%~100%)** 내에서 보험계약자가 결정한 수확량으로 가입금액의 기준
평년착과량	가입수확량 산정 및 적과 종료 전 보험사고 시 감수량 산정의 기준이 되는 착과량
평년착과수	평년착과량을 가입과중으로 나누어 산출 한 것 평년착과량=(평년착과수)x(가입과중)
가입과중	보험에 가입할 때 결정한 과실의 1개당 평균 과실무게
기준착과수	보험금을 산정하기 위한 과수원별 기준 과실수
기준수확량	기준착과수에 가입과중을 곱하여 산출한 양
적과후 착과수	통상적인 적과 및 자연낙과 종료 시점의 착과수
적과후 착과량	적과후 착과수에 가입과중을 곱하여 산출한 양
감수과실수	보장하는 자연재해로 손해가 발생한 것으로 인정되는 과실 수
감수량	감수과실수에 가입과중을 곱한 무게
평년결실수	가입연도 직전 5년 중 보험에 가입한 연도의 실제 결실수와표준 결실수(품종에 따라 정해진 결과모지 당 표준적인 결실수)를 가입 횟수에 따라 가중평균하여 산출한 해당 과수원에 기대되는 결실수

결과지	과수에 꽃눈이 붙어 개화 결실하는 가지(열매가지라고도 함)
결과모지	결과지보다 1년이 더 묵은 가지
평년결과모지수	가입연도 직전 5년 중 보험에 가입한 연도의 실제결과모지수와 표준결과모지수(하나의 주지에서 자라나는 표준적인 결과모지수)를 가입 횟수에 따라 가중 평균하여 산출한 해당 과수원에 기대되는 결과모지수
미보상감수량	감수량 중 보상하는 재해 이외의 원인으로 감소한 양
생산비	작물의 생산을 위하여 소비된 재화나 용역의 가치로 종묘비, 비료비, 농약비, 영농광열비, 수리비, 기타 재료비, 소농구비, 대농구 상각비, 영농시설 상각비, 수선비, 기타, 임차료, 위탁 영농비, 고용노동비, 자가노동비, 유동자본용역비, 고정자본용역비 등을 포함
보장생산비	생산비에서 수확기에 발생되는 생산비를 차감한 값 (보장생산비)=(생산비)- (수확기에 발생되는 생산비)
가입가격	보험에 가입한 농작물의 kg당 가격
표준가격	농작물을 출하하여 통상 얻을 수 있는 표준적인 kg당 가격
기준가격	보험에 가입할 때 정한 농작물의 kg당 가격
수확기가격	보험에 가입한 농작물의 수확기 kg당 가격
올림픽평균	연도별 평균가격 중 최댓값과 최솟값을 제외하고 남은 값들의 산술평균
농가수취비율	도매시장 가격에서 유통비용 등을 차감한 농가수취가격이 차지하는 비율로 사전에 결정된 값
실제결과주수	가입일자를 기준으로 농지에 식재된 모든 나무 수. 다만, 인수조건에 따라 보험에 가입할 수 없는 나무(유목 및 제한품종 등) 수는 제외
고사주수	실제결과나무수 중에서 보상하는 손해로 고사된 나무 수
미보상주수	실제결과나무수 중 보상하는 손해 이외의 원인으로 고사되거나 수확량(착과량)이 현저하게 감소된 나무 수
기수확주수	실제결과나무수 중 조사일자를 기준으로 수확이 완료된 나무 수
수확불능주수	실제결과나무수 중 보상하는 손해로 전체주지·꽃(눈) 등이 보험약관에서 정하는 수준이상 분리되었거나 침수되어, 보험기간 내 수확이 불가능하나 나무가 죽지는 않아 향후에는 수확이 가능한 나무 수
조사대상주수	실제결과나무수에서 고사나무수, 미보상나무수 및 수확완료나무수, 수확 불능나무수를 뺀 나무 수로 과실에 대한 표본조사의 대상이 되는 나무 수

피해대상주수	피해대상주수=(고사주수)+(수확불능주수)+(일부피해주수)
무피해나무주수	실제결과주수- 고사주수- 미보상주수- 수확불능- 기수확- 일부피해
실제경작면적	가입일자를 기준으로 실제경작이 이루어지고 있는 모든 면적을 의미하며 수확불능(고사)면적, 타작물 및 미보상면적, 기수확면적을 포함
타작물 및 미보상면적	실제경작면적 중 목적물 외에 타작물이 식재되어 있거나 보상하는 손해 이외의 원인으로 수확량이 현저하게 감소된 면적
수확불능면적	실제경작면적 중 보상하는 손해로 수확이 불가능한 면적
기수확면적	실제경작면적 중 조사일자를 기준으로 수확이 완료된 면적
조사대상면적	실제경작면적- 고사면적- 타작물 및 미보상면적- 기수확면적
꽃눈분화	영양조건, 기간, 기온, 일조시간 따위의 필요조건이 다 차서 꽃눈이 형성되는 현상
꽃눈분화기	과수원에서 꽃눈분화가 **50%**정도 진행된 때
낙과	나무에서 떨어진 과실
착과	나무에 달려있는 과실
적과	해거리를 방지하고 안정적인 수확을 위해 알맞은 양의 과실만 남기고 나무로부터 과실을 따버리는 행위
열과	과실이 숙기에 과다한 수분을 흡수하고 난 후 고온이 지속될 경우 수분을 배출하면서 과실이 갈라지는 현상
나무	보험계약에 의해 가입한 과실을 열매로 맺는 결과주
발아	(꽃 또는 잎) 눈의 인편이 **1~2mm**정도 밀려나오는 현상
발아기	과수원에서 전체 눈이 **50%** 정도 발아한 시기
신초발아	신초(당년에 자라난 새가지)가 1~2mm정도 자라기 시작하는 현상
신초발아기	과수원에서 전체 신초가 **50%**정도 발아한 시기
수확기	농지(과수원)가 위치한 지역의 기상여건을 감안하여 해당 목적물을 통상적으로 수확하는 시기
유실	나무가 과수원 내에서의 정위치를 벗어나 그 점유를 잃은 상태
매몰	나무가 토사 및 산사태 등으로 주간부의 **30%**이상이 묻힌 상태
도복	나무가 **45°**이상 기울어지거나 넘어진 상태
절단	나무의 주간부가 분리되거나 전체 주지·꽃(눈) 등의 **2/3이상**이 분리된 상태

절단 (1/2)	주간부가 분리되거나 전체 주지·꽃(눈) 등의 **1/2 이상**이 분리된 상태
신초절단	단감, 떫은감의 신초의 **2/3 이상**이 분리된 상태
침수	나무에 달린 과실(꽃)이 물에 잠긴 상태
소실	화재로 인하여 나무의 **2/3 이상**이 사라지는 것
소실 (1/2)	화재로 인하여 나무의 **1/2 이상**이 사라지는 것
직파(담수점파)	물이 있는 논에 파종 하루 전 물을 빼고 종자를 일정 간격으로 점파하는 파종방법
종실비대기	두류(콩, 팥)의 꼬투리 형성기
출수	벼(조곡)의 이삭이 줄기 밖으로 자란 상태
출수기	농지에서 전체 이삭이 **70%**정도 출수한 시점
정식	온상, 묘상, 모밭 등에서 기른 식물체를 농업용 시설물 내에 옮겨 심는 일
정식일	정식을 완료한 날
작기	작물의 생육기간으로 정식일(파종일)로부터 수확종료일 까지의 기간
출현	농지에 파종한 씨(종자)로부터 자란 싹이 농지표면 위로 나오는 현상
종균접종	버섯작물의 종균을 배지 혹은 원목을 접종하는 것
연단위 복리	재해보험사업자가 지급할 금전에 이자를 줄 때 1년마다 마지막 날에 그 이자를 원금에 더한 금액을 다음 1년의 원금으로 하는 이자 계산방법
영업일	재해보험사업자가 영업점에서 정상적으로 영업하는 날을 말하며, 토요일, '관공서의 공휴일에 관한 규정'에 따른 공휴일과 근로자의 날을 제외
잔존물제거비용	사고 현장에서의 잔존물의 해체비용, 청소비용 및 차에 싣는 비용. 다만, 보장하지 않는 위험으로 보험의 목적이 손해를 입거나 관계 법령에 의하여 제거됨으로써 생긴 손해에 대해서는 미보상
손해방지비용	손해의 방지 또는 경감을 위하여 지출한 필요 또는 유익한 비용
대위권보전비용	제3자로부터 손해의 배상을 받을 수 있는 경우에는 그 권리를 지키거나 행사하기 위하여 지출한 필요 또는 유익한 비용

잔존물보전비용	잔존물을 보전하기 위하여 지출한 필요 또는 유익한 비용
기타협력비용	재해보험사업자의 요구에 따르기 위하여 지출한 필요 또는 유익한 비용
청소비용	사고 현장 및 인근 지역의 토양, 대기 및 수질 오염물질 제거 비용과 차에 실은 후 폐기물 처리비용은 포함되지 않는다.
보험의 목적	보험에 가입한 물건으로 보험증권에 기재된 가축 등
보험계약자	재해보험사업자와 계약을 체결하고 보험료를 납입할 의무를 지는 사람
피보험자	보험사고로 인하여 손해를 입은 사람
보험기간	계약에 따라 보장을 받는 기간
보험증권	계약의 성립과 그 내용을 증명하기 위하여 재해보험사업자가 계약자에게 드리는 증서
보험약관	보험계약에 대한 구체적인 내용을 기술한 것으로 재해보험사업자가 작성하여 보험계약자에게 제시하는 약정서
보험사고	보험계약에서 재해보험사업자가 어떤 사실의 발생을 조건으로 보험금의 지급을 약정한 우연한 사고(사건 또는 위험)
보험가액	피보험이익을 금전으로 평가한 금액으로 보험목적에 발생할 수 있는 최대 (손해액실제 지급하는 보험금은 보험가액을 초과할 수 없음)
자기부담금	보험사고로 인하여 발생한 손해에 대하여 계약자 또는 피보험자가 부담하는 일정 금액
보험금의 분담	보험계약에서 보장하는 위험과 같은 위험을 보장하는 다른 계약(공제계약 포함)이 있을 경우 비율에 따라 손해를 보상
대위권	재해보험사업자가 보험금을 지급하고 취득하는 법률상의 권리
재조달가액	보험의 목적과 동형, 동질의 신품을 재조달하는데 소요되는 금액
가입률	가입대상 두(頭)수 대비 가입두수를 백분율(100%)
손해율	**보험료에 대한 보험금의 백분율(100%)**
사업이익	1두당 평균 가격에서 경영비를 뺀 잔액
이익율	손해발생 시에 다음의 산식에 의해 얻어진 비율 단, 이 기간 중에 이익률이 16.5% 미만일 경우 이익률은 16.5% (최저한도)

풍재, 수재, 설해, 지진	태풍, 홍수, 호우, 강풍, 풍랑, 해일, 대설, 조수, 우박, 지진, 분화 등으로 인한 피해
폭염	대한민국 기상청에서 내려지는 폭염특보(주의보 및 경보)
소도체결함	도축장에서 도축되어 경매 시까지 발견된 도체의 결함이 경락가격에 직접적인 영향을 주어 손해 발생한 경우
축산휴지	보험의 목적의 손해로 인하여 불가피하게 발생한 전부 또는 일부의 축산업 중단을 말함
축산휴지손해	보험의 목적의 손해로 인하여 불가피하게 발생한 전부 또는 일부의 축산업 중단되어 발생한 사업이익과 보상위험에 의한 손해가 발생하지 않았을 경우 예상되는 사업이익의 차감금액을 말한다.
전기적장치위험	여자기(정류기 포함), 변류기, 변압기, 전압조정기, 축전기, 개폐기, 차단기, 피뢰기, 배전반 및 이와 비슷한 전기장치 또는 설비 중 전기 장치 또는 설비가 파괴 또는 변조되어 온도의 변화로 보험의 목적에 손해가 발생한 경우
돼지전염성위장염 (TGE)	Coronavirus 속에 속하는 전염성 위장염 바이러스의 감염에 의한 돼지의 전염성 소화기병 구토, 수양성 설사, 탈수가 특징으로 일령에 관계없이 발병하며 자돈일수록 폐사율이 높게 나타남, 주로 추운 겨울철에 많이 발생하며 전파력이 높음
돼지유행성설사병 (PED)	Coronavirus에 의한 자돈의 급성 유행성설사병으로 포유자돈의 경우 거의 100%의 치사율을 나타남(로타바이러스감염증) 레오바이러스과의 로타바이러스 속의돼지 로타바이러스가 병원체이며, 주로 2~6주 령의 자돈에서설사를 일으키며 3주령부터 폐사가 더욱 심하게 나타남
구제역	구제역 바이러스의 감염에 의한 우제류 동물(소·돼지 등 발굽이 둘로 갈라진 동물)의 악성가축전염병(1종법정가축전염병)으로 발굽 및 유두 등에 물집이 생기고, 체온상승과 식욕저하가 수반되는 것이 특징
가축계열화	가축의 생산이나 사육 · 사료공급 · 가공 · 유통의 기능을 연계한 일체의 통합 경영활동을 의미
축산자조금 품목	한우, 양돈, 낙농, 산란계, 육계, 오리, 양록, 양봉, 육우
수의사 처방제	항생제 오남용으로 인한 축산물 내 약품잔류 및 항생제 내성문제 등의 예방을 위해 동물 및 인체에 위해를 줄 수 있는 “동물용 의약품”을 수의사의 처방에 따라 사용토록 하는 제도

정답 및 해설

01 | 해설

(1) 미래의 일, 안좋은 일, 가능성

(2) 위험상황, 위험한 상태를 말하며 사고발생 이전, 사고발생 가능성, 사고의 원인(사고발생 전단계)

(3) 손해의 원인으로 일반적인 사고를 말하며 위험의 현실화, 손해의 원인(사고 발생)

(4) 사고발생으로 경제적. 정신적인 손해, 가치의 감소를 말하며 사고발생 결과 경제적 수요발생(사고발생 후 단계)

(5) 속성: 객관적위험과 주관적위험, 범위: 특정적위험과 기본적위험, 기회: 순수위험과 투기적위험, 변화: 정태적위험과 동태적위험

(6) 객관적위험, 특정적위험, 순수위험, 정태적위험

(7) 인적손실위험, 간접손실위험, 재산적손실위험, 배상책임위험

(8) 생산위험, 가격위험, 제도적위험, 인적위험

02 | 해설

(1) 최소의 비용으로 손실을 최소화

(2) 복제와 격리 (가)=위험통제, (나)=위험전가

03 | 해설

(2) 대수의 법칙(큰수의 법칙), 위험의 전가, 예기치 못한 손실의 집단화, 위험분담, 실제 손실에 대한 보상

(3) 초과보험, 중복보험, 보험자대위

(4) 한정적 손실, 동질적 위험의 다수 존재, 손실의 우연적 발생, 비재난적 손실 경제적으로 부담 가능한 보험료, 확률적으로 측정 가능한 손실

(5) 신용력 증대, 투자재원 마련, 손실회복 자원의 효율적인 이용 기여, 불안감소, 안전(위험대비)의식 고양

(6) 사회적비용 발생, 도덕적 해이(보험사기) 증가, 손실과장으로 인한 사회적비용 초래

(7) 역선택: 계약전에 고지의무를 다하지 않고 자기에게 불리한 것들을 숨기는 행위 도덕적해이: 계약후에 담보, 보증의 약속을 지키지 않고 사고 발생 확률을 높이는 행위

(8) 최대선의의 원칙, 보험자대위의 원칙, 실손보상의 원칙, 피보험이익의 원칙

03 | 해설

(2) 대수의 법칙(큰수의 법칙), 위험의 전가, 예기치 못한 손실의 집단화, 위험분담, 실제 손실에 대한 보상

(3) 초과보험, 중복보험, 보험자대위

(4) 한정적 손실, 동질적 위험의 다수 존재, 손실의 우연적 발생, 비재난적 손실 경제적으로 부담 가능한 보험료, 확률적으로 측정 가능한 손실

(5) 신용력 증대, 투자재원 마련, 손실회복 자원의 효율적인 이용 기여, 불안감소, 안전(위험대비)의식 고양

(6) 사회적비용 발생, 도덕적 해이(보험사기) 증가, 손실과장으로 인한 사회적비용 초래

(7) 역선택: 계약전에 고지의무를 다하지 않고 자기에게 불리한 것들을 숨기는 행위 도덕적해이: 계약후에 담보, 보증의 약속을 지키지 않고 사고 발생 확률을 높이는 행위

(8) 최대선의의 원칙, 보험자대위의 원칙, 실손보상의 원칙, 피보험이익의 원칙

04 | 해설

(1) 이득금지 원칙(법적규제 3가지)=초과보험, 중복보험, 보험자대위에 관한 규정

(가)=지급보험금, (나)=계약자 수, (다)=사고발생 건수

(2) 유상계약성, 상행위성, 계속계약성, 부합계약성, 최고선의성, 불요식낙성계약성, 쌍무계약성

(3) 기평가보험, 대체비용보험, 생명보험

(5) 도박을 방지, **도덕적 해이**를 감소, 손실의 크기 측정

05 | 해설

(2) 중요한 사항(보험약관) 설명, 증권교부, 건실한 회사운영, 낙부통지, 보험금 지급

(3) 고지의무, 손해방지와 경감, 통지의무(위험변경.증가, 위험유지, 보험사고 발생)

(5) 추정한다- 사고발생 가액으로 추정한다. 양도인의 권리와 의무, 중요한 질문사항

(6) 본다- 승낙한 것으로 본다. 2개월 미납 해지, 대리인의 효력, 집합보험의 물건

06 | 해설

(1) 손해보험 증권의 기본적인 기재사항(9가지), 보험의 목적, 보험사고의 성질, 보험기간(시기와 종기), 보험금액, 보험계약의 연월일, 보험료와 지급방법, 피보험자의 주소와 성명 또는 상호, 무효와 실권의 사유, 보험증권의 작성 장소와 연월일 화재보험증권:(+3가지): 건물의 용도와 주소지, 동산의 용도와 존치상태, 보험가액

(2) 보험증권의 법적 성격: 유가증권, 면책증권, 증거증권, 상환증권, 요식증권

07 | 해설

(1) 농촌지역 경제 및 사회 안정화, 농업정책의 안정적인 추진, 농업투자의 증가, 농가의 신용력 증대, 재해농가의 손실회복, 재해대비 의식 고취 지속가능한 농업발전과 안정적 식량공급에 기여

(2) 불예측성, 광역성, 동시성.복합성, 피해의 대규모성, 계절성, 불가항력성

(3) 국가 재보험운영, 경제력에 따른 보험료 지원 일부 차등, 손해평가의 어려움, 주요담보위험이 자연재해 대상, 단기 소멸성보험, 물보험, 위험도에 대한 차별화 곤란

(9) 농어업재해 보험법, 농어업재해 보험법 시행령, 농어업재해 보험법 행정규칙, 농어업재해 보험 손해평가요령, 보조금 예산 및 관리에 관한 법률

(10) 해당 지역에 보험가입 가능한 품목, 일정규모 이상, 농업경영체에 등록

08 | 해설

(1) 옥수수, 콩, 벼, 메밀, 밀, 감자, 고구마, 보리, 팥, 귀리

(2) 매실, 복숭아, 살구, 자두, 유자, 참다래, 포도, 감귤, 무화과, 사과, 배, 단감

(3) 고추, 브로콜리, 배추, 무, 당근, 단호박, 파, 시금치, 마늘, 양파, 양배추, 양상추, 수박

(4) **오미자, 호두, 밤, 대추**, 표고, **떫은감, 복분자**

(4) 오디, 인삼, 차

(5) 새송이버섯, 느타리버섯, 양송이버섯

(6) 배추, 무, 시금치, 상추, 토마토, 가지, 오이, 호박, 수박, 파, 딸기, 파프리카, 고추, 참외, 백합, 국화, 장미, 미나리, 쑥갓, 부추, 카네이션, 멜론, 감자

TIPS! **오호밤대표떫복**

09 | 해설

(1) 사과, 배, 단감, 떫은감

(2) 인삼

(3) 매실, 복숭아, 살구, 자두, 유자, 오미자, 호두, 밤, 고구마, 마늘, 양파, 양배추, 수박, 옥수수, 감자, 차, 콩, 팥, 참포대, 만감류, 벼, 보리, 밀, 귀리 (논:4, 밭: 10, 과수: 12)

(4) 복분자, 무화과, 오디, 감귤

(5) 참다래, 포도, 대추

(6) 고추, 브로콜리, 배추, 무, 당근, 단호박, 파, 메밀, 시금치, 양상추, 새송이, 양송이, 표고, 느타리, 감자(시설작물 23개)

(7) 고구마, 감자, 마늘, 양파, 양배추, 콩, 포도, 옥수수

(8) 복분자, 벼, 보리, 밀, 귀리, 조사료용벼, 사료용옥수수, 밭작물, 20- 4=16개, (차,인삼, 고추, 브로콜리 제외)

(9) 벼

(10) 양배추, 브로콜리, 월동배추, 고배, 가을배추, 양상추, 고추, 단호박, 대파

(11) 마늘(한지형), 월동무, 고랭지무, 쪽파(1,2), 메밀, 당근, 시금치

(12) 마늘(난지형)

(13) 복숭아, 포도, 만감류

(14) 감귤(온주밀감)

10 | 해설

(가) 40, (나) 50, (다) 50, (라) 50, (마) 70

11 | 해설

(가) 40, (나) 1~2, (다) 1~2 (라) 해거리 (마) 수분흡수

12 | 해설

(가) 30, (나) 45, (다) 정위치, (라) 1/2, (마) 2/3,
(바) 2/3

13 | 해설

(가) 보험료, (나) 가입면적, (다) 수령보험금, (라) 최종피해수량,
(마) 증명, (바) 농작물, (사) 시설물 및 시설작물 (아) 부대시설

14 | 해설

(가) 품종, (나) 수령, (다) 재배방식, (라) 5, (마) 실제수확량,
(바) 표준수확량, (사) 평년수확량, (아) 50~100%,
(자) 병충해피해 상태, (차) 제초불량 상태

02

평년수확량

평년수확량

1. 평년착과량(사과. 배. 단감. 떫은감)

(1) 표준수확량

⇨ 과거의 통계를 바탕으로 품종, 경작형태, 수령, 지역 등을 고려하여 산출한 나무 1주당 예상 수확량이다.

(2) 평년착과량

① 가입수확량 산정 및 적과 종료 전 보험사고 발생 시 감수량 산정의 기준이 되는 착과량을 말한다.

② 평년착과량은 자연재해가 없는 이상적인 상황에서 수확할 수 있는 수확량이 아니라 평년 수준의 재해가 있다는 점을 전제로 한다.

③ 최근 5년 이내 보험에 가입한 이력이 있는 과수원은 최근 5개년 적과후착과량 및 표준수확량에 의해 평년착과량을 산정하며 신규 가입하는 과수원은 표준수확량표를 기준으로 평년착과량을 산정한다.

④ 주요 용도로는 보험가입금액(가입수확량)의 결정 및 적과종료 전 보험사고 발생 시 감수량 산정을 위한 기준으로 활용된다.

⑤ 산출 방법은 가입 이력 여부로 구분된다.

㉠ 과거수확량 자료가 없는 경우**(신규 가입)**

ㅇ **(평년착과량)=표준수확량의 100%**

㉡ 과거수확량 자료가 있는 경우(최근 5년 이내 가입 이력 존재)

ㅇ 아래 표와 같이 산출하여 결정한다.

(평년착과량)={A+(B-A)×(1-Y/5)}×(C/D)

① A= Σ과거 5년간 적과후착과량 ÷ 과거 5년간 가입횟수
(과거 5년 중 가입년도 적과후 착과량의 평균)

② B= Σ과거 5년간 표준수확량 ÷ 과거 5년간 가입횟수

③ Y= 과거 5년간 가입횟수

④ C= 당해연도(가입연도) 기준표준수확량

⑤ D= Σ과거 5년간 기준표준수확량 ÷ 과거 5년간 가입횟수

※ 과거 적과후착과량 : 연도별 적과후착과량을 인정하되, 21년 적과후착과량부터 아래 상·하한 적용

· 상한: 평년착과량의 300%

· 하한: 평년착과량의 30% **(적과후 착과량이 현저하게 감소한 경우)**

· 단, 상한의 경우 가입 당해를 포함하여 과거 5개년 중 **3년 이상** 가입 이력이 있는 과수원에 한하여 적용

※ **기준표준수확량(D)**: 아래 품목별 표준수확량 표에 의해 산출한 표준수확량
· 사과: **일반재배**방식의 표준수확량
· 배: **소식재배**방식의 표준수확량
· 단감· 떫은감: 표준수확량표의 표준수확량**(B=D)**
※ 과거 기준표준수확량(D) 적용 비율
· 대상품목 사과만 해당(밀식재배(3, 4년생), 반밀식재배(4년생))
· **3년생: 일반재배 5년생의 50%, 4년생: 일반재배 5년생의 75%**

예제 1 적과전종합위험 방식 배(밀식재배) 품목에 관한 조사내용이다.

구분	2021년	2022년	2023년	2024년	2025년
표준수확량	6,200kg	6,000kg	6,400kg	6,300kg	6,300kg
적과후착과량	5,700kg	5,500kg	미가입	미가입	
기준표준수확량	7,100kg	7,300kg	6,500kg	6,800kg	7,200kg

풀이 1

(평년착과량)={A+(B-A)(1-Y/5)}xC/D, Y=2,
(배: 기준표준수확량=소식재배 표준수확량의 평균)
A=(5,700+5,500)/2=5,600, (2년 적과후착과량의 평균)
B=(6,200+6,000)/2=6,100, (가입기간 2년 표준수확량의 평균)
C=7,200, (가입년도 기준 표준수확량)
D=(7,100+7,300)/2=7,200, (가입기간 2년 기준표준수확량의 평균)
평년착과량={5,600+(6,100-5,600)(1-2/5)}x(7,200/7,200)=5,900kg

예제 2 적과전종합방식 단감 품목에 관한 조사내용이다.(단, 소수점 이하는 반올림) 2025년도 평년착과량의 계산과정과 값(kg)을 쓰시오.

구분	2021년	2022년	2023년	2024년	2025년
표준수확량	3,000kg	3,000kg	3,400kg	3,300kg	3,410kg
적과후착과량	2,700kg	2,800kg	미가입	2,900kg	
평년착과량	3,200kg	3,300kg	3,500kg	3,400kg	

풀이 2

(평년착과량)={A+(B-A)(1-Y/5)}xC/D

(단감: B=D, 기준표준수확량=표준수확량의 평균)

A=(2,700+2,800+2,900)/3=2,800

B=(3,000+3,000+3,300)/3=3,100, (가입기간 3년 표준수확량의 평균)

C=3,410, (가입년도 기준 표준수확량)

D=(3,000+3,000+3,300)/3=3,100, (가입기간 3년 기준표준수확량)

기준표준수확량이 제시되지 않으면 (B=D)

Y=3, 5년 동안 가입횟수(기간)

평년착과량={2,800+(3,100-2,800)(1-3/5)}x(3,410/3,100)=3,212kg

※ **기준표준수확량(D)**

· 사과: **일반재배**방식의 표준수확량

· 배: **소식재배**방식의 표준수확량

· 단감· 떫은감: 표준수확량표의 표준수확량**(B=D)**

예제 3 적과전종합위험방식 사과 품목에 관한 조사내용이다. 다음을 참조하여 2025년도 평년착과량을 산정하시오.(단, kg 단위로 소수점 아래 첫째자리에서 반올림)

(2020년 신규 가입당시 사과 밀식재배 방식으로 수령은 3년)

구분	2020년	2021년	2022년	2023년	2024년	2025년
표준수확량(밀식재배)	3,100	3,300	3,400	3,500	3,600	
적과후착과량	2,500	2,600	미가입	1,000	8,500	
평년착과량	3,100	2,800	미가입	4,000	2,800	
표준수확량(일반재배)	-	-	5,000	5,150	5,200	5,400

*과거 수확량(단위: kg)

풀이 3

(평년착과량)={A+(B-A)(1-Y/5)}xC/D**(상한, 하한 적용)**
A=2,500, 2,600, 1,200(평년착과량의 30%), 8,400(평년착과량의 300%)의 평균
(2,500+2,600+1,200+8,400)/4=3,675
B=3,375, (가입기간 4년 표준수확량의 평균), (3,100+3,300+3,500+3,600)/4=3,375
C=5,400, (가입년도 기준 표준수확량)
D=4,150, (5,000x0.5+5,000x0.75+5,150+5,200)/4=4,150
평년착과량={3,675+(3,375-3,675)(1-4/5)}x(5,400/4,150)=4,703.8=4,704kg

예제 4 적과전종합위험방식 사과 품목에 관한 조사내용이다. 다음을 참조하여 2025년도 평년착과량을 구하시오.(단, kg 단위로 소수점 이하는 절사)
(2020년 신규 가입당시 사과 밀식재배 방식으로 수령은 3년)

***과거 수확량** (단위: kg)

구분	2020년	2021년	2022년	2023년	2024년	2025년
표준수확량	3,200	3,200	3,100	3,200	3,300	
적과후착과량	2,700	2,600	2,800	미가입	3,000	

***사과 일반재배방식 표준수확량** (kg)

수령	5년	6년	7년	8년	9년
표준수확량	4,000	4,200	4,400	4,500	4,600

풀이 4

(평년착과량)={A+(B-A)(1-Y/5)}xC/D
A=(2,700+2,600+2,800+3,000)/4=2,775, (가입기간 4년 적과후착과량의 평균)
B=(3,200+3,200+3,200+3,300)/4=3,200, (가입기간 4년 표준수확량의 평균)
C=4,500, (가입년도 기준표준수확량)
D=3,350, (4,000x0.5+4,000x0.75+4,000+4,400)/4=3,350
평년수확량={2,775+(3,200-2,775)(1-4/5)}x(4,500/3,350)=3841.7=3,841kg

예제 5 적과전종합위험방식 사과 품목에 관한 조사내용이다. 다음을 참조하여 2025년도 평년착과량을 구하시오.(단, 평년착과량은 kg 단위로 소수점 이하는 절사)
(2020년 신규 가입당시 사과 밀식재배 방식으로 수령은 3년)

○ 조건1

-2020년 사과(홍로/3년생/밀식재배) 300주를 농작물재해보험에 신규로 보험가입 함
-2021년과 2023년도에는 적과 전에 우박과 냉해피해로 과수원의 적과후 착과량이 현저하게 감소하였음
-사과(홍로)의 일반재배방식 표준수확량은 아래와 같음

수령	5년	6년	7년	8년	9년
표준수확량	6,000kg	8,000kg	8,500kg	9,000kg	10,000kg

○ 조건2

[甲의 과수원 과거수확량 자료]

구분	2020년	2021년	2022년	2023년	2024년
평년착과량	1,500kg	3,200kg	-	5,000kg	5,700kg
표준수확량	1,500kg	3,000kg	4,500kg	5,700kg	6,600kg
적과후착과량	2,000kg	800kg	-	1,400kg	6,340kg
보험가입여부	O	O	미가입	O	O

풀이 5

A=(2,000+960+1,500+6,340)/4=2,700 (21, 23년: 평년착과량의 30% 하한적용)
B=(1,500+3,000+5,700+6,600)/4=4,200
C=9,000
D=(**6,000x0.5+6,000x0.75**+8,000+8,500)/4=6,000(일반재배 5년생의 50%, 75%적용)
평년착과량={A+(B-A)(1-Y/5)}xC/D
={2,700+(4,200-2,700)(1-4/5)}x(9,000/6,000)=4,500kg

2. 평년수확량(종합위험방식 과수)

(1) 표준수확량

⇨ 과거의 통계를 바탕으로 지역, 수령, 재식밀도, 과수원 조건 등을 고려하여 산출한 나무 예상 수확량이다.

(2) 평년수확량

① 농지의 기후가 평년 수준이고 비배관리 등 영농활동을 평년수준으로 실시하였을 때 기대할 수 있는 수확량을 말한다.

② 평년수확량은 자연재해가 없는 이상적인 상황에서 수확할 수 있는 수확량이 아니라 평년 수준의 재해가 있다는 점을 전제로 한다.

③ 주요 용도로는 보험가입금액의 결정 및 보험사고 발생 시 감수량 산정을 위한 기준 으로 활용된다.

④ 농지(과수원) 단위로 산출하며, 가입년도 직전 5년 중 보험에 가입한 연도의 실제 수확량과 표준수확량을 가입 횟수에 따라 가중평균하여 산출한다.

⑤ 산출 방법은 가입 이력 여부로 구분된다.

㉠ 과거수확량 자료가 없는 경우(**신규 가입**)

ㅇ **(평년수확량)=표준수확량의 100%**

※ **살구, 대추(사과대추에 한함), 유자**의 경우: **(평년수확량)=표준수확량의 70%**

㉡ 과거수확량 자료가 있는 경우(최근 5년 이내 가입 이력 존재)

ㅇ 아래 표와 같이 산출하여 결정한다.

(평년수확량)={A+(B-A)×(1-Y/5)}×(C/B)

① A(과거평균수확량)= Σ과거 5년간 수확량 ÷ Y

② B(평균표준수확량)= Σ과거 5년간 표준수확량 ÷ Y

③ C(당해연도(가입연도) 표준수확량)

④ Y= 과거수확량 산출연도 횟수(가입횟수)

※ 다만, 평년수확량은 보험가입연도 **표준수확량의 130%**를 초과할 수 없음
(복숭아, 포도, 밤, 무화과는 제외)

※ 복분자, 오디의 경우: (A×Y/5)+{B×(1-Y/5)}
= **{A+(B-A)×(1-Y/5)}** 로 산출한다.

A=과거 5개년 평균결실수(결과모지수),

B(무화과)=품종별 표준결실수의 평균,

B(복분자)=표준 결과모지수=포기당 5개(2~4년) 또는 4개(5~11년)

***과거수확량 산출방법**

① 사고 발생시(**조사수확량**을 이용)

㉠ **Max{조사수확량, 평년수확량의 50%}**

㉡ **감귤=Max{평년수확량×(1-피해율), 평년수확량의 50%}**

② 무사고 시

⇨ Max{표준수확량, 평년수확량}x110%

③ **복숭아, 포도**의 경우 무사고 시에는 수확전 착과수 조사를 한 값을 적용

⇨ 무사고시 수확량 =(조사한 착과수)×(평균과중), (자두는 언급이 없음)

예제 1 *종합위험보장방식 밤 품목: 과거 수확량 (단, 소수점 이하는 절사)
다음 조건을 참조하여 2025년도 평년수확량을 구하시오.

구분	2020년	2021년	2022년	2023년	2024년	2025년
표준수확량(kg)	6,200	6,300	6,700	7,000	6,700	7,980
평년수확량(kg)	6,000	-	7,000	6,800	8,000	-
조사수확량(kg)	4,000	-	3,000	무사고	6,000	
보험가입여부	O	X	O	O	O	-

풀이 1

(평년수확량)={A+(B-A)(1-Y/5)}xC/B

A=Max{조사수확량, (평년수확량)x50%}, 무사고=Max{표준수확량, 평년수확량}x110%

4,000, 3,500, 7,000x1.1=7,700, 6,000 값들의 평균값

A=(4,000+3,500+7,700+6,000)/4=5,300kg

B=(가입연도 표준수확량의 평균)=(6,200+6,700+7,000+6,700)/4=6,650kg

C=(가입년도 표준수확량)=7,980kg,

(평년수확량)={5,300+(6,650-5,300)x(1-4/5)}x(7,980/6,650)=6,684kg

예제2 *종합위험보장방식 포도 품목: 과거 수확량(과중: 400g), (단, 소수점 이하는 절사)
다음 조건을 참조하여 2025년도 평년수확량을 구하시오.

구분	2020년	2021년	2022년	2023년	2024년	2025년
표준수확량(kg)	8,200	8,300	8,700	8,500	8,800	8,800
평년수확량(kg)	8,900	-	9,000	8,900	9,000	-
조사수확량(kg)	7,000	-	4,000	무사고	8,000	-
착과수(개)	17,500	-	10,000	22,500	20,000	-
보험가입여부	O	X	O	O	O	-

풀이 2

A=7,000, 4,500, 무사고=22,500x0.4=9,000, 8,000의 평균=7,125kg=A
B=(가입연도 표준수확량의 평균)=(8,200+8,700+8,500+8,800)/4=8,550kg
C=(당해년도 표준수확량)=8,800kg
(평년수확량)={7,125+(8,550-7,125)x(1-4/5)}x(8,800/8,550)=7,626.66=7,626kg

예제3 복분자 품목에 관한 내용이다. 다음을 참조하여 평년결과모지수를 산정하시오.
(단, 결과모지수는 개수 단위로 소수점 아래 첫째자리에서 반올림할 것)

*과거 수확량

(kg)

구분	2020년	2021년	2022년	2023년	2024년	2025년
표준결과모지수	5	5	5	5	4	4
평년결과모지수	7	8	미가입	10	10	
실제결과모지수	5	7	-	4	무사고	

풀이 3

A: 과거 평균 결과모지수
(사고시) Max{실제결과모지수, 평년결과모지수x50%},
(무사고시) Max{표준결과모지수, 평년결과모지수}x110%
A=(5+7+5+11)/4=7, 10x50%=5, 10x1.1=11의 평균, B=4개,
(평년결과모지수)={A+(B-A)(1-Y/5)}=7+(4-7)x(1-4/5)=6.4=6개
(가입년도 표준결과모지수=4개의 130% 한도), 4x1.3=5.2=5개
복분자 보험가입금액=(표준수확량)x(표준가격)x{(평년결과모지수)/(표준결과모지수)}

예제4 농작물재해보험의 평년수확량 산출에 대한 내용이다. 다음 조건을 참조하여 물음에 답하시오. (단, 무게는 kg 단위로 소수점 아래 첫째자리에서 반올림)

구분	2022년	2023년	2024년
표준수확량	1,000kg	1,100kg	1,200kg
평년수확량	신규가입	1,200kg	1,400kg
조사수확량	400kg	무사고	800kg
피해율	60%	무사고	40%

- 2023년 포도 착과수: 3,200개, 평균과중= 400g
- Y(과거수확량 산출연도 횟수(가입횟수)=3
- 2025년 표준수확량=1,320kg

물음 1 위 조건을 참조하여 2025년 살구의 평년수확량을 산출하시오.

물음 2 위 조건을 참조하여 2025년 포도의 평년수확량을 산출하시오.

물음 3 위 조건을 참조하여 2025년 감귤의 평년수확량을 산출하시오.

풀이 4

B(가입연도 표준수확량의 평균)=1,100kg, C=1,320kg, Y=3

(살구), 신규가입=표준수확량의 70%, A: (400+1,320+800)/3=840kg

(평년수확량)={840+(1,100-840)x(1-3/5}x(1,320/1,100)=1,132.8=1,133kg

(포도), A: (500+1,280+800)/3=860kg

(평년수확량)={860+(1,100-860)x(1-3/5}x(1,320/1,100)=1,147.2=1,147kg

(감귤), A: (500+1,320+840)/3=886.66=887kg,

(피해율)=Min{주계약피해율+(동상해피해율x수확기잔존비율), 100%}

Max{평년수확량×(1-피해율), 평년수확량의 50%}

(평년수확량)={887+(1,100-887)x(1-3/5}x(1,320/1,100)=1,166.64=1,167kg

3. 평년수확량(종합위험방식 논작물)

(1) 표준수확량

⇨ 과거의 통계를 바탕으로 지역별 기준수량에 농지별 경작요소를 고려하여 산출한 예상 수확량이다.

(2) 평년수확량

① 최근 5년 이내 보험가입실적 수확량 자료와 미가입 연수에 대한 표준수확량을 가중평균하여 산출한 해당 농지에 기대되는 수확량을 말한다.

② 평년착과량은 자연재해가 없는 이상적인 상황에서 수확할 수 있는 수확량이 아니라 평년 수준의 재해가 있다는 점을 전제로 한다.

③ 주요 용도로는 보험가입금액(가입수확량)의 결정 및 적과종료 전 보험사고 발생 시 감수량 산정을 위한 기준으로 활용된다.

④ 산출 방법은 가입 이력 여부로 구분된다.

㉠ 과거수확량 자료가 없는 경우(**신규 가입**)

ㅇ **(평년수확량)=표준수확량의 100%**

㉡ 과거수확량 자료가 있는 경우(최근 5년 이내 가입 이력 존재)

ㅇ 아래 표와 같이 산출하여 결정한다.

(벼 품목의 평년수확량)={A+(BxD-A)×(1-Y/5)}×(C/D)

① A(과거평균수확량) = Σ과거 5년간 수확량 ÷ Y

② B= **가입연도 지역별 기준수확량**

③ C(가입연도 보정계수)=(가입년도의 품종 보정계수)x(이앙일자 보정계수)
x(친환경재배 보정계수)=**품x이x친**

④ D(과거평균보정계수)= Σ과거 5년간 보정계수 ÷ Y

⑤ Y= 과거수확량 산출연도 횟수(가입횟수)

※ 다만, 평년수확량은 보험가입연도 **표준수확량의 130%**를 초과할 수 없음. 조사료용 벼 제외

(보리. 밀, 귀리 품목의 평년수확량)={A+(B-A)×(1-Y/5)}×(C/B)

① A(과거평균수확량)= Σ과거 5년간 수확량 ÷ Y

② B(평균표준수확량)= Σ과거 5년간 표준수확량 ÷ Y

③ C(표준수확량)= 가입연도 표준수확량

④ Y= 과거수확량 산출연도 횟수(가입횟수)

※ 다만, 평년수확량은 보험가입연도 표준수확량의 130%를 초과할 수 없음

***과거수확량 산출방법**

① 사고 발생시(조사수확량을 이용) ⇨ **Max{조사수확량, 평년수확량의 50%}**

② 무사고 시 ⇨ **Max{표준수확량, 평년수확량}x110%**

예제 1 농작물재해보험 수확감소보장방식 벼 품목에 관한 조사내용이다. 다음을 참조하여 2025년도 평년수확량을 구하시오.
(단, kg단위는 소수점 첫째자리 반올림, 보정계수는 소수점 셋째자리에서 반올림)

*과거 수확량(단위: kg)

구분	2020년	2021년	2022년	2023년	2024년	2025년
표준수확량(kg)	1,000	1,100	1,100	900	1,100	1,200
평년수확량(kg)	1,100	-	-	1,200	1,300	
조사수확량(kg)	무사고	-	-	500	1,000	
보험가입여부	O	X	X	O	O	

*2025년 해당지역 기준수확량=1,100kg *과거 평균 보정계수=0.95
*2025년 품종 보정계수=0.9, 이앙일자 보정계수=1.15, 친환경 보정계수=0.95

풀이 1

Max{조사수확량, (평년수확량)x50%}, 무사고=Max{표준수확량, 평년수확량}x110%
A=1,100x1.1=1,210, 600, 1,000 값들의 평균값
A=(1,210+600+1,000)/3=936.6=937kg, B=(가입연도 지역별 기준수확량)=1,100kg
C=(가입연도, 2023년 보정계수)=0.9x1.15x0.95=0.98325=0.98,
D=(과거 보정계수의 평균)=0.95, **(평년수확량)={A+(BxD-A)(1-Y/5)}xC/D**
(평년수확량)={937+(1,100x0.95-937)x(1-3/5)}x(0.98/0.95)=1,011.15=1,011kg

예제 2 *과거 수확량(단위: kg)(농작물재해보험 수확감소보장방식 벼 품목)
다음 조건을 참조하여 2025년도 평년수확량을 구하시오.

구분	2020년	2021년	2022년	2023년	2024년	2025년
표준수확량(kg)	2,000	2,100	2,100	1,900	2,100	2,150
평년수확량(kg)	2,000	2,000	-	2,400	2,300	
조사수확량(kg)	1,850	무사고	-	1,100	2,000	
보정계수	0.92	0.96	-	0.94	0.98	0.95
보험가입여부	O	O	X	O	O	

*2025년 해당지역 기준수확량=2,200kg

풀이 2

A=Max{조사수확량, (평년수확량)x50%}, 무사고=Max{표준수확량, 평년수확량}x110%
1,850, 2,100x1.1=2,310, 1,200, 2,000 값들의 평균값
A=(1,850+2,310+1,200+2,000)/4=1,840kg
B=(가입연도 지역별 기준수확량)=2,200kg, C=(가입연도, 2025년 보정계수)=0.95
D=(과거 보정계수의 평균)=0.92, 0.96, 0.94, 0.98의 평균, D=0.95
(평년수확량)={A+(BxD-A)(1-Y/5)}xC/D
(평년수확량)={1,840+(2,200x0.95-1,840)x(1-4/5)}x(0.95/0.95)=1,890kg
(평년수확량은 보험가입연도의 표준수확량 130% 이내이므로 적합함)

예제 3

*과거 수확량(단위: kg)(수확감소보장방식 **보리** 품목)
다음 조건을 참조하여 2025년도 평년수확량을 구하시오.

구분	2020년	2021년	2022년	2023년	2024년	2025년
표준수확량(kg)	3,200	3,300	3,700	4,000	4,200	4,530
평년수확량(kg)	3,000	-	3,600	3,800	4,500	-
조사수확량(kg)	1,000	-	3,000	무사고	3,800	
보험가입여부	O	X	O	O	O	-

풀이 3

Max{조사수확량, (평년수확량)x50%}, 무사고=Max{표준수확량, 평년수확량}x110%
A=1,500, 3,000, 4,000x1.1=4,400, 3,800 값들의 평균값
A=(1,500+3,000+4,400+3,800)/4=3,175kg
B=(가입연도 표준수확량의 평균)=(3,200+3,700+4,000+4,200)/4=3,775kg
C=(당해년도 표준수확량)=4,530kg, (평년수확량)={A+(B-A)(1-Y/5)}xC/B
(평년수확량)={3,175+(3,775-3,175)x(1-4/5)}x(4,530/3,775)=3,954kg

4. 평년수확량(종합위험방식 밭작물)

(1) 표준수확량

⇨ 과거의 통계를 바탕으로 지역별 기준수량에 농지별 경작요소를 고려하여 산출한 예상 수확량이다.

(2) 평년수확량

① 농지의 기후가 평년 수준이고 비배관리 등 영농활동을 평년수준으로 실시하였을 때 기대할 수 있는 수확량을 말한다.

② 평년수확량은 자연재해가 없는 이상적인 상황에서 수확할 수 있는 수확량이 아니라 평년 수준의 재해가 있다는 점을 전제로 한다.

③ 주요 용도로는 보험가입금액(가입수확량)의 결정 및 적과종료 전 보험사고 발생 시 감수량 산정을 위한 기준으로 활용된다.

④ 농지(과수원) 단위로 산출하며, 가입년도 직전 5년 중 보험에 가입한 연도의 실제 수확량과 표준수확량을 가입 횟수에 따라 가중평균하여 산출한다.

⑤ 산출 방법은 가입 이력 여부로 구분된다.

㉠ 과거수확량 자료가 없는 경우(**신규 가입**)

ㅇ **(평년수확량)=표준수확량의 100%, 팥=표준수확량의 70%**

㉡ 과거수확량 자료가 있는 경우(최근 5년 이내 가입 이력 존재)

ㅇ 아래 표와 같이 산출하여 결정한다.

품목	평년수확량 조사방법
밭작물	**{A+(B-A)x(1-Y/5)}x(C/B)** A(과거평균수확량)= Σ과거 5년간 수확량÷Y B(평균표준수확량)= Σ과거 5년간 표준수확량÷Y C(표준수확량)= 가입연도 표준수확량 Y= 과거수확량 산출연도 횟수(가입횟수)
조사수확량 산출방법	- 무사고: Max{표준수확량, 평년수확량}x110% - 사고(O): Max{조사수확량, 평년수확량x50%} 차(茶): (환산조사수확량)=(조사수확량)/(수확면적률) - 무사고: Max{**가입년도 표준수확량**, 기준평년수확량}x110% - 사고(O): **Max{환산조사수확량, 기준평년수확량x50%}**
가입수확량	평년수확량의 50%~100% 신규가입: (표준수확량의 100%)=평년수확량의 50%~100% (팥, 신규가입): (표준수확량의 70%)=평년수확량의 50%~100% **(옥수수) 표준수확량의 80%~130%**

예제 1 *과거 수확량(마늘 품목)(단, 무게는 kg 단위로 소수점 이하 절사)
다음 조건을 참조하여 2025년도 평년수확량을 구하시오.

구분	2020년	2021년	2022년	2023년	2024년	2025년
표준수확량(kg)	1,430	1,320	1,400	1,200	1,300	1,430
평년수확량(kg)	1,550	1,250	1,500	1,000	1,200	-
조사수확량(kg)	-	-	600	무사고	1,050	
보험가입여부	X	X	O	O	O	-

풀이 1

Max{조사수확량, (평년수확량)x50%}, 무사고=Max{표준수확량, 평년수확량}x110%
A=750, 8,500, 1,200x1.1=1,320, 1,000 값들의 평균값,
A=(750+1,320+1,050)/3=1,040kg
B=(가입연도 표준수확량의 평균)=(1,400+1,200+1,300)/3=1,300kg
C=(당해년도 표준수확량)=1,430kg, (평년수확량)={A+(B-A)(1-Y/5)}xC/B
(평년수확량)={1,040+(1,300-1,040)x(1-3/5)}x(1,430/1,300)=1,258.4=1,258kg

예제 2 *과거 수확량(단위: kg)(수확감소보장방식 양파 품목)
다음 조건을 참조하여 2025년도 평년수확량을 구하시오.

구분	2010년	2021년	2022년	2023년	2024년	2025년
표준수확량(kg)	3,000	3,200	3,350	3,400	3,600	3,960
평년수확량(kg)	(가)	2,970	-	3,500	3,800	(나)
조사수확량(kg)	1,400	무사고	-	무사고	2,530	
보험가입여부	신규가입	O	X	O	O	

풀이 2

Max{조사수확량, (평년수확량)x50%}, 무사고=Max{표준수확량, 평년수확량}x110%
A=1,500, 3,200x1.1=3,520, 3,500x1.1=3,850, 2,530 값들의 평균값
A=(1,500+3,520+3,850+2,530)/4=2,850kg
B=(가입연도 표준수확량의 평균)=(3,000+3,200+3,400+3,600)/4=3,300kg
C=(당해년도 표준수확량)=3,960kg,
(평년수확량)={A+(B-A)(1-Y/5)}xC/B
(평년수확량)={2,850+(3,300-2,850)x(1-4/5)}x(3,960/3,300)=3,528kg

예제 3 *과거 수확량(고구마 품목)(단, 무게는 kg 단위로 소수점 이하 절사)
다음 조건을 참조하여 2025년도 평년수확량을 구하시오.

구분	2020년	2021년	2022년	2023년	2024년	2025년
표준수확량(kg)	2,200	2,320	2,350	2,250	2,300	2,730
평년수확량(kg)	2,150	2,250	2,400	2,300	2,150	-
조사수확량(kg)	무사고	-	600	무사고	1,150	
보험가입여부	O	X	O	O	O	-

풀이 3

A=2,200x1.1=2,420, 1,200, 2,300x1.1=2,530, 1,150 값들의 평균값
A=(2,420+1,200+2,530+1,150)/4=1,825kg
B=(가입연도 표준수확량의 평균)=(2,200+2,350+2,250+2,300)/4=2,275kg
C=(당해년도 표준수확량)=2,730kg, (평년수확량)={A+(B-A)(1-Y/5)}xC/B
(평년수확량)={1,825+(2,275-1,825)x(1-4/5)}x(2,730/2,275)=2,298kg

예제 4 *과거 수확량(양배추 품목)(단, 무게는 kg 단위로 소수점 이하 절사)
다음 조건을 참조하여 2025년도 평년수확량을 구하시오.

구분	2020년	2021년	2022년	2023년	2024년	2025년
표준수확량(kg)	5,000	5,200	5,250	5,200	5,400	5,670
평년수확량(kg)	(가)	4,250	4,400	4,800	5,300	-
조사수확량(kg)	2,400	무사고	-	3,600	무사고	
보험가입여부	신규가입	O	X	O	O	-

풀이 4

A=Max{조사수확량, (평년수확량)x50%}의 값들의 평균
무사고=Max{표준수확량, 평년수확량}x110%
2,500, 5,200x1.1=5,720, 3,600, 5,400x1.1=5,940 값들의 평균값
A=(2,500+5,720+3,600+5,940)/4=4,440kg
B=(가입연도 표준수확량의 평균)=5,200kg
C=(당해년도 표준수확량)=5,670kg,
(평년수확량)={A+(B-A)(1-Y/5)}xC/B
(평년수확량)={4,440+(5,200-4,440)x(1-4/5)}x(5,670/5,200)=5,007.046=5,007kg

예제 5 종합위험 수확감소보장 차(茶) 품목에 관한 조사내용이다. 다음을 참조하여 2025년도 평년수확량(kg)을 구하시오.
(단, 평년수확량은 kg 단위로 소수점 아래 첫째자리에서 반올림)

***과거 수확량**

(단위: kg)

구분	2020년	2021년	2022년	2023년	2024년	2025년
표준수확량	3,000	3,200	3,300	3,350	3,400	3,870
기준평년수확량	3,000	2,800	3,000	-	3,500	
조사수확량	1,800	1,800	2,160	-	무사고	
수확면적률	90%	80%	90%	-	90%	85%
환산조사수확량	(가)	(나)	(다)	-		
가입여부	신규가입	O	O	X	O	가입예정

풀이 5

환산조사수확량, (가)=조사수확량/수확면적률=1,800/0.9=**2,000kg**
(나)=1,800/0.85=**2,250kg**, (다)=2,160/0.9=**2,400kg**
Max{(환산조사수확량), 기준평년수확량x50%},
무사고=Max{가입년도 표준수확량, 기준평년수확량}x110%
2,000, 2,250, 2,400, 3,870x110%=4,257
A=(2,000+2,250+2,400+4,257)/4=2,726.75=2,727kg
B=(3,000+3,200+3,300+3,400)/4=3,225kg
C=3,870, Y=4
25년도 기준평년수확량={2,727+(3,225-2,727)(1-4/5)}x(3,870/3,225)=3,391.9=3,392kg
25년도 평년수확량=3,392x0.85=2,883.2=2,883kg

문제 1 적과전종합방식 사과(밀식) 품목에 관한 조사내용이다. 다음을 참조하여 2025년도 평년착과량을 구하시오. (단, kg 단위로 소수점 아래 첫째자리에서 반올림)
(2020년 신규 가입당시 사과 밀식재배 방식으로 수령은 3년)

***과거 수확량**

(단위: kg)

구분	2020년	2021년	2022년	2023년	2024년	2025년
표준수확량	3,200	3,200	3,100	3,200	3,300	3,400
적과후착과량	2,700	2,600	2,800	미가입	3,000	
보험가입여부	O	O	O	X	O	

***사과 일반재배방식 표준수확량**

(단위: kg)

수령	5년	6년	7년	8년	9년
표준수확량	4,000	4,200	4,400	4,500	4,600

문제 2 농작물재해보험 종합위험보장방식 복숭아 품목에 관한 조사내용이다.
다음을 참조하여 2025년도 평년수확량을 구하시오.
(단, 평년수확량 kg 단위로 소수점 아래 첫째자리에서 반올림)

***과거 수확량(과중: 200g)**

(단위: kg)

구분	2020년	2021년	2022년	2023년	2024년	2025년
표준수확량	6,200	6,300	6,500	6,700	6,800	6,800
평년수확량	7,800	7,800	7,200	7,900	-	-
조사수확량	3,700	무사고	5,000	무사고	-	-
착과수(개)	18,500	30,000	25,000	32,000	-	-
보험가입여부	O	O	O	O	X	-

문제 3 종합위험보장방식 유자 품목에 관한 조사내용이다. 다음을 참조하여 2025년도 평년수확량을 구하시오. (단, 평년수확량은 kg 단위로 소수점 이하는 절사)

*과거 수확량

(단위: kg)

구분	2020년	2021년	2022년	2023년	2024년	2025년
표준수확량	3,000	3,500	3,350	3,700	3,800	3,850
평년수확량	(가)	3,000	-	3,500	4,000	
조사수확량	1,000	2,850	-	3,300	무사고	
가입여부	신규가입	가입	미가입	가입	가입	가입예정

문제 4 오디 품목에 관한 내용이다. 다음을 참조하여 2025년도 평년결실수를 구하시오.
(단, 결실수는 개수 단위로 소수점 아래 첫째자리에서 반올림)

*과거 결실수 자료

(개/1m)

구분	2020년	2021년	2022년	2023년	2024년	2025년
표준결실수	150	150	155	160	170	170
평년결실수	140	미가입	미가입	160	150	
조사결실수	123	-	-	75	무사고	

문제 5 농작물재해보험 종합위험보장방식 살구 품목에 관한 A과수원의 조사내용이다. 다음을 참조하여 2025년도 A과수원의 평년수확량을 구하시오.
(단, 2020년 신규가입이고 kg 단위로 소수점 아래 첫째자리에서 반올림)

***과거 수확량**

(단위: kg)

구분	2020년	2021년	2022년	2023년	2024년	2025년
표준수확량	6,000	6,200	6,200	6,350	6,400	6,820
평년수확량	(가)	5,394	(나)	-	5,674	(다)
조사수확량	2,000	무사고	6,000	-	6,800	
보험가입여부	O	O	O	X	O	가입예정

문제 6 농작물재해보험 수확감소 보장방식 벼 품목에 관한 조사내용이다. 다음을 참조하여 2025년도 평년수확량을 구하시오.

***과거 수확량**

(단위: kg)

구분	2020년	2021년	2022년	2023년	2024년	2025년
표준수확량(kg)	2,000	2,100	2,100	1,900	2,100	2,150
평년수확량(kg)	2,000	2,000	-	2,400	2,300	
조사수확량(kg)	1,850	무사고	-	1,100	2,000	
보정계수	0.92	0.96	-	0.94	0.98	0.95
보험가입여부	O	O	X	O	O	

*2025년 해당지역 기준수확량=2,200kg

문제 7 적과전 종합위험방식 사과품목에 관한 A과수원의 계약내용과 조사내용을 참조하여 다음 물음에 답하시오. (단, kg 단위로 소수점 아래 첫째자리에서 반올림)
(2020년 신규 가입당시 사과 밀식재배 방식으로 수령은 3년)

***과거 수확량**

(단위: kg)

구분	2020년	2021년	2022년	2023년	2024년	2025년
표준수확량	3,150	3,280	3,200	3,200	3,250	3,300
적과후착과량	2,600	미가입	2,750	2,850	3,000	

***사과 일반재배방식 표준수확량**

(단위: kg)

수령	5년	6년	7년	8년	9년
표준수확량	4,000	4,250	4,350	4,380	4,500

***계약내용**

보험가입금액	특별약관 가입	보장수준	가입가격	자기부담비율
(가)	5종특약, 일소피해부보장	50%	3,000원/kg	최저비율적용

- 최근 3년간 순보험료와 수령 보험금

구분	2022년	2023년	2024년
순보험료	80만원	120만원	100만원
수령보험금	300만원	50만원	150만원

보통약관영업요율	손해율에 따른 할인.할증율	지자체지원율	부가보험요율
12%	+8%	30%	2%

-특정위험 5종 한정특약 가입(10%), 일소피해 부보장특약 가입(5%)
-방재시설 할인: 방충망(20%)과 방조망(5%)(과수원 전체 설치),

물음1 2025년도 평년착과량(kg)을 구하시오.

물음2 계약자부담 보험료(원)를 구하시오.(단, 각 보험료 산정 시 원단위 미만은 절사)

문제 8 적과전종합위험방식 보험에 가입한 A과수원의 배 품목에 관한 조사내용이다.
다음 내용을 참조하여 물음에 답하시오.
(2020년 신규 가입당시 배 밀식재배 방식으로 수령은 3년)

***과거 수확량**

(단위: kg)

구분	2020년	2021년	2022년	2023년	2024년	2025년
평년착과량	6,200	6,200	6,100	7,200	8,000	
적과후착과량	6,400	미가입	6,600	5,600	2,000	

***표준수확량**

(단위: kg)

수령	3년	4년	5년	6년	7년	8년
밀식재배	4,800	5,200	5,400	6,000	6,200	7,000
반밀식재배	5,800	6,300	6,400	7,000	7,500	8,000
소식재배	6,000	8,000	7,200	8,000	8,800	9,000

***계약내용**

보험가입금액: 최대 보험가입금액, 자기부담비율: 최저 자기부담비율 적용

가입가격: 5,000원/kg

순보험료율	할인.할증율	방충망설치	일소부보장	지자체지원율	정부지원율
10%	+13%	-20%	+5%	40%	(가)

- 최근 3년간 순보험료와 수령 보험금

구분	2022년	2023년	2024년
순보험료	200만원	260만원	240만원
수령보험금	1,000만원	무사고	400만원

물음 1 2025년도 평년착과량(kg)을 구하시오.
(단, 평년착과량은 kg 단위로 소수점 아래 첫째자리에서 반올림)

물음 2 계약자 부담보험료(원)를 구하시오.(단, 각 보험료 산정 시 원단위 미만은 절사)

문제 9 농작물재해보험 수확감소 보장방식 벼(찰벼) 품목에 관한 조사내용이다.
다음을 참조하여 2025년도 평년수확량(kg)을 구하시오.
(단, kg 단위는 소수 첫째자리 반올림, 보정계수는 소수 셋째자리에서 반올림)

***과거 수확량**

(3,000m²기준, 단위: kg)

구분	2020년	2021년	2022년	2023년	2024년	2025년
표준수확량(kg)	2,000	2,100	2,200	2,000	2,100	2,200
평년수확량(kg)	2,000	-	2,100	2,400	2,300	
조사수확량(kg)	1,800	-	무사고	1,000	2,000	
보험가입여부	O	X	O	O	O	

*2025년 해당지역 기준수확량=2,200kg　　*과거 평균 보정계수=0.9
*2025년 품종 보정계수=0.92, 이앙일자 보정계수=1.05, 친환경 보정계수=0.95

***계약내용**

품목	보험가입금액	평년수확량	가입가격	가입면적	자기부담비율
벼(찰벼)	최대가입금액	(가)	2,000원/kg	3,000m²	10%

***수확량 조사내용**

(표본조사)

실제경작면적	고사면적	미보상면적	표본구간 작물중량합계	조사 함수율 (3회 평균)
3,000m²	100m²	500m²	500g	30.4%

- 표본구간(공통), 4포기 길이: 0.8m, 포기당 간격: 0.3m　　-미보상비율: 20%

물음 1 2025년도 평년수확량(kg)을 구하시오.

물음 2 수확감소 보험금(원)을 구하시오.(보험금 산정 시 원단위 미만은 절사)
(수확량은 kg 단위로 소수점 첫째자리에서 반올림하고 m²당 평년수확량과 표본구간 m²당 유효중량은 g단위 소수점 첫째자리에서 반올림, 피해율은 % 단위로 소수점 아래 셋째자리에서 반올림)

문제 9 농작물재해보험 수확감소 보장방식 벼(메벼) 품목에 관한 조사내용이다.

다음을 참조하여 2025년도 평년수확량(kg)을 구하시오.

(단, kg 단위는 소수 첫째자리 반올림, 보정계수는 소수 셋째자리에서 반올림)

***과거 수확량**

(10a=1,000m²기준)

구분	2020년	2021년	2022년	2023년	2024년	2025년
표준수확량(kg)	1,000	1,100	1,100	900	1,100	1,200
평년수확량(kg)	1,000	1,000	-	1,400	1,300	
조사수확량(kg)	850	무사고	-	600	900	
보험가입여부	O	O	X	O	O	

*2025년 해당지역 기준수확량=1,200kg　　*과거 평균 보정계수=0.95

*2025년 품종 보정계수=0.95, 이앙일자 보정계수=1.0, 친환경 보정계수=0.9

***계약내용**

품목	보험가입금액	평년수확량	가입면적	표준가격	자기부담비율
벼(메벼)	최대가입금액	(가)	3,000m²	2,000원/kg	최저비율적용

-최근 2년 연속 보험에 가입하고 수령보험금이 순보험료의 120%

순보험요율	할인. 할증율	친환경재배	직파재배	지자체지원율
10%	+13%	+5%	+5%	30%

-최근 5개년 중 4년 보험에 가입하고 수령보험금이 순보험료의 170%

물음1 1,000m² 기준 2025년도 평년수확량을 구하시오.

물음2 계약자부담 보험료를 구하시오.(단, 각 보험료 산정 시 원단위 미만은 절사)

정답 및 해설

01 | 풀이

(평년착과량)={A+(B-A)(1-Y/5)}xC/D

A(가입기간 4년 적과후착과량의 평균)=(2,700+2,600+2,800+3,000)/4=2,775,

B(가입기간 4년 표준수확량의 평균)=(3,200+3,200+3,100+3,300)/4=3,200

C(가입년도 기준표준수확량)=4,500

D(기준표준수확량의 평균)=(4,000x0.5+4,000x-0.75+4,000+4,400)/4=3,350kg

평년착과량={2,775+(3,200-2,775)(1-4/5)}x(4,500/3,350)=3841.7=3,842kg

02 | 풀이

A=Max{조사수확량, (평년수확량)x50%}의 값들의 평균

(복숭아와 포도)는 무사고일 때, (무사고)=(착과수)x(과중)으로 산정

3,900, 무사고=30,000x0.2=6,000, 5,000, 무사고=32,000x0.2=6,400의 평균

A=(3,900+6,000+5,000+6,400)/4=5,325kg

B=(가입연도 표준수확량의 평균)=(6,200+6,300+6,500+6,700)/4=6,425kg

C=(당해년도 표준수확량)=6,800kg

(평년수확량)={A+(B-A)(1-Y/5)}xC/B

(평년수확량)={5,325+(6,425-5,325)x(1-4/5)}x(6,800/6,425)=5,868.6=5,869kg

03 | 풀이

2020년 평년수확량은 유자 신규가입이므로 표준수확량의 70%=(가)=2,100kg

A=Max{조사수확량, (평년수확량)x50%}, 무사고=Max{표준수확량, 평년수확량}x110%

A=(2,100x0.5+2,850+3,300+4,000x1.1)/4=2,900kg

B(가입기간 4년 표준수확량의 평균)=(3,000+3,500+3,700+3,800)/4=3,500kg

C=3,850, (가입년도 표준수확량)

평년수확량={2,900+(3,500-2,900)(1-4/5)}x(3,850/3,500)=3,322kg

04 | 풀이

A: 과거 평균 결실수

(사고시) Max{조사결실수, 평년결실수x50%},

(무사고시) Max{표준결실수, 평년결실수}x110%

A: 123, 80, 187의 평균=130개, B=160개,

(평년결실수)={A+(B-A)(1-Y/5)}=130+(160-130)x(1-3/5)=142개

오디의 보험가입금액=(표준수확량)x(표준가격)x{(평년결실수)/(표준결실수)}

05 | 풀이

(가) 살구 신규가입 평년수확량은 표준수확량의 70%=4,200kg

(나) 2022년 평년수확량, Y=2

A=(2,100+6,820)/2=4,460kg, B=6,100, C=6,200

2022년 평년수확량={4,460+(6,100-4,460)x(1-2/5)}x(6,200/6,100)=5,533.2=5,533kg

(나)=5,533kg

A=(2,100+6,820+6,000+6,800)/4=5,430kg

B(가입연도 표준수확량의 평균)=(6,000+6,200+6,200+6,400)/4=6,200kg,

C=6,820kg, (평년수확량)={A+(B-A)(1-Y/5)}xC/B

(평년수확량)={5,430+(6,200-5,430)x(1-4/5)}x(6,820/6,200)=6,142.4=6,142kg

(다)=6,142kg

(가)+(나)+(다)=4,200+5,533+6,142kg=15,875kg

06 | 풀이

A=Max{조사수확량, (평년수확량)x50%}, 무사고=Max{표준수확량, 평년수확량}x110%

1,800, 2,100x1.1=2,310, 1,100, 2,000 값들의 평균값

A=(1,850+2,310+1,200+2,000)/4=1,840kg

B(가입연도 지역별 기준수확량)=2,200kg

C(가입연도, 2025년 보정계수)=0.95

D(과거 보정계수의 평균)=0.92, 0.96, 0.94, 0.98의 평균, D=0.95

(평년수확량)={A+(BxD-A)(1-Y/5)}xC/D

(평년수확량)={1,840+(2,200x0.95-1,840)x(1-4/5)}x(0.95/0.95)=1,890kg

(평년수확량은 보험가입연도의 표준수확량 130% 이내이므로 적합함)

07 | 풀이

(평년착과량)={A+(B-A)(1-Y/5)}xC/D

A=2,800, (과거 가입년도 4년 적과후착과량의 평균)

B=(과거 가입년도 4년 표준수확량의 평균)=(3,150+3,200+3,200+3,250)/4=3,200kg

C(당해년도 가입년도 기준 표준수확량=8년)=4,380,

D(과거 가입년도 4년 기준표준수확량(사과일반재배)의 평균)

=(4,000x0.5+4,000+4,200+4,400)/4=3,650

(1) 평년착과량={2,800+(3,200-2,800)(1-4/5)}x(4,380/3,650)=3,456kg

(2) 보험가입금액=3,456x3,000원=10,368,000원=1,036만원

손해율에 따른 할인. 할증율 (2년): 100%미만, (3년): 100%초과

최저자기부담비율은 2년 100%미만이므로 15%(최저비율적용), 정부지원율=38%

(방충망전체설치=20%과 방조망전체설치=5%, 방풍망20%미만설치=0%)=25% 할인

보통약관영업요율=12%, 부가보험요율=2%, 순보험요율=10%

(순보험료)=1,036만원x0.1x(1+0.08)x(1-0.25)x(1-0.1-0.05)=713,286원

(계약자부담보험료)=713,286원x(1-0.38-0.3)=228,251.52원

08 | 풀이

(평년착과량)={A+(B-A)(1-Y/5)}xC/D

A(가입년도 4년 적과후착과량의 평균)=(6,400+6,600+5,600+2,400)/4=5,250,

B(가입기간 4년 밀식재배 표준수확량의 평균)=(4,800+5,400+6,000+6,200)/4=5,600

C(가입년도 2023년 소식재배 표준수확량)=9,000,

D(가입기간 4년 소식재배 표준수확량의 평균)=(6,000+7,200+8,000+8,800)/4=7,500

(물음1) 평년착과량={5,250+(5,600-5,250)(1-4/5)}x(9,000/7,500)=6,384kg

(물음2) 보험가입금액=6,384x5,000원=3,192만원

순보험료=3,192만원x0.1x(1+0.13)x(1-0.2)x(1-0.05)=2,741,289.~~6~~원

3년간 손해율=200%, 2년간 손해율=80%이므로 최저자기부담비율=15%

정부지원율=38%

계약자부담보험료=2,741,289.6원x(1-0.38-0.4)=603,083.~~7~~원

09 | 풀이

(물음1) A=Max{조사수확량, (평년수확량)x50%}, 무사고=Max{표준수확량, 평년수확량}x110%

1,800, 2,200x1.1=2,420, 1,200, 2,000 값들의 평균값

A=(1,800+2,420+1,200+2,000)/4=1,855kg

B(가입연도 지역별 기준수확량)=2,200kg

C(가입연도, 2023년 보정계수)=0.92x1.05x0.95=0.9177=0.92,

D=(과거 보정계수의 평균)=0.9

(평년수확량)={A+(BxD-A)(1-Y/5)}xC/D

(평년수확량)={1,855+(2,200x0.9-1,855)x(1-4/5)}x(0.92/0.9)=1,921.7=1,922kg

(평년수확량은 보험가입연도의 표준수확량 130% 이내이므로 적합함)

(물음2) 3,000m^2 기준 평년수확량=1,922kg, 가입수확량(최대)=1,922kg

보험가입금액=1,922x2,000원=3,844,~~000~~원=384만원

조사대상면적=3,000-100-500=2,400m^2이므로 표본구간수=4구간

표본구간면적=4x0.8x0.3=0.96m^2,

m^2당 평년수확량=1,922/3,000=640.6=641g=0.641kg

표본구간 유효중량=500x0.93x(1-0.304)/(1-0.13)=372g=0.372kg

표본구간 m^2당 유효중량=372g/0.96=387.5=0.388kg

수확량=0.388x2,400+0.641x500=931.2+320.5=1,251.7=1,252kg

미보상감수량=(1,922-1,252)x0.2=134kg,

피해율=(1,922-1,252-134)/1,922=0.27887, 27.89%,

수확감소 보험금=384만원x(0.2789-0.1)=686,976원

10 | 풀이

(물음1) A=Max{조사수확량, (평년수확량)x50%}, 무사고=Max{표준수확량, 평년수확량}x110%

850, 1,100x1.1=1,210, 700, 900 값들의 평균값

A=(850+1,210+700+900)/4=915kg

B=(가입연도 지역별 기준수확량)=1,200kg

C=(가입연도, 2023년 보정계수)=0.95x1.0x0.9=0.855=0.86,

D=(과거 보정계수의 평균)=0.95, (평년수확량)={A+(BxD-A)(1-Y/5)}xC/D

(평년수확량)={915+(1,200x0.95-915)x(1-4/5)}x(0.86/0.95)=869.05=869kg

(평년수확량은 보험가입연도의 표준수확량 130% 이내이므로 적합함)

(물음2) 해당농지 3,000m^2 기준 평년수확량 (가)=869x3=2,607kg

보험가입금액(최대)=2,607x2,000=5,214,000=521만원

최근 5개년 중 4년 보험에 가입하고 수령보험금이 순보험료의 170%이면 할증률=13%

최근 2년 연속 보험에 가입하고 수령보험금이 순보험료의 120%이면 최저자기부담비율은 20%, 정부지원비율=50%, 지자체지원비율=30%

순보험료=521만원x0.1x(1+0.13)x(1+0.05)x(1+0.05)=649,074.~~825~~원

계약자부담보험료=649,074원x(1-0.5-0.3)=128,814.~~8~~원

MEMO

03

보험가입금액

03 보험가입금액

⊙ 보험가입금액

적과전 종합위험	평년착과량의 100%=가입수확량(확정) **(가입수확량)x(kg당 가입가격)**, (천원단위 절사)
종합위험 수확감소보장	**(가입수확량)x(단위당 가입가격)**, (천원단위 절사) 가입수확량=평년수확량의 50~100% 평년수확량=표준수확량의 70%(유자, 살구, 사과대추, 팥)**(신규가입)**
종합위험 과실손해보장	**(가입수확량)x(단위당 가입가격)**, (천원단위 절사) 가입수확량=평년수확량의 50~100% (오디)=(표준수확량)x(표준가격)x(평년결실수/표준결실수)
나무손해보장	**(가입 결과주수)x(1주당 가입가격)**, (천원단위 절사)
종합위험 논작물(벼)	**(가입수확량)x(가입표준가격)**, (천원단위 절사) 가입수확량=평년수확량의 50~100% (조사료용벼, 사료용옥수수)=(가입면적)x(단위 면적당 보장생산비) 벼 표준가격=5개년 시군별 농협 RPC 평균가격x민간 RPC 지수 (조사료용벼)=(가입면적)x(단위면적당 보장생산비)
종합위험 수확감소(밭)	**(가입수확량)x(단위당 가입가격)**, (천원단위 절사) 가입수확량=평년수확량의 50~100% (옥수수)=표준수확량의 80~130%를 가입수확량 (사료용옥수수)=(가입면적)x(단위면적당 보장생산비) (감자, 고랭지,가을)=가입수확량을 마을(리, 동) 단위로 선정
생산비보장(밭)	(가입면적)x(단위면적당 보장생산비),(천원단위 절사),**(고추.브로콜리)**
비가림시설	산정된 재조달가액의 80%~130% 범위에서 가입 **(재조달가액)=(비가림시설의 면적)x(m^2 당 시설비)**, (천원단위 절사)
해가림시설	**(재조달가액)x(1-감가상각율)**, (설치시기~가입시기까지 감가상각율) **(재조달가액)=(해가림시설의 면적)x(m^2 당 시설비)**, (천원단위 절사)

작물특정(인삼)	(재배면적)x(연근별 보상가액),(천원단위 절사)
농업용시설물 버섯재배사	하우스 1동 단위 산정된 재조달가액의 90%~130% 범위에서 가입 **(재조달가액)=(가입 면적)x(m^2 당 시설비)** **재조달가액보장 특약에 가입하지 않은 경우에는 감가상각율 적용** 부대시설=계약자 고지사항 참조 유리온실=m^2 당 시설비는 5만~50만원
시설작물 버섯작물	(생산비가 가장 높은 시설작물 가액)의 50%~100% 범위에서 가입 (생산비가 가장 높은 버섯작물 가액)의 50%~100% 범위에서 가입
농업수입감소	**(가입수확량)x(기준가격)**, (천원단위 절사)
가축	재해보험사업자가 기준가액을 산정하고 계약자가 가입금액을 결정

(1) 적과전 종합위험 보장(과수 4종)

① **가입수확량=평년착과량의 100%(확정)**
② 신규가입=표준수확량의 100%를 평년착과량
③ **(보험가입금액)=(가입수확량)x(kg당 가입가격)**(단, 천원단위 절사)
④ 가입가격: 보험에 가입할 때 결정한 과실의 kg당 평균 가격(나무손해보장 특별약관의 경우에는 보험에 가입한 나무의 1주당 가격)으로 한 과수원에 다수의 품종이 혼식된 경우에도 품종과 관계없이 동일
⑤ 가입수확량이 **기준수확량**을 초과하는 경우에는 그 초과분은 제외되도록 가입수확량이 조정되며 보험가입금액을 감액한다.(**차액보험료** 발생)
⑥ **나무손해보장특약 (보험가입금액)=(가입 결과주수)x(1주당 가입가격)**
㉠ 보험에 가입한 결과주수에 1주당 가입가격을 곱하여 계산한 금액으로 한다.
㉡ 보험에 가입한 결과주수가 과수원 내 실제결과주수를 초과하는 경우에는 보험가입 금액을 감액한다.
⑦ **보험가입금액의 감액(사고유무 삭제됨)**
㉠ 기준수확량이 평년착과량보다 적어지는 경우에 보험가입 금액을 감액한다.
㉡ 보험가입금액을 감액한 경우에는 아래와 같이 계산한 **차액보험료**를 환급한다.
(차액보험료)=(감액분)x(감액미경과비율),(63%, 70, 78, 83%), (79, 84, 88, 90%)

예제 1

적과전종합위험 방식 배(밀식재배) 품목에 관한 조사내용이다.(5,000원/kg)
다음 내용을 참조여 2025년도 보험가입금액을 구하시오.

구분	2020년	2021년	2022년	2023년	2024년	2025년
밀식재배표준수확량	3,000	3,200	3,300	3,350	3,400	3,500
적과후착과량	미가입	2,900	2,900	미가입	3,200	
소식재배표준수확량	4,000	4,000	4,200	4,250	4,400	4,620

풀이 1

(평년착과량)={A+(B-A)(1-Y/5)}xC/D, Y=3,
(배: 기준표준수확량=소식재배 기준표준수확량의 평균)
A=(2,900+2,900+3,200)/3=3,000, (3년 적과후착과량의 평균)
B=(3,200+3,300+3,400)/3=3,300, (가입기간 3년 표준수확량의 평균)
C=4,620, (가입년도 기준 표준수확량)
D=(4,000+4,200+4,400)/3=4,200, (가입기간 3년 기준표준수확량의 평균)
평년착과량={3,000+(3,300-3,000)(1-3/5)}x(4,620/4,200)=3,432kg
가입수확량=평년착과량의 100%, 가입가격=5,000원/kg
보험가입금액=3,432x5,000=17,160,000원

예제 2

적과전종합위험방식 사과 품목에 관한 조사내용이다. 다음을 참조하여 2025년도
보험가입금액을 구하시오.(2020년 신규가입당시 사과 밀식재배 방식으로 수령은 3년)

*과거 수확량(단위: kg), 가입가격=5,000원/kg

구분	2020년	2021년	2022년	2023년	2024년	2025년
표준수확량(밀식)	5,000	5,100	5,400	5,500	5,600	5,800
적과후착과량	4,500	4,600	미가입	**1,400**	**9,200**	
평년착과량	4,500	4,800	미가입	5,000	3,000	
표준수확량(일반)	-	-	6,000	6,500	6,800	7,280

풀이 2

(평년착과량)={A+(B-A)(1-Y/5)}xC/D**(상한, 하한 적용)**
A=4,500, 4,600, 1,500(평년착과량의 30%), 9,000(평년착과량의 300%)의 평균
(4,500+4,600+1,500+9,000)/4=4,900
B=5,300, (가입기간 4년 표준수확량의 평균), (5,000+5,100+5,500+5,600)/4=5,300
C=7,280, (가입년도 기준 표준수확량)
D=5,200, (6,000x0.5+6,000x0.75+6,500+6,800)/4=5,200
평년착과량={4,900+(5,300-4,900)(1-4/5)}x(7,280/5,200)=6,972kg
가입수확량=평년착과량의 100%, 가입가격=5,000원/kg
보험가입금액=6,972x5,000=34,860,000원

예제 3 **적과전 종합위험보장 배 품목** (단, 원단위 미만은 절사)

계약내용				조사내용	
품목	보장내용	평년착과수	가입과중	피해사실 확인 조사내용	적과후착과수
배	종합위험	5만개	400g	-확인재해: 없음 -실제결과주수: 400주	3만개
-자기부담비율(20%), 보장수준(50%), 미보상비율(10%), 가입가격: 4,000원					

순보험료율	할인.할증율	방충망설치	일소부보장	지자체지원율	정부지원율
8%	+5%	20%	5%	30%	(가)

풀이 3

보험가입금액=5만x0.4x4,000원=8,000만원, 착과감소율=2만/5만=0.4
순보험료=8,000만원x0.08x(1+0.05)x(1-0.2)x(1-0.05)=5,107,200원
계약자부담보험료=5,107,200원x(1-0.5-0.3)=1,021,440원
감액분=(계약자부담보험료)x(착과감소율)=1,021,440원x0.4=408,576원
감액미경과비율: 종합위험보장이고 보장수준 50%이면 70%
차액보험료=408,576원x0.7=286,003.2원

(2) 종합위험보장(과수 품목)

① **가입수확량=평년수확량의 50~100%**
② 신규가입=표준수확량의 100%를 평년수확량
(**유자, 사과대추, 살구=표준수확량의 70%**를 평년수확량)
③ **(보험가입금액)=(가입수확량)x(kg당 가입가격)**(천원단위 절사)
④ **나무손해보장특약 (보험가입금액)=(가입 결과주수)x(1주당 가입가격)**
⑤ **비가림시설 (보험가입금액)=(재조달가액)의 80~130%** (감가상각 없음)
(재조달가액)=(비가림시설의 면적)x(m^2 당 시설비)
(단, 참다래 비가림시설은 계약자 고지사항을 기초로 보험가입금액을 결정)
⑥ 감귤(온주밀감), 무화과=**(평년수확량)x(표준가격)**
⑦ **오디=(표준수확량)x(표준가격)x{(평년결실수)/(표준결실수)}**
⑧ **복분자=(표준수확량)x(표준가격)x{(평년결과모지수)/(표준결과모지수)}**

예제 1 농작물재해보험 과수품목에 관한 내용이다. 다음 조건을 참조하여 나무손해보장 특별약관 보험가입금액을 품목별로 구하고 총합을 구하시오.

품목	가입당시 수령	가입주수	1주당 가입가격
호두	9년	500주	80,000원
참다래	3년	300주	60,000원
사과(일반재배)	4년	400주	100,000원
감귤(온주밀감)	5년	500주	100,000원
밤	6년	200주	90,000원

풀이 1

* 나무손해보장 특별약관에 가입 가능한 품목: (13종)
* 나무손해보장 특별약관에 가입 불가능한 품목: 오디, 호두, 밤, 오미자, 복분자, 대추
(1) 호두: 나무손해보장 특별약관에 가입 불가능한 품목
(2) 참다래(수령 3년 미만 인수제한), 보험가입금액=300x60,000원=18,000,000원
(3) 사과 일반재배(수령 5년 미만 인수제한), 4년생이므로 인수제한
(4) 감귤 온주밀감 (수령 4년 미만 인수제한), 5년생이므로 가입가능
보험가입금액=500x100,000원=50,000,000원
(5) 밤: 나무손해보장 특별약관에 가입 불가능한 품목, 가입금액의 총합=68,000,000원
2년미만: 감귤(만감류 고접), 3년미만: 오디복참포, 사과(밀식), 배
4년미만: 무대오유사과(반밀식), 감귤(온주밀감, 만감류 재식)
5년미만: 밤매살, 단감, 떫은감, 사과(일반), 6년미만: 자두, 7년미만, 차
8년미만: 호두

(3) 종합위험 수확감소보장 논작물

① **가입수확량=평년수확량의 50~100%**
② 신규가입=표준수확량의 100%를 평년수확량
③ **(벼, 보험가입금액)=(가입수확량)x(표준가격)**, (천원단위 절사)
(벼 표준가격=5개년 시군별 농협 RPC 평균가격x민간 RPC 지수)
④ **(보리, 밀, 귀리 보험가입금액)=(가입수확량)x(kg당 가입가격)**, (천원단위 절사)
⑤ (조사료용벼, 보험가입금액)=**(가입면적)x(m²당 보장생산비)**,(천원단위 절사)

예제 1 *계약내용

품목	보험가입금액	표준수확량	평년수확량	자기부담비율
벼(메벼)	최대가입금액	4,500kg	4,500kg	최소비율적용

구분	2019년	2020년	2021년	2022년	2023년	2024년
수매가격	1,700	1,800	1,900	2,000	2,100	2,200

*시. 군별 농협 RPC 계약재배 수매가격(원/kg), 민간 RPC(양곡처리장) 지수: 1.2

풀이 1

시. 군별 농협 RPC 계약재배 수매가격의 5개년 평균가격=2,000원
표준가격=2,000원x1.2=2,400원, 보험가입금액=4,500x2,400원=10,800,000원

예제 2 *계약내용(보리)

품목	보험가입금액	평년수확량	가입가격	자기부담비율
보리	최소가입금액	3,000kg	1,500원/kg	20%

풀이 2

가입수확량=평년수확량의 50~100%
최소 보험가입금액=3,000x0.5x1,500원=2,250,000원
* 보리 품목의 최저자기부담비율=10%
(배무당단파시양보팥호유살=20%)
*** 고랭지(무, 배추) 대파, 단호박, 팥, 시금치 ⇨ 10%로 변경**

(4) 종합위험 수확감소보장 밭작물

① **가입수확량=평년수확량의 50~100%**

단, (옥수수)=~~**(지역별 m^2당 표준수확량)x(재배면적)x(재식시기지수)**~~의 **80~130%**

=(표준수확량)의 **80~130%**

② 신규가입=표준수확량의 100%를 평년수확량

③ (보험가입금액)=(가입수확량)x(kg당 가입가격), (천원단위 절사)

④ **(사료용옥수수, 보험가입금액)=(가입면적)x(m^2당 보장생산비)**,(천원단위 절사)

예제 1 *계약내용

품목	보험가입금액	가입가격	재배면적	표준수확량
옥수수	최대가입금액	2,000원/kg	5,000m^2	6,000kg

재식시기지수=0.98, 재식밀도지수=0.95, 표준중량(대학찰, 연농2호)=160g/개

풀이 1

계약농가의 표준수확량=6,000kg,

가입수확량은 표준수확량의 80%~130%이므로 가입수확량은 4,800kg~7,800kg

옥수수의 보험가입금액(최대)은 7,800x2,000원=15,600,000원(최댓값)

(5) 종합위험 생산비보장 밭작물

① (보험가입금액)=(가입면적)x(m^2당 보장생산비), (천원단위 절사)

* 보장생산비=(준비기생산비)+(생장기생산비)

② 잔존보험가입금액: 고추와 브로콜리

(잔존보험가입금액)=(보험가입금액)-(동일작기 보험사고 보상액)

예제 1 생산비보장 고추 품목 *계약내용

품목	보험가입금액	가입면적	m^2당 총생산비	m^2당 수확기 생산비
고추	(가)	1,200m^2(터널재배)	4,850원	1,350원
		1,800m^2(노지재배)	4,600원	950원

풀이 1

총생산비=(준비기생산비)+(생장기생산비)+(수확기생산비)

보장생산비=(준비기생산비)+(생장기생산비), 준비기생산비계수=(준비기생산비)/(보장생산비)

보장생산비=(총생산비)-(수확기생산비), 보장생산비가 낮은 품목=터널재배=3,500원

보험가입금액=3,000x3,500원=1,050만원,

(6) 작물특정 및 시설종합위험 인삼작물

① (보험가입금액)=(재배면적)x(연근별 보상가액), (천원단위 절사)

② 인삼의 가액은 농협통계 및 농촌진흥청 자료를 기초로 산정

(2년근: 10,200원, 3년근: 11,600원, 4년근: 13,400원, 5년근: 15,000원)

(7) 작물특정 및 시설종합위험 해가림시설(재조달가액보장 특별약관 신설)

① **(보험가입금액)=(재조달가액)x(1-감가상각율)**, (천원단위 절사)
(재조달가액)=(해가림시설의 면적)x(m^2 당 시설비)

② 감가상각율=(경년감가율)x(경과년수)

③ **경년감가율**

㉠ 철재(내용연수: 18년)=80%/18=4.44%

㉡ 목재(내용연수: 6년)=80%/6=13.33%

④ 경과년수: 설치시기 ~ 가입시기(**월단위 삭제**, 42개월=3.5년)

⑤ **설치시기**(최초 설치시기, 정식 시기, 구입 시기, 가장 넓게 분포한 것의 설치시기)

⑥ 철재와 목재가 혼합(설치구획이 나뉘어 있는 것만 인수가능), 각각 가입금액 설정

⑦ **보험가입금액은 보험기간 동안 동일하고 보험가액은 감가상각율을 적용한다.**

⑧ **수정잔가율**: 내용연수가 경과한 경우라도 현재 정상 사용 중이라면 시설의 경제성을 고려하여 잔가율을 최대 30%로 수정할 수 있다.

예제 1 *계약내용(해가림시설: 재조달가액보장 특약에 미가입)

시설	시설유형	재배면적	m^2당 시설비	설치연도	가입시기
A	목재B형	3,000m^2	(가)	2019년 4월	2024년 4월
B	07-철인-A-2형	1,250m^2	(나)	2016년 5월	2024년 5월

풀이 1

(A시설) 재조달가액=6,000원x3,000=1,800만원, 경과년수: 5년,
보험가입금액=1,800만원(1-0.1333x5)=6,00~~3,000~~원=600만원
(B시설) 재조달가액=6,000원x1,250=750만원, 경과년수: 8년,
보험가입금액=750만원(1-0.0444x8)=4,83~~6,000~~원=483만원

▶해가림시설 유형별 단위면적(1㎡)당 시설비

유형	시설비(원)/㎡
07-철인-A형	7,200
07-철인-A-1형	6,600
07-철인-A-2형	6,000
07-철인-A-3형	5,100
13-철인-W	9,500
목재A형	5,900
목재A-1형	5,500
목재A-2형	5,000
목재A-3형	4,600
목재A-4형	4,100
목재B형	**6,000**
목재B-1형	5,600
목재B-2형	5,200
목재B-3형	4,100
목재B-4형	4,100
목재C형	5,500
목재C-1형	5,100
목재C-2형	4,700
목재C-3형	4,300
목재C-4형	3,800

예제 2 작물특정 및 시설종합위험 해가림시설(재조달가액보장 특약에 미가입)

*재배면적: 2,000m^2
*설치시기: 전체면적의 40%는 2021년 12월,
전체면적의 60%는 2022년 10월
* m^2당 시설비: 10,000원
* 구조체: 목재(내용연수: 6년)
*가입시기: 2024년 10월

풀이 2

경과기간은 가입시기를 기준으로 하고 설치년도는 가장 넓은 분포의 설치년도로 한다.

(22년 10월~24년 10월) 경과기간은 2년, 경년감가율=13.33%이므로 감가상각율=26.66%

재조달가액(설치당시)=2,000x10,000=2,000만원

보험가입금액=2,000만원x(1-0.1333x2)=14,668~~,000~~원=1,466만원

(8) 원예시설 및 시설작물, 버섯재배사 및 버섯작물

① **(시설물 보험가입금액)=(재조달가액)의 90~130%**
(재조달가액)=(시설의 면적)x(m^2 당 시설비)
② 유리온실(경량철골조): m^2 당 5만원~50만원 선택 가능
③ 부대시설: 계약자 고지사항을 기초로 보험가액을 추정하여 보험가입금액 결정
④ **(시설작물 보험가입금액)=(가입면적)x(보장생산비가 가장 높은 가격)의 50~100%**
* 재배예정 품목 중에서 보장생산비가 가장 높은 품목의 보장생산비로 결정
⑤ 재조달가액보장 특약에 가입하지 않은 경우: 재조달가액을 감가상각하여 결정

예제 1 다음의 계약내용 및 조사내용을 참조하여 보험가입금액(최대)을 구하시오.
(단, 원단위 미만은 절사)

○ 원예시설(연동하우스)	○ 시설작물
* 가입(재배)면적: 800m^2	* 가입(재배)면적: 800m^2
* m^2당 재조달가격: 100,000원	* 재배 예정 품목: 오이, 참외
(구조체: 90,000원, 피복재: 10,000원)	* m^2당 보장생산비
* 보험가입금액은 **최소금액**으로 가입함.	오이: 9,300원, 참외: 7,400원
* 재조달가액보장 특약에 가입함	* 보험가입금액은 **최대금액**으로 가입함.

풀이 1

원예시설 재조달가액=800x10만원=8,000만원의 90%~130% 범위에서 가입 가능
보험가입금액(최소)=8,000만원x90%=7,200만원
(재조달가액보장 특약에 가입하지 않은 경우) ⇨ 8,000만원x(1-0.053x경과년수)의 90~130%
시설작물, 보장생산비가 높은 품목은 오이: 9,300원,
800x9,300원=744만원의 50~100%의 범위에서 가입 가능
보험가입금액(최대)=744만원x100%=744만원

(9) 농업수입감소보장 방식(포도, 고구마, 감자, 마늘, 양파, 양배추, 콩, 옥수수)

① **(보험가입금액)=(가입수확량)x(기준가격)**, (천원단위 절사)
(가입수확량=평년수확량의 50~100%)

② **기준가격**(보험가입 년도 기준 직전 5개년 올림픽평균 가격)

㉠ 가입년도 포함 5개년: **마늘, 양배추, 감자**(3개 품목)

㉡ 가입년도 미포함 직전 5개년: **콩, 고구마, 양파, 포도, 옥수수**(5개 품목)

③ 농협수매 품목(**마늘, 나물용콩**): 농가수취비율(80%) 미적용

④ 농협수매 품목의 기준가격

㉠ (나물용 콩): 농협별 평균가격과 평균수매량을 산정하여 결정한다.
* 서리태, 백태는 중품, 상품, 면적별 가중평균, 농가수취비율 적용

㉡ 마늘: 농협별 가격의 평균가격 으로 올림픽평균

예제 1 *계약사항(계약체결일: 2024년 6월 20일)

품목	평년수확량	보험가입금액	가입면적	자기부담비율
콩(나물용)	0.4kg/m^2	최대가입금액	5,000m^2	최저비율적용

***제주도 지역농협별 수매 내역**

구분	A농협		B농협	
	수매량(kg)	수매금액(원)	수매량(kg)	수매금액(원)
2019년	3,500	1,200만원	5,500	1,500만원
2020년	3,500	1,450만원	3,500	1,350만원
2021년	5,000	1,800만원	4,000	1,800만원
2022년	5,500	2,400만원	4,500	2,100만원
2023년	5,000	2,000만원	5,000	2,000만원
2024년	5,500	1,800만원	4,500	1,400만원

풀이 1

(기준가격): 가입년도 미포함 5개년 올림픽평균값
(수매가격의 합)/(수매량의 합)의 값들의 올림픽 평균값
2019년=(1,200만+1,500만)/(3,500+5,500)=3,000원
2020년=4,000원, 2021년=4,000원, 2022년=4,500원, 2023년=4,000원
3,000원과, 4,500원 제외 나머지 3개의 평균, (기준가격)=4,000원
(수확기가격)=(1,800만+1,400만)/(5,500+4,500)=3,200원
평년수확량=0.4x5,000=2,000kg, 가입수확량(최대)=2,000kg의 100%
보험가입금액(최대)=2,000x4,000원=800만원

예제 1 농작물재해보험에 대한 내용이다. 다음 조건을 참조하여 각각의 보험가입금액을 구하시오.

품목	가입면적	총 생산비	수확기생산비	보험가입
사료용 옥수수	3,000m²	4,850원/m²	1,350원/m²	3년차 가입

품목	표준수확량	가입가격	평년수확량	보험가입
살구	4,500kg	3,000원/kg	-	신규 가입

품목	표준수확량	가입가격	자기부담비율	보험가입
옥수수	4,000kg	2,000원/kg	20%	신규 가입

품목	가입면적	m²당 재조달가액	경과연수	내용연수
해가림시설	3,000m²	6,000원/m²	3년	6년

품목	가입면적	m²당 재조달가액	경과연수	경년감가율
단동하우스	3,000m²	50,000원/m²	5년	8%

품목	재배방식	가입면적	보장생산비	보험가입
고추	터널재배	1,200m²	3,500원/m²	신규가입
	노지재배	1,800m²	3,000원/m²	

품목	계약사항			m²당 보장생산비	
	수령	가입면적	보험가입금액	나무 생존시	나무 고사시
장미	4년생	1,000m²	최저가입금액	6,500원	19,400원

물음1 사료용 옥수수 보험가입금액을 구하시오.

물음2 살구 품목 보험가입금액의 최댓값을 구하시오.

물음3 옥수수 품목 보험가입금액의 최댓값을 구하시오.

물음4 인삼 해가림시설의 보험가입금액을 구하시오.(재조달가액보장 특약에 미가입)

물음5 단동하우스 보험가입금액의 최솟값을 구하시오.(재조달가액보장 특약에 미가입)

물음6 고추 보험가입금액을 구하시오.

물음7 장미 보험가입금액을 구하시오.

풀이 1

(1) 사료용옥수수의 보장생산비=4,850원-1,350원=3,500원
보험가입금액=3,000x3,500원=10,500,000원
(2) 살구는 표준수확량의 70%를 가입수확량의 100%(최대)
보험가입금액=4,500x0.7x3,000원=9,450,000원
(3) 옥수수는 표준수확량의 80%~130%까지 가입가능
보험가입금액=4,000x1.3x2,000원=10,400,000원
(4) 해가림시설은 재조달가액x(1-감가상각율)
보험가입금액=3,000x6,000원x(1-0.1333x3)=10,80~~1,800~~원=1,080만원
(5) 단동하우스 가입당시 재조달가액의 90%~130%까지 가입 가능
재조달가액=15,000만원x(1-0.08x5)=9,000만원
최소 보험가입금액=9,000만원x0.9=8,100만원
(6) 고추 보험가입금액=3,000x3,000원=900만원
(7) 장미 보험가입금액(최저)=1,000x19,400원x0.5=970만원

예제 2

농작물재해보험에 관한 관련 자료이다. 이를 참조하여 각각의 목적물에 해당하는 보험가입금액의 최솟값을 구하시오.

보험의 목적	평년수확량	표준수확량	kg당 가입가격	비고
A(벼)	4,200kg	4,000kg	1,500원	2년차 가입
B(옥수수)	-	3,000kg	1,200원	3년차 가입
C(유자)	-	2,500kg	2,000원	신규가입
D(복숭아)	-	2,800kg	4,000원	신규가입
E(팥)	-	3,000kg	5,000원	신규가입

풀이 1

A, 최소보험가입금액=평년수확량의 50%=4,200x0.5x1,500원=315만원
B, 최소보험가입금액=표준수확량의 80%=3,000x0.8x1,200원=288만원
C, 유자(신규)=표준수확량의 70%를 평년수확량으로 하고 평년수확량의 50%~100%가입,
최소보험가입금액=2,500x0.7x0.5x2,000원=175만원, (최소한도 가입금액)=200만원
D, 최소보험가입금액(신규)=표준수확량의 100%를 평년수확량으로 하고
평년수확량의 50%~100% 가입, 최소보험가입금액=2,800x0.5x4,000원=560만원
E, 보험가입금액(신규)=표준수확량의 70%를 평년수확량으로 한다.
최소보험가입금액=3,000x0.7x0.5x5,000원=525만원

문제 1 농작물재해보험의 농업용시설물에 관한 관련 자료이다. 이를 참조하여 각각의 목적물에 해당하는 보험가입금액의 최솟값을 구하시오.
(단동하우스는 재조달가액보장 특약에 가입하였고 해가림시설은 특약에 미가입)

보험의 목적	면적	m^2당 설치비용	설치시기	가입시기
A, 비가림시설	2,000m^2	25,000원	2023년 4월	2024년 3월
B, 해가림시설 (목재)	1,200m^2	6,000원	2021년 3월	2024년 3월
	800m^2	6,000원	2022년 4월	2024년 3월
C, 단동하우스	1,000m^2	60,000원	2023년 5월	2024년 3월
D, 유리온실	300m^2	-	2021년 3월	2024년 3월

문제 2 농작물재해보험의 해가림시설물에 관한 관련 자료이다. 이를 참조하여 각각의 목적물에 해당하는 보험가입금액의 최솟값을 구하시오.(재조달가액보장 특약에 미가입)

보험의 목적	면적	m^2당 설치비용	설치시기	가입시기
해가림시설, 철인-A형	2,000m^2	7,200원	2022년 3월	2024년 3월
해가림시설, 철인-W	2,000m^2	9,500원	2021년 3월	2024년 3월
해가림시설, 목재A형	2,000m^2	5,900원	2023년 3월	2024년 3월
해가림시설, 목재B형	2,000m^2	6,000원	2022년 3월	2024년 3월
해가림시설, 목재C형	2,000m^2	5,500원	2017년 3월	2024년 3월

문제 3 농작물재해보험 과수품목에 관한 내용이다. 다음 조건을 참조하여 나무손해보장 특별약관 보험가입금액을 품목별로 산정하고 총합을 구하시오.

품목	가입당시 수령	가입주수	1주당 가입가격
대추	5년	500주	80,000원
참다래	3년	300주	80,000원
사과(반밀식재배)	3년	400주	100,000원
감귤(온주밀감)	5년	300주	100,000원
밤	8년	200주	80,000원

문제 4 다음은 종합위험방식 수확감소보장보험에 가입한 벼(찰벼) 품목에 관한 내용이다. 계약사항 및 조사내용을 참조하여 물음에 답하시오.

***계약내용**

품목	보험가입금액	평년수확량	표준수확량	표준가격	자기부담비율
벼(메벼)	최대가입금액	3,500kg	3,400kg	2,000원/kg	최저비율적용

***과거 순보험료 및 수령보험금 현황**

가입년도	2022년(최초가입)	2023년	2024년
순보험료	75만원	90만원	85만원
수령보험금	무사고	50만원	100만원

***가입조건**

순보험요율	친환경재배할증율	직파재배할증율	지자체지원비율
10%	5%	5%	40%

- 손해율에 따른 할인율: 8%
- 주어진 조건 이외 다른 조건은 고려하지 않음.

물음 1 보험가입금액을 구하시오.

물음 2 자기부담비율(가능한 유리한 조건)을 구하시오.

물음 3 계약자부담 보험료를 서술하시오.(원단위 미만은 절사)

문제 5 종합위험 비가림과수 포도 품목 비가림시설에 관한 내용이다. 다음 계약내용을 참조하여 물음에 답하시오.(단, 화재위험보장 특약은 고려하지 않음)

*포도 비가림시설의 계약내용

가입면적	m²당 시설비	보험가입금액	순보험요율
2,500m²	20,000원	(가)	10%

손해율에 따른 할인. 할증율	방재시설	지자체지원율	정부지원율
3년 무사고	비가림시설	33%	50%

물음 1 보험가입금액의 최댓값과 최솟값을 구하시오.

물음 2 계약자부담 보험료의 최솟값을 산정하시오.

문제 6 포도 비가림 시설물에 태풍으로 인하여 비가림시설에 피해가 발생하였다.
계약내용 및 조사내용을 참조하여 A동 보험금을 구하시오.(원단위 미만 절사)
(A, B동 보험가입금액을 하나의 금액으로 일괄 가입함)

*비가림시설 계약내용 및 조사내용

보험목적	보험가입금액	동별 보험가액		손해액
포도 비가림시설 A, B동	2,000만원	A동	2,000만원	1,500만원
		B동	1,200만원	무사고

문제 7 다음 조건을 참조하여 기준가격과 수확기가격을 구하고 보험가입금액을 구하시오.
(단, 원단위 미만은 절사하고 피해율은 %단위로 소수점 아래 셋째자리에서 반올림)

* 서울시 농수산식품공사 가락도매시장 연도별(고구마) 평균가격(원/kg)							
품종	재배면적	2019년	2020년	2021년	2022년	2023년	2024년
밤고구마	1,200m²	3,800	3,500	3,600	3,400	3,700	3,000
호박고구마	1,800m²	4,500	4,400	3,800	4,000	4,200	3,500

- 2024년 수확하는 품종이고 2024년 4월에 보험 가입함)
- 농가수취비율이 적용가능하면 80%를 적용한다.

***계약사항**

품목	보험가입금액	평년수확량	가입면적	자기부담비율
고구마	최대가입금액	5,000kg	3,000m²	최저비율적용

문제 8 종합위험 수확감소보장 차(茶) 품목에 관한 조사내용이다. 다음을 참조하여 2025년도 평년수확량(kg)과 보험가입금액의 최댓값을 구하시오.
(단, 기준평년수확량과 평년수확량은 kg 단위로 소수점 아래 첫째자리에서 반올림)

***과거 수확량**

(단위: kg)

구분	2020년	2021년	2022년	2023년	2024년	2025년
표준수확량	3,000	3,200	3,300	3,350	3,400	3,500
기준평년수확량	3,000	2,800	3,400	-	3,000	
조사수확량	1,800	1,800	무사고	-	2,160	
수확면적률	90%	80%	90%	-	90%	85%
환산조사수확량	(가)	(나)	-	-	(다)	
가입여부	신규가입	O	O	X	O	가입예정

***계약내용**

품목	보험가입금액	평년수확량	가입가격	자기부담비율
차(茶)	최대가입금액	(가)	4,000원/kg	20%

정답 및 해설

01 | 풀이

A, 보험가액=2,000x25,000원=5,000만원의 80%, 최소보험가입금액=4,000만원

B, 보험가액=2,000x6,000원=1,200만원,

보험가입금액=1,200만원x(1-0.1333x3)=7,20~~1,200~~원 =720만원(천원단위 절사)

C, 보험가액=1,000x60,000원=6,000만원의 90%, 최소보험가입금액=5,400만원

D, 유리온실: m^2당 재조달가액을 5만원~ 50만원까지 가입가능

최소보험가입금액=300x5만원=1,500만원

02 | 풀이

(천원단위 절사)

철인-A형, 보험가액=2,000x7,200=1,440만원, 경과년수=2년

보험가입금액=1,440만원x(1-0.0444x2)=13,12~~1,000~~원 =1,312만원

철인-W, 보험가액=2,000x9,500=1,900만원, 경과년수=3년

보험가입금액=1,900만원x(1-0.0444x3)=16,46~~9,000~~원 =1,646만원

목재A형, 보험가액=2,000x5,900=1,180만원, 경과년수=1년

보험가입금액=1,180만원x(1-0.1333x1)=10,22~~7,000~~원=1,022만원

목재B형, 보험가액=2,000x5,900=1,200만원, 경과년수=2년

보험가입금액=1,200만원x(1-0.1333x2)=8,800,000원

목재C형, 보험가액=2,000x5,500=1,100만원, 경과년수=7년(수정잔가율 최댓값=30%)

보험가입금액=1,100만원x**0.3**=3,300,000원, 보험가입금액 =1,100만원x**0.2**=2,200,000원

03 | 풀이

* 나무손해보장 특별약관에 가입 가능한 품목: 사과, 배, 단감, 떫은감, 매실, 복숭아, 살구, 자두, 유자, 참다래, 포도, 무화과, 감귤(13종)
* 나무손해보장 특별약관에 가입 불가능한 품목:**오디,호두,밤,오미자,복분자,대추**

(1) 대추: 나무손해보장 특별약관에 가입 불가능한 품목

(2) 참다래(수령 3년 미만 인수제한), 3년생이므로 가입가능

보험가입금액=300x80,000원=24,000,000원

(3) 사과 반밀식재배(수령 4년 미만 인수제한), 3년생이므로 인수제한

(4) 감귤 온주밀감 (수령 4년 미만 인수제한), 5년생이므로 가입가능

보험가입금액=300x100,000원=30,000,000원

(5) 밤: 나무손해보장 특별약관에 가입 불가능한 품목

가입금액의 총합=54,000,000원

04 | 풀이

(정부지원비율) **41, 44,** 50, 55, 60%

(1) 보험가입금액(최대)=3,500x2,000원=7,000,000원

(2) 자기부담비율(가능한 유리한 조건): 최근 3년 연속 가입자로서

3년간 손해율(=150만/250만=0.6, 60%)이 120% 미만이므로 최저 자기부담비율은 10%

자기부담비율은 10%이면 정부지원비율은 (41%)가 된다.

(3) 순보험료=700만원x0.1x(1-0.08)x(1+0.05) x(1+0.05)=710,010원

계약자부담 보험료=710,010x(1-0.41-0.4)=134,901.~~9~~원

05 | 풀이

보험가액=2,500x20,000=5,000만원

5,000만원의 80%~130%까지 10% 단위로 보험가입금액을 정할 수 있으므로

최솟값은 5,000만x0.8=4,000만원

최댓값은 5,000만x1.3=6,500만원

비가림시설 보험료는 할인.할증율과 방재시설, 종별요율 모두 적용되지 않음

(적용보험료)=(보험가입금액)x(지역별보통약관요율)

순보험료(최소)=4,000만원x0.1=4,000,000원

계약자부담 보험료의 최솟값=4,000,000원x(1-0.5-0.33)=680,000원

06 | 풀이

집합보험: (보험가입금액을 보험가액으로 가중평균하여 각각 구해야 한다.)

A동 보험가입금액=2,000만X20/32(62.5%)=1,250만원

B동 보험가입금액=2,000만X12/32(37.5%)=750만원

A동 손해액=1,500만원, 자기부담금액=100만원

A동 보험금액=Min{1,500만-100만원, 1,250만원}=1,250만원

07 | 풀이

재배면적비율, A(밤고구마)=40%, B(호박고구마)=60%

수확기가격(24년도), 밤고구마=3,000x0.8x40%=960원

호박고구마=3,500x0.8x60%=1,680원, (수확기가격)=960+1,680=2,640원

기준가격, (고구마는 가입년도(24년) 미포함 직전 5년 올림픽평균)

연도별(19년~23년)중에서 최대, 최소를 제외한 나머지 3개의 평균값,

밤고구마=(3,500+3,600+3,700)/3=3,600원, 3,600x0.8x40%=1,152원

호박고구마=(4,400+4,000+4,200)/3=4,200원, 4,200x0.8x60%=2,016원,

(기준가격)=1,152+2,016=3,168원

보험가입금액(최대)=5,000x3,168원=1,584만원

08 | 풀이

환산조사수확량, (가)=조사수확량/수확면적률 =1,800/0.9=**2,000kg**

(나)=1,800/0.8=**2,250kg**, (다)=2,160/0.9=**2,400kg**

Max{(환산조사수확량), 기준평년수확량x50%},

무사고=Max{가입년도 표준수확량, 기준평년수확량}x110%

2,000, 2,250, 3,500x110%=3,850, 2,400

A=(2,000+2,250+3,850+2,400)/4=2,625kg

B=(3,000+3,200+3,300+3,400)/4=3,225kg

C=3,500, Y=4

25년도 기준평년수확량={2,625+(3,225-2,625)(1-4/5)}x(3,500/3,225)=2,979.06=2,979kg

25년도 평년수확량=2,979x0.85=2,532.15=2,532kg

보험가입금액(최대)=2,532x4,000=10,12~~8,000원~~=1,012만원

MEMO

04

영업보험료

영업보험료

⊙ 영업보험료

*주어진 요율은 지역별 보통약관 영업요율이므로 영업보험료 공식임

***영업보험료(적용보험료)=(순보험료)+(부가보험료)**

(지역별보통약관 영업요율, 순보험요율, 부가보험요율, 특별약관 영업요율)

*(가: 보험가입금액, 요: 지역별보통약관 영업요율, 손: 손해율에 따른 할인. 할증율

방: 방재시설 할인율, 한. 부: 한정특약, 부보장 할인율, 친: 친환경, 직: 직파재배)

보장방식	보험료 산정
적과전 종합위험	(과수4종)=가x요x(1±손)x(1-방)x(1-한-부)
나무손해보장	**(나무 13종)=가x요x(1±손)**, (단, **오호밤오복대** 대상품목이 아님)
수확감소(과수)	**(과수종합)=가x요x(1±손)x(1-방)**, (단, **오호밤오복무** 방재시설:X)
수확감소(과수)	(호두)=가x요x(1±손)x(1-부), (단, 부보장 할인율=?)
비가림시설	(비가림시설)=가x요, 과수=가x요x(1±손)x(1-방)x(1-신규과수원할인율),
수확감소보장	(벼)=가x요x(1±손)x(1+친)x(1+직)
	(밀.보리,귀리)=가x요x(1±손)
	(밭작물, 수확감소)=가x요x(1±손)x(1-방), (**팥차고,고감** 제외)
특정작물	(인삼)=가x요x(1±손)x(1-방)
해가림시설	**가x요x종x(1-6년근 해가림시설 할인율), (2종(0.9)~5종(1.2))**
생산비보장	**(밭작물)=가x요x(1±손)x(1-방)**, (방재시설: 고추, 브로콜리)
시설작물 농업용시설 부대시설	**(원예.버섯, 시설+작물)=가x요x종x단x수, (1종(0.7)~5종(1.1))** **단기요율적용지수=4,5,10월** 제외하고 나머지 달은 10% 추가, (화재특약: 추가 없이 기본요율만 적용) (6개월이하)=10x(n+1)%,(7~11개월)=(5n+40)%⇨ **6개월 이상: 100%**
	(부대시설)=가x요x단x수
	(화재특약, 시설물)=가x요x단
	(화재특약, 시설작물)=가x요x단
	(화재대물배상책임)=산(12,025,000원)x요x대(LOL)x단
가축	(가축)=가x요(이론서에 언급 없음) 말(경주마)의 정부지원금

<손해율 및 가입연수에 따른 할인·할증률>

손해율	평가기간				
	1년	2년	3년	4년	5년
30%미만	-8%	-13%	-18%	-25%	-30%
30%이상 60%미만	-5%	-8%	-13%	-18%	-25%
60%이상 80%미만	-4%	-5%	-8%	-13%	-18%
80%이상 120%미만	-	-	-	-	-
120%이상 150%미만	3%	5%	7%	8%	13%
150%이상 200%미만	5%	7%	8%	13%	17%
200%이상 300%미만	7%	8%	13%	17%	25%
300%이상 400%미만	8%	13%	17%	25%	33%
400%이상 500%미만	13%	17%	25%	33%	42%
500%이상	17%	25%	33%	42%	50%

※ 손해율= (최근 5개년 보험금 합계) ÷ (최근 5개년 순보험료 합계)

<방재시설 할인율>

구분	밭작물 (단위: %)								
방재시설	인삼	고추	브로콜리	양파	마늘	옥수수[1]	감자[2]	콩	양배추
방조망	-	-	5	-	-	-	-	-	5
전기시설물 (전기철책, 전기울타리등)	-	-	5	-	-	5	-	5	5
관수시설 (스프링쿨러 등)	5	5	5	5	5	-	5	5	5
경음기	-	-	5	-	-	-	-	-	5
배수시설 (암거배수시설, 배수개선사업)	-	-	-	-	-	-	-	5[3]	-

1 사료용옥수수 포함

2 봄재배, 가을재배만 해당(고랭지재배는 제외)

3 논콩의 경우에만 해당

<방재시설 할인율>

단위 : %

구분		적과전 종합위험방식 II			과수									
방재시설		사과	배	단감 떫은감	포도	복숭아	자두	살구	참다래	대추	매실	유자	감귤 (온주밀감류)	감귤 (만감류)
지주시설	개별지주	7	-	5	-	-	-	-	-	-	-	-	-	-
	트렐리스 방식 (2선식)	7	-	-	-	-	-	-	-	-	-	-	-	-
	트렐리스 방식 (4·6선식)	7	-	-	-	-	-	-	-	-	-	-	-	-
	지주	-	-	-	-	10	-	-	-	-	-	-	-	-
	Y형	-	-	-	-	15	5	-	-	-	-	-	-	-
방풍림		5	5	5	5	5	-	-	5	-	-	5	-	-
방풍망	측면 전부설치	10	10	5	5	10	-	-	10	-	-	5	10	-
	측면 일부설치	5	5	3	3	5	-	-	5	-	-	3	3	-
방충망		20	20	15	15	20	-	-	-	-	-	-	15	15
방조망		5	5	5	5	5	-	-	5	-	-	-	5	-
방상팬		20	20	20	10	10	15	15	10	-	15	-	20[4]	20
서리방지용 미세살수장치		20	20	20	10	10	15	15	10	-	15	-	20[5]	20
덕 또는 Y자형 시설		-	7	-	-	-	-	-	-	-	-	-	-	-
비가림시설		-	-	-	10	-	10	-	-	10	-	-	-	-
비가림 바람막이		-	-	-	-	-	-	-	30	-	-	-	-	-
바닥멀칭		-	-	-	5	-	-	-	-	-	-	-	-	-
타이벡 멀칭	전부설치	-	-	-	-	-	-	-	-	-	-	-	5	5
	일부설치	-	-	-	-	-	-	-	-	-	-	-	3	3

※ 2개 이상의 방재지설이 있는 경우 합산하여 적용하되 최대 할인율은 30%를 초과할 수 없음

※ 방조망, 방충망은 과수원의 위와 측면 전체를 덮도록 설치되어야 함

※ 농업수입보장 상품(양파, 마늘, 감자-가을재배, 콩, 양배추, 포도)도 할인율 동일

4 감귤(온주밀감류) 품목의 경우 동상해 특약 가입시에만 적용 가능

5 감귤(온주밀감류) 품목의 경우 동상해 특약 가입시에만 적용 가능

<방재시설 판정기준>

방재시설	판 정 기 준
방상팬	▶ 방상팬은 팬 부분과 기둥 부분으로 나뉘어짐 ▶ 팬 부분의 날개 회전은 원심식으로 모터의 힘에 의해 돌아가며 좌우 180도 회전가능하며 팬의 크기는 면적에 따라 조정 ▶ 기둥 부분은 높이 **6m 이상** ▶ 1,000㎡당 1마력은 3대, 3마력은 1대 이상 설치 권장 (단, 작동이 안 될 경우 할인 불가)
서리방지용 미세 살수장치	▶ 서리피해를 방지하기 위해 설치된 **살수량 500~800ℓ/10a**의 미세살수장치 * 점적관수 등 급수용 스프링클러는 포함되지 않음
방풍림	▶ 높이가 **6미터 이상**의 영년생 침엽수와 상록활엽수가 **5미터 이하**의 간격으로 과수원 둘레 전체에 식재되어 과수원의 바람 피해를 줄일 수 있는 나무
방풍망	▶ 망구멍 가로 및 세로가 **6~10㎜**의 망목네트를 과수원 둘레 전체나 둘레 일부(1면 이상 또는 **전체둘레의 20% 이상**)에 설치
방충망	▶ 망구멍이 가로 및 세로가 **6㎜ 이하** 망목네트로 과수원 전체를 피복
방조망	▶ 망구멍의 가로 및 세로가 **10㎜를 초과**하고 새의 입출이 불가능한 그물 ▶ 주 지주대와 보조 지주대를 설치하여 과수원 전체를 피복
비가림 바람막이	▶ 비에 대한 피해를 방지하기 위하여 윗면 전체를 비닐로 덮어 과수가 빗물에 노출이 되지 않도록 하고 바람에 대한 피해를 방지하기 위하여 측면 전체를 비닐 및 망 등을 설치한 것
트렐리스 2,4,6선식	▶ 트렐리스 방식: 수열 내에 지주를 일정한 간격으로 세우고 철선을 늘려 나무를 고정해 주는 방식 ▶ 나무를 유인할 수 있는 재료로 철재 파이프(강관)와 콘크리트를 의미함 ▶ 지주의 규격: 갓지주 → 48~80㎜ ~ 2.2~3.0m 중간지주 → 42~50㎜ ~ 2.2~3.0m ▶ 지주시설로 세선(2선, 4선 6선) 숫자로 선식 구분 * 버팀목과는 다름
사과 개별지주	▶ 나무주간부 곁에 파이프나 콘크리트 기둥을 세워 나무를 개별적으로 고정시키기 위한 시설 * 버팀목과는 다름
단감·떫은감 개별지주	▶ 나무주간부 곁에 파이프를 세우고 파이프 상단에 연결된 줄을 이용해 가지를 잡아주는 시설 * 버팀목과는 다름
덕 및 Y자형 시설	▶ 덕 : 파이프, 와이어, 강선을 이용한 바둑판식 덕시설 ▶ Y자형 시설 : 아연도 구조관 및 강선 이용 지주설치

(1) 과수4종 영업보험료(적용보험료)=가x요x(1±손)x(1-방)x(1-한-부)

=(보험가입금액)x(보통약관영업요율)x(1±할인.할증율)x(1-방재시설)x(1-한정.부보장특약)

***종합위험 나무손해보장 특별약관 영업보험료=가x요x(1±손)**

=(보험가입금액)x(특별약관영업요율)x(1±할인.할증율)

① (보험가입금액)=(가입수확량)x(단위(kg)당 가입가격)

② 보통약관영업요율=제시됨(영업요율, 순보험요율 구분)

③ 할인. 할증율=제시됨(-30% ~ +50%로 제한됨), 제시되지 않은 경우도 있음.

(손해율=최근 5개년 중 가입년도 수령보험금의 합÷최근5개년 순보험료의 합)

5년 손해율 250%⇨ +25%, 4년 손해율 250%⇨ +17%, 3년 손해율 450%⇨ +25%,

5년 손해율 50% ⇨ -25%, 4년 손해율 70% ⇨ -13%, 3년 손해율 20% ⇨ -18%,

④ **방재시설**(방풍림, 방풍망, 방조망, 방충망, 지주시설 등): 2개 이상 최대 30% 할인

⑤ 특정위험 5종한정특약, 가을동상해 부보장, 일소피해 부보장

⑥ (적용보험료, 영업보험료)=(순보험료)+(부가보험료)

⑦ **(정부지원율)= 33%, 38%, 50%, 60%, 60%(매년 변경됨)**

⑧ **(계약자부담보험료)=(순보험료)x(1-정부지원비율-지자체지원비율)**

⑨ (정부지원 보험료)=(순보험료)x(정부지원비율)+(부가보험료)x100%

⑩ **(원단위 미만은 절사), (원단위 이하 절사), (소수점 아래 첫째자리에서 반올림)**

예제 1 보험가입금액=3,000만원, 보통약관영업요율: 10%, 할인. 할증율: +25%, 방재시설 할인율: 20%, 특정위험 5종한정특약가입: 15%, 일소피해 부보장 가입: 5%

풀이 1

(영업보험료)=3,000만원x10%x(1+25%)x(1-20%)x(1-15%-5%)

=3,000만원x0.1x(1+0.25)x(1-0.2)x(1-0.15-0.05)=2,400,000원

예제 2 보험가입금액=3,000만원, 보통약관영업요율: 10%, 할인. 할증율: +25%,
방재시설 할인율: 30%, 특별약관 미가입, 순보험료: 영업보험료의 70%
정부지원율: 50%, 지자체지원율: 30%

풀이 2

(영업보험료)=3,000만원x10%x(1+25%)x(1-30%)x(1-0%-0%)
=3,000만원x0.1x(1+0.25)x(1-0.3)=2,625,000원
(순보험료)=2,625,000원x70%=1,837,500원
(계약자부담보험료)=1,837,500원x(1-0.5-0.3)=367,500원

예제 3 보험가입금액=3,000만원, 보통약관영업요율: 10%, 4년 보험가입 손해율: 250%,
방충망(전체) 설치(20%), 방상팬 설치(20%), ~~방풍림: 7m 높이 6m 간격~~
특정위험 5종한정특약가입: 10%, 가을동상해 부보장 가입: 5%

풀이 3

(영업보험료)=3,000만원x10%x(1+17%)x(1-30%)x(1-10%-5%)
=3,000만원x0.1x(1+0.17)x(1-0.3)x(1-0.1-0.05)=2,088,450원

예제 4 보험가입금액=3,000만원, 보통약관영업요율: 10%, 4년 보험가입 손해율: 250%,
방충망(전체) 설치(20%), 방상팬 설치(20%), ~~방풍림: 7m 높이 6m 간격~~
특정위험 5종한정특약가입: 10%, 가을동상해 부보장 가입: 5%
순보험료=영업보험료의 80%,

풀이 4

(영업보험료)=3,000만원x10%x(1+17%)x(1-30%)x(1-10%-5%)
=3,000만원x0.1x(1+0.17)x(1-0.3)x(1-0.1-0.05)=2,088,450원
(순보험료)=2,088,450원x80%=1,670,760원

예제 5 보험가입금액=3,000만원, 보통약관영업요율: 10%, 4년 보험가입 손해율: 250%,
방풍망(측면 일부) 설치(5%), 방상팬 설치(20%), ~~방풍림: 7m 높이 6m 간격~~
특정위험 5종한정특약가입: 10%, 가을동상해 부보장 가입: 5%
순보험료=영업보험료의 80%, 자기부담비율: 15%, 지자체지원비율: 30%

풀이 5

(영업보험료)=3,000만원x10%x(1+17%)x(1-25%)x(1-10%-5%)
=3,000만원x0.1x(1+0.17)x(1-0.25)x(1-0.1-0.05)=2,237,625원
(순보험료)=2,237,625원x80%=1,790,100원,
(부가보험료)=2,237,625원x20%=447,525원
(계약자부담보험료)=1,790,100원x(1-0.38-0.3)=572,832원
(정부지원 보험료)=(순보험료)x38%+(부가보험료)x100%
=1,790,100원x0.38+447,525원=1,127,763원

예제 6 평년착과수=50,000개, 과중=400g/개, 가입가격: 4,000원/kg

보통약관영업요율: 10%, 5년 보험가입 손해율: 50%,

방충망(전체) 설치(20%), 방상팬 설치(20%), 방풍망 측면 전체 설치(10%)

특정위험 5종한정특약가입: 15%, 일소피해 부보장 가입: 5%

계약자부담 보험요율=25%

풀이 6

(보험가입금액)=50,000x0.4x4,000=8,000만원

(영업보험료)=8,000만원x10%x(1-25%)x(1-30%)x(1-15%-5%)

=8,000만원x0.1x(1-0.25)x(1-0.3)x(1-0.15-0.05)=3,360,000원

(계약자부담보험료)=3,360,000원x0.25=840,000원

예제 7 배 품목, 평년착과수=50,000개, 과중=400g/개, 가입가격: 4,000원/kg

보통약관영업요율: 10%, 신규가입 후 최근 3년 연속 보험가입 손해율: 50%,

~~방충망(일부) 설치(20%)~~, 방상팬 설치(20%), 방풍망 측면 일부 설치(5%)

특정위험 5종한정특약가입: 15%, 일소피해 부보장 가입: 5%

순보험료=영업보험료의 80%, 지자체지원비율: 30%, 정부지원비율: 50%

풀이 7

(보험가입금액)=50,000x0.4x4,000=8,000만원

(영업보험료)=8,000만원x10%x(1-13%)x(1-25%)x(1-15%-5%)

=8,000만원x0.1x(1-0.13)x(1-0.25)x(1-0.15-0.05)=4,176,000원

(계약자부담보험료)=4,176,000원x0.8x(1-0.5-0.3)=668,160원

예제 8 단감 품목, 평년착과수=50,000개, 과중=200g/개, 가입가격: 3,000원/kg
보통약관영업요율: 10%, **신규가입 후 최근 3년 연속 보험가입 손해율: 130%,**
방충망(전체) 설치(15%), 방상팬 설치(20%), 방풍망 측면 전체 설치(5%)
특정위험 5종한정특약가입: 15%, 일소피해 부보장 가입: 5%
계약자부담 보험요율=30%, 적과전 사고 없음, 적과후 착과수=40,000개

풀이 8

(보험가입금액)=50,000x0.2x3,000=3,000만원
(영업보험료)=3,000만원x10%x(1+7%)x(1-30%)x(1-15%-5%)
=3,000만원x0.1x(1+0.07)x(1-0.3)x(1-0.15-0.05)=1,797,600원
(계약자부담보험료)=1,797,600원x0.3=539,280원
(감액분 계약자부담보험료)=539,280원x20%=107,856원
(차액보험료)=107,856원x0.9=97,070.4원
(감액미경과비율=90%, 5종특약이고 보장수준이 50%)

예제 9 사과 품목, 평년착과수=50,000개, 과중=400g/개, 가입가격: 4,000원/kg
보통약관영업요율: 10%, **5년 보험가입 손해율: 50%,**
방충망(전체) 설치(20%), 방상팬 설치(20%), 방풍망 측면 전체 설치(10%)
특정위험 5종한정특약가입: 15%, 일소피해 부보장 가입: 5%
부가보험료: 36만원, 자기부담비율: 15%

풀이 9

(보험가입금액)=50,000x0.4x4,000=8,000만원
(영업보험료)=8,000만원x10%x(1-25%)x(1-30%)x(1-15%-5%)
=8,000만원x0.1x(1-0.25)x(1-0.3)x(1-0.15-0.05)=3,360,000원
(영업보험료)=(순보험료)+(부가보험료), (순보험료)=300만원
(정부지원 보험료)=300만원x0.38+36만원=1,500,000원

(2) 종합위험 과수(수확감소, 과실손해) 영업보험료

=(보험가입금액)x(보통약관영업요율)x(1±할인.할증율)x(1-방재시설)

*종합위험 나무손해보장 특별약관 영업보험료

=(보험가입금액)x(특별약관영업요율)x(1±할인.할증율)

*호두=(보험가입금액)x(보통약관영업요율)x(1±할인.할증율)x(1-부보장),

*비가림시설 영업보험료=(보험가입금액)x(보통약관영업요율)

*비가림과수 영업보험료=가x요x(1±손)x(1-방)x(1-신규과수원할인율)

*비가림과수(나무) 영업보험료=가x요x(1±손)x(1-신규과수원할인율), 참다래.포도

① (보험가입금액)=(가입수확량)x(단위당 가입가격)

② 보통약관영업요율=제시됨(보통약관영업요율=순보험요율+부가보험요율)

③ 할인. 할증율=제시됨(-30% ~ +50%로 제한됨)

④ 방재시설(방풍림, 방풍망, 방조망, 방충망, 지주시설, 서리방지용 미세살수장치)

방재시설 미적용 품목: 오디, 호두, 밤, 오미자, 복분자, 무화과

(방재시설 미적용 품목)=(보험가입금액)x(보통약관영업요율)x(1±할인.할증율)

(호두, 조수해부보장특약(의무가입조건)

⑤ (적용보험료, 영업보험료)=(순보험료)+(부가보험료)

⑥ (정부지원 비율)= 고정 50%

⑦ (계약자부담 보험료)=순보험료x(1-정부지원비율-지자체지원비율)

⑧ (정부지원 보험료)=(순보험료)x(정부지원비율)+(부가보험료)x100%

⑨ **(원단위 미만은 절사), (원단위 이하 절사), (소수점 아래 첫째자리에서 반올림)**

예제 1 보험가입금액=3,000만원, 보통약관영업요율: 10%, 할인. 할증율: -13%, 방재시설 할인율: 20%,

풀이 1

(영업보험료)=3,000만원x10%x(1-13%)x(1-20%)

=3,000만원x0.1x(1-0.13)x(1-0.2)=2,088,000원

예제 2 보험가입금액=3,000만원, 보통약관영업요율: 10%, 할인. 할증율: +25%,

방상팬: 20%, 방충망: 20%, 순보험료: 영업보험료의 70%

정부지원율: 50%, 지자체지원율: 30%

풀이 2

(영업보험료)=3,000만원x10%x(1+25%)x(1-30%)

=3,000만원x0.1x(1+0.25)x(1-0.3)=2,625,000원

(순보험료)=2,625,000원x70%=1,837,500원

(계약자부담 보험료)=1,837,500원x(1-0.5-0.3)=367,500원

예제 3 보험가입금액=1,000만원, 보통약관영업요율: 10%, 할인. 할증율: +17%,

호두품목, ~~방조망(전체) 설치: 5%~~, 조수해부보장특약 가입(호두 품목): 0.15%

풀이 3

(영업보험료)=1,000만원x10%x(1+17%)x(1-0.0015)

=1,000만원x0.1x(1+0.17)x(1-0.0015)=1,168,245원

예제 4 보험가입금액=1,000만원, 보통약관영업요율: 10%, 4년 보험가입 손해율: 250%,

방충망(전체) 설치: 15%, 방상팬 설치: 10%, 서리방지용 미세살수장치: 10%

풀이 4

(영업보험료)=1,000만원x10%x(1+17%)x(1-30%)

=1,000만원x0.1x(1+0.17)x(1-0.3)=819,000원

---

(3) 수확감소 보장 영업보험료(벼)=가x요x(1±손)x(1+친)x(1+직)

=(보험가입금액)x(보통약관영업요율)x(1±할인.할증율)x(1+친환경재배)x(1+직파재배)

*** 수확감소 보장 영업보험료 (밀,보리)**=가x요x(1±손)

=(보험가입금액)x(보통약관영업요율)x(1±할인.할증율)

① (보험가입금액)=(가입수확량)x(단위당 표준가격)

(**벼 표준가격**=5개년 시군별 농협 RPC 평균가격x민간 RPC 지수)

② 보통약관영업요율=제시됨(지역별 보통약관영업요율, 순보험료율 등)

③ 할인. 할증율=제시되거나 직접 산정(-30% ~+50%로 제한됨)

5년 손해율 250% ⇨ +25%, 4년 손해율 250% ⇨ +17%,

5년 손해율 50% ⇨ -25%, 4년 손해율 70% ⇨ -13%,

④ **방재시설: 없음**, 재배방법(친환경재배)과 재배방식(직파재배)에 할증율 적용

⑤ (적용보험료, 영업보험료)=(순보험료)+(부가보험료)

⑥ **(정부지원 비율)= 41%, 44%**, 50%, 55%, 60%

⑦ (계약자부담 보험료)=(**순보험료**)x(1-정부지원비율-지자체지원비율)

⑧ 간척지 농지 자기부담비율: 삭제(제시됨)

⑨ 할인. 할증률과 자기부담비율 산정

㉠ 할인. 할증률: 과거 5개년 중 가입년도에 따른 손해율

㉡ 자기부담비율: 최근 3년 연속 또는 2년 연속 가입에 따른 손해율로 산정

예제 1

간척지 농지벼 품목, 보험가입금액=1,000만원, 지역별 보통약관영업요율: 10%, 할인. 할증율: -13%, ~~방재시설 할인율: 20%~~, 친환경재배(5%), 기계이앙재배 순보험료: 영업보험료의 80%, 지자체지원율: 30%, 자기부담비율: 20%

풀이 1

(영업보험료)=1,000만원x10%x(1-13%)x(1+5%)

=1,000만원x0.1x(1-0.13)x(1+0.05)=913,500원

(순보험료)=913,500원x80%=730,800원

(계약자부담 보험료)=730,800원x(1-0.5-0.3)=146,160원

예제 2 보리 품목, 보험가입금액=1,000만원, 지역별 보통약관영업요율: 10%, 할인. 할증율: +13%, ~~방재시설 할인율: 20%~~, 부가보험료: 영업보험료의 20% 정부지원율: 50%, 지자체지원율: 35%

풀이 2

(영업보험료)=1,000만원x10%x(1+13%)
=1,000만원x0.1x(1+0.13)=1,130,000원
(부가보험료)=1,130,000원x20%=226,000원
(순보험료)=1,130,000원x80%=904,000원
(정부지원 보험료)=904,000원x0.5+226,000원=678,000원
(계약자부담 보험료)=904,000원x(1-0.5-0.35)=135,600원

---

(4) 밭작물 영업보험료(수확감소보장 및 생산비보장)=가x요x(1±손)x(1-방)
=(보험가입금액)x(보통약관영업요율)x(1±할인.할증율)x(1-방재시설)
***인삼**=가x요x(1±손)x(1-방)
=(보험가입금액)x(보통약관영업요율)x(1±할인.할증율)x(1-방재시설)
***해가림시설**=가x요x종x(1-6년근 해가림시설 할인율), (2종(0.9)~5종(1.2))
=(보험가입금액)x(보통약관영업요율)x(종별요율상대도)x(1-6년근 해가림시설 할인율)

① (보험가입금액)=(가입수확량)x(단위당 가입가격)
인삼, (보험가입금액)=(재배면적)x(연근별 보상가격)
② 보통약관영업요율=제시됨(지역별 보통약관영업요율, 순보험료율 등)
③ 할인. 할증율=제시되거나 직접 산정(-30% ~+50%로 제한됨)
5년 손해율 250% ⇨ +25%, 4년 손해율 250% ⇨ +17%,
5년 손해율 50% ⇨ -25%, 4년 손해율 70% ⇨ -13%,
④ **방재시설 미적용**: 팥, 차, 고, 고감, 배추, 무, 당근, 단호박, 파, 메밀, 시금치, 양상추
관수시설(8), 전기시설물(4), 방조망(2), 경음기(2), 배수시설(1), 각각 5% 할인
방재시설 할인 품목(9개 품목)
⑤ (적용보험료, 영업보험료)=(순보험료)+(부가보험료)
⑥ (정부지원 비율)= 고정 50%
⑦ (계약자부담보험료)=(**순보험료**)x(1-정부지원비율-지자체지원비율)
⑧ 해가림시설 **종별요율상대도**: **2종(0.9) ~ 5종(1.2)**

예제 1 다음은 밭작물에 적용되는 방재시설 할인율에 관한 내용이다. 각 품목에 해당되는 방재시설은 각각 5%씩 할인율을 적용 받는다. 최대할인율을 ( )에 쓰시오.

방재시설	옥수수	마늘	인삼	고추	브로콜리	양파	감자	양배추	콩
전기울타리									
방조망									
관수시설		O		O		O	O		
배수시설									
경음기									
최대할인율	①	5%	②	5%	③	5%	5%	④	⑤

풀이 1

①=5%, ②=5%, ③=20% ④=20% ⑤=15%(논콩)

예제 2 농작물재해보험 이론에서 정의한 최저자기부담 비율과 손해율 및 가입연수에 따른 할인. 할증율에 관한 내용이다. 다음 알맞은 내용을 ( )에 쓰시오.

품목	가입연수에 따른 손해율 내용	최저 자기부담비율	할인율 할증율
고추 (생산비보장)	-신규가입	5%	-
양배추 (수확감소보장)	-3년 연속 보험에 가입하고 수령보험금이 순보험료의 70%인 경우(5년 중 3년가입)	(①)%	(③)%
고구마 (농업수입감소)	-4년 연속 보험에 가입하고 수령보험금이 순보험료의 160%인 경우(5년 중 4년가입)	20%	(④)%
팥 (수확감소보장)	-3년 연속 보험에 가입하고 수령보험금이 순보험료의 20%인 경우(5년 중 3년가입)	(②)%	-18%
간척지벼 (수확감소보장)	-5년 연속 보험에 가입하고 수령보험금이 순보험료의 250%인 경우(5년 중 5년가입)	20%	(⑤)%

풀이 2

① 15 ② 10 ③ -8 ④ +13 ⑤ +25

예제 3 옥수수 품목, 보험가입금액=1,500만원, 자기부담비율: 20%,

***계약내용** (최근 5년 연속 보험에 가입하고 무사고 농가임)

순보험요율	할인. 할증율	전기울타리	관수시설	지자체지원율	정부지원율
10%	(가)%	5%	5%	35%	50%

-방재시설은 옥수수 품목에 해당되는 것만 적용할 것.

풀이 3

순보험료=1,500만원x0.1x(1-0.3)x(1-0.05)=997,500원

계약자부담 보험료=997,500원x(1-0.35-0.5)=149,625원

예제 4 양배추 품목, 보험가입금액=1,000만원, 자기부담비율: 15%,

***계약내용**

순보험요율	전기울타리설치	관수시설	배수시설	경음기	지자체지원율
10%	5%	5%	5%	5%	30%

-손해율에 따른 할인. 할증률(5년 중 4년 가입하고 손해율이 115%): (가)

-방재시설은 양배추 품목에 해당되는 것만 적용할 것.

풀이 4

양배추 방재시설(4가지) 배수시설은 해당 안됨

순보험료=1,000만원x0.1x(1+0.0)x(1-0.05x3)=850,000원

계약자부담 보험료=850,000원x(1-0.3-0.5)=170,000원

(5) 농업용시설물 및 버섯재배사 영업보험료=가x요x종x단x수

=(보험가입금액)x(보통약관영업요율)x(종별요율상대도)x(단기요율적용지수)x(수재부보장)

*부대시설 영업보험료=가x요x단x수

=(보험가입금액)x(보통약관영업요율)x(단기요율적용지수)x(수재부보장=90%)

⇨ (농업용시설물+부대시설)={(가x요x종)+(가x요)}x단x수

*시설작물 및 버섯작물 영업보험료=가x요x종x단x수

=(보험가입금액)x(보통약관영업요율)x(종별요율상대도)x(단기요율적용지수)x(수재부보장)

*화재위험보장 특별약관 영업보험료=가x요x단

=(보험가입금액)x(특별약관영업요율)x(단기요율적용지수)

*화재대물배상책임보장 특별약관 영업보험료=산x요x대x단

=(산출기초금액=12,025,000원)x(특별약관영업요율)x(대물인상계수)x(단기요율적용지수)

*표고버섯 확장위험 담보보장 특별약관 영업보험료=가x요x단x할

=(보험가입금액)x(특별약관영업요율)x(단기요율적용지수)x(할증적용계수)

① (시설 보험가입금액)=(가입면적)x(단위면적당 시설비)의 90~130%

(시설작물 보험가입금액)=(가입면적)x(단위면적당 보장생산비)의 50~100%

(부대시설 보험가입금액)=(계약자 고지사항을 참조하여 결정)

② 보통약관영업요율=제시됨(지역별 보통약관영업요율, 순보험료율 등)

③ **종별요율 상대도**: **1종, 경량철골조(0.7) ~ 5종(1.1)**

④ **단기요율 적용지수**: 1년 미만 단기계약의 단기요율 적용

단기요율적용지수=4,5,10월 제외하고 나머지 달은 10% 추가,

(화재특약: 추가 없이 기본요율만 적용)

(6개월이하)=10x(n+1)%, (7~11개월)=(5n+40)% ⇨ **6개월 이상은 모두 100%**

⑤ (적용보험료, 영업보험료)=(순보험료)+(부가보험료)

⑥ (정부지원 비율)= 고정 50%

⑦ (계약자부담 보험료)=(**순보험료**)x(1-정부지원비율-지자체지원비율)

⑧ 대물인상계수(LOL계수)

⑨ (정부지원 보험료)=(순보험료)x(정부지원비율)+(부가보험료)x100%

⑩ **(원단위 미만은 절사), (원단위 이하 절사), (소수점 아래 첫째자리에서 반올림)**

⑪ 보험기간 연장 보험료(**원래계약기간과 추가기간의 단기요율적용지수의 비율로 산정)**

⑫ 계약자 책임이 있는 경우, 해지 환급금(경과분 단기요율적용지수 적용)

⑬ 계약자 책임이 없는 경우, 해지 환급금(미경과 비율 적용)

<보험요율 차등적용에 관한 사항> (종별 요율상대도)

종구분	상 세	요율상대도
1종	경량철골조	0.7
2종	허용 적설심 및 허용 풍속이 지역별 내재해형 설계기준의 **120% 이상**인 하우스	0.8
3종	허용 적설심 및 허용 풍속이 지역별 내재해형 설계기준의 **100% 이상 ~ 120% 미만**인 하우스	0.9
4종	허용 적설심 및 허용 풍속이 지역별 내재해형 설계기준의 **100% 미만**이면서, 허용 적설심 7.9cm 이상이고, 허용 풍속이 10.5m/s 이상인 하우스	1.0
5종	허용 적설심 7.9cm 미만이거나, 허용 풍속이 10.5m/s 미만인 하우스	1.1

<단기요율 적용지수>

· 보험기간이 1년 미만인 단기계약에 대하여는 아래의 단기요율 적용
· 보험기간을 연장하는 경우에는 원기간에 통산하지 아니하고 그 연장기간에 대한 단기요율 적용
· 보험기간 1년 미만의 단기계약을 체결하는 경우 보험기간에 **(4,5,10월): 10%**
6월, 7월, 8월, 9월, 11월, 12월, 1월, 2월, 3월이 포함될 때에는
단기요율에 각월마다 10%씩 가산. 다만, 화재위험 보장 특약은 가산하지 않음
· 그러나, 이 요율은 100%를 초과할 수 없음**(최대 100%)**

***단기요율표**

보험기간	15일 까지	1개월 까지	2개월 까지	3개월 까지	4개월 까지	5개월 까지	6개월 까지	7개월 까지	8개월 까지	9개월 까지	10개월 까지	11개월 까지
단기요율	15%	20%	30%	40%	50%	60%	70%	75%	80%	85%	90%	95%

***대물인상계수(LOL계수)**

(단위: 백만원)

배상한도액	10	20	50	100	300	500	750	1,000	1,500	2,000	3,000
인상계수	1.00	1.56	2.58	3.45	4.70	5.23	5.69	6.12	6.64	7.00	7.12

예제 1 다음의 계약내용 및 조사내용을 참조하여 물음에 답하시오.
(단, 각 보험료 산정 시 단위 원 미만은 절사)

○ 품목: 원예시설작물(대파) * 가입(재배)면적: 4,000m² * m²당 보장생산비: 2,500원 * 보험가입금액은 최대금액으로 가입함. * 보험기간: 2024년 6월 1일~12월 31일	* 지역별 보험요율: 10% * 종별 요율상대도: (내재해형 130%), 2종 * 지자체지원비율: 30% * 순보험료: 적용보험료의 80% * 수재위험 부보장 특약에 가입함

풀이 1

보험가입금액=4,000x2,500원=1,000만원의 50%~100%이므로 최대금액=1,000만원
종별 요율상대도: 2종=0.8
단기요율적용지수는 (6~12월), 7개월=100%, 단기요율적용지수=1.0
수재위험 부보장 특약에 가입=0.9
적용보험료=1,000만원x0.1x0.8x1.0x0.9=720,000원
순보험료=적용보험료의 80%=576,000원, 부가보험료=720,000원x20%=144,000원
계약자부담보험료=576,000원x(1-0.5-0.3)=115,200원
정부지원 보험료=576,000원x0.5+144,000원=432,000원

예제 2 다음의 계약내용 및 조사내용을 참조하여 물음에 답하시오.
(단, 각 보험료 산정 시 단위 원 미만은 절사)

○ 품목: 원예시설작물(참외와 멜론) * 가입(재배)면적: 3,000m² * m²당 보장생산비: 참외(7,400원), 멜론(9,000원) * 보험가입금액은 최대금액으로 가입함.	* 지역별 보험요율: 10% * 종별 요율상대도: 2종 * 지자체지원비율: 35% * 부가보험료: 344,000원 * 보험기간: 2024년 3월 1일~7월 31일

풀이 2

보험가입금액=3,000x9,000원=2,700만원의 50%~100%이므로 최대금액=2,700만원
종별 요율상대도: 2종=0.8
단기요율적용지수는 (3~7월), 5개월=60%+30%=90%, 단기요율적용지수=0.9
적용보험료=2,700만x0.1x0.8x0.9=1,944,000원, 부가보험료=344,000원,
순보험료=1,600,000원,
계약자부담보험료=160만원x(1-0.5-0.35)=240,000원
정부지원 보험료=(순보험료)x50%+부가보험료x100%
=80만원+344,000원=1,144,000원

예제 3 다음의 계약내용 및 조사내용을 참조하여 물음에 답하시오.
(단, 각 보험료 산정 시 단위 원 미만은 절사)

○ 품목: 원예시설(연동하우스와 부대시설) * 가입(재배)면적: 800m² * m²당 재조달가격: 100,000원 (구조체: 90,000원, 피복재: 10,000원) * 부대시설 보험가입금액: 1,000만원 * 보험가입금액은 최소금액으로 가입함. * 보험기간: 2024년 2월 1일~6월 30일	* 지역별 보험요율: 10%(부대시설=15%) * 종별 요율상대도: 경량철골조 * 지자체지원비율: 35% * 부가보험료: 적용보험료의 30% * 재조달가액보장 특약에 가입함 * 수재위험 부보장 특약에 미가입 * 화재위험보장특약에 가입(영업요율=1%)

물음 1 보통약관 계약자부담 보험료를 구하시오.

물음 2 화재위험보장특약에 가입했을 때, 적용보험료를 구하시오.

물음 3 보통약관 보험계약기간을 2개월 연장하려고 할 때 계약자부담 추가보험료를 구하시오.

풀이 3

(1) 구조체 보험가입금액=800x100,000=8,000만원의 90%~130%이므로
최소금액=7,200만원, 부대시설 보험가입금액=1,000만원
종별 요율상대도: 1종=0.7, 수재위험 부보장 특약에 미가입
단기요율적용지수는 (2~6월), 5개월=60%+30%=90%, 단기요율적용지수=0.9
연동하우스 적용보험료=7,200만원x0.1x0.7x0.9=4,536,000원
부대시설 적용보험료=1,000만원x0.15x0.9=1,350,000원
원예시설 적용보험료=4,536,000원+1,350,000원=5,886,000원
순보험료=적용보험료의 70%=5,886,000원x0.7=4,120,200원
계약자부담보험료=4,120,200원x(1-0.5-0.35)=618,030원
(2) 화재위험보장 특약 가입 화재(시설물)=가x요x단, 단기요율적용지수=60%
적용보험료=8,200만원x0.01x0.6=492,000원
(3) 7, 8월 연장, 단기요율적용지수=30%+20%=0.5
연동하우스 적용보험료=7,200만원x0.1x0.7x0.5=2,520,000원
부대시설 적용보험료=1,000만원x0.15x0.5=750,000원
원예시설 적용보험료=2,520,000원+750,000원=3,270,000원
순보험료=적용보험료의 70%=3,270,000원x0.7=2,289,000원
계약자추가부담보험료=2,289,000원x(1-0.5-0.35)=343,350원

(간단한 계산방법)
단기요율적용지수=0.9(원래 계약), 0.5(추가 계약)
원래 보험료의 5/9= 618,030원x5/9=343,350원

예제 3 다음의 계약내용 및 조사내용을 참조하여 물음에 답하시오.
(단, 각 보험료 산정 시 단위 원 미만은 절사)

○ 품목: 원예시설작물(참외와 오이) * 가입(재배)면적: 2,000m² * m²당 보장생산비 오이: 9,300원, 참외: 7,400원 * 보험가입금액은 최대금액으로 가입함.	* 지역별 보험요율: 10% * 종별 요율상대도: 2종 * 지자체지원비율: 35% * 순보험료: 적용보험료의 80% * 보험기간: 2025년 2월 1일~6월 30일

물음 1 보통약관 계약자부담 보험료를 구하시오.

물음 1 보험계약을 4월 30일에 계약자의 책임 있는 사유로 해지하였을 때, 환급보험료를 구하시오.

물음 1 보험계약을 4월 30일에 계약자의 책임 없는 사유로 해지하였을 때, 환급보험료를 구하시오.

풀이 3

(1) 보험가입금액=2,000x9,300=1,860만원의 50%~100%이므로 최대금액=1,860만원
종별 요율상대도: 2종=0.8
단기요율적용지수는 (2~6월), 5개월=60%+30%=90%, 단기요율적용지수=0.9
적용보험료=1,860만원x0.1x0.8x0.9=1,339,200원,
순보험료=1,339,200원x0.8=1,071,360원
계약자부담보험료=1,071,360원x(1-0.5-0.35)=160,704원

(2) 보험계약을 4월 30일에 계약자의 책임 있는 사유로 해지
(2월 1일~4월 30일) 기간 보험료 산정 단기요율적용지수=40%+20%=60%
적용보험료=1,860만원x0.1x0.8x0.6=892,800원,
순보험료=892,800원x0.8=714,240원
계약자부담보험료=714,240원x(1-0.5-0.35)=107,136원
(원래 보험료의 60%/90%)
환급보험료=160,704원-107,136원=53,568원(원래보험금의 1/3)
(원래 단기요율적용지수: 90%, 경과분의 단기요율적용지수: 60%)(2/3 경과)

(3) 2월1일~6월30일: 28+31+30+31+30=150일
2월1일~4월30일: 28+31+30=89일, 미경과일=61일
환급보험료=160,704원x(61/150)=65,352원

(6) 농업수입 감소보장 영업보험료=가x요x(1±손)x(1-방)

=(보험가입금액)x(보통약관영업요율)x(1±할인.할증율)x(1-방재시설)

① (보험가입금액)=(가입수확량)x(단위당 기준가격)

② 보통약관영업요율=제시됨(지역별 보통약관영업요율, 순보험료율 등)

③ 할인. 할증율=제시되거나 직접 산정(-30% ~+50%로 제한됨)

5년 손해율 250% ⇨ +25%, 4년 손해율 250% ⇨ +17%,

5년 손해율 50% ⇨ -25%, 4년 손해율 70% ⇨ -13%,

④ **방재시설** 미적용: 고구마

⑤ (적용보험료, 영업보험료)=(순보험료)+(부가보험료)

⑥ (정부지원 비율)= 고정 50%

⑦ (계약자부담보험료)=(**순보험료**)x(1-정부지원비율-지자체지원비율)

예제 1 다음 조건을 참조하여 기준가격과 수확기가격을 구하시오.
(단, 원단위 미만은 절사하고 피해율은 %단위로 소수 셋째자리에서 반올림)

*** 서울가락도매시장 양배추 연도별 평균가격** (원/kg)

연도	2019년	2020년	2021년	2022년	2023년	2024년	2025년
하품	3,000	2,800	3,500	3,600	3,500	3,600	3,200
중품	3,600	3,800	3,900	4,000	-	4,100	3,800
상품	4,000	4,200	4,500	4,600	4,500	4,700	4,000

- 2025년 수확하는 양배추이고 2024년 9월에 보험 가입함
- 농가수취비율이 적용가능하면 80%를 적용한다.

***계약내용(생산비보장 양배추 품목, 평년수확량=5,000kg, 보험가입금액: 최대금액 적용)**

순보험요율	할인. 할증율	전기울타리설치	관수시설	배수시설	지자체지원율
10%	-13%	5%	5%	5%	35%

- 방재시설은 양배추 품목에 해당되는 것만 적용

풀이 1

기준가격: (양배추는 가입년도(24년) 포함 5년 올림픽평균)

연도별(20년~24년) 중품, 상품의 평균가격=~~4,000~~, 4,200, 4,300, ~~4,500~~, 4,400 중에서

최대, 최소를 제외한 나머지 3개의 평균값, 4,300원, 기준가격=4,300x0.8=3,440원

보험가입금액=5,000x3,440원=1,720만원, 방재시설=5%+5%=10%

순보험료=1,720만원x0.1x(1-0.13)x(1-0.1)=1,346,760원

계약자부담보험료=1,346,760원x(1-0.35-0.5)=202,014원

문제 1 농작물재해보험 이론에서 정의한 최저자기부담 비율과 손해율 및 가입연수에 따른 할인. 할증율에 관한 내용이다. 다음 알맞은 내용을 (　　)에 쓰시오.

가입연수(최근 5개년)에 따른 손해율 내용	할인율.할증율
- 3년 보험에 가입하고 수령보험금이 순보험료의 70%인 경우	(①)%
- 4년 보험에 가입하고 수령보험금이 순보험료의 270%인 경우	(②)%
- 1년 보험에 가입하고 수령보험금이 순보험료의 115%인 경우	(③)%
- 5년 보험에 가입하고 수령보험금이 순보험료의 330%인 경우	(④)%
- 2년 보험에 가입하고 수령보험금이 순보험료의 50%인 경우	(⑤)%

<손해율 및 가입연수에 따른 할인·할증률>

손해율	평가기간				
	1년	2년	3년	4년	5년
30%미만	-8%	-13%	-18%	-25%	-30%
30%이상 60%미만	-5%	-8%	-13%	-18%	-25%
60%이상 80%미만	-4%	-5%	-8%	-13%	-18%
80%이상 120%미만	-	-	-	-	-
120%이상 150%미만	3%	5%	7%	8%	13%
150%이상 200%미만	5%	7%	8%	13%	17%
200%이상 300%미만	7%	8%	13%	17%	25%
300%이상 400%미만	8%	13%	17%	25%	33%
400%이상 500%미만	13%	17%	25%	33%	42%
500%이상	17%	25%	33%	42%	50%

※ 손해율= (최근 5개년 보험금 합계) ÷ (최근 5개년 순보험료 합계)

문제 2 농작물재해보험 방재시설의 판정기준이다. 다음 알맞은 내용을 ( )에 쓰시오.

방재시설	판정기준
방상팬	- 방상팬은 팬부분과 기둥부분으로 나뉘어짐 - 기둥부분은 높이가 (①)m이상
방풍림	- 높이가 6m이상의 영년생 침엽수와 상록활엽수가 (②)m 이하의 간격으로 과수원 전체에 식재되어 바람 피해를 줄일 수 있는 과수원
방조망	- 망구멍의 가로 및 세로가 (③)mm를 초과하고 새의 입출이 불가능한 그물이고 과수원 전체를 피복한 경우
방풍망	-망구멍의 가로 및 세로가 (④)mm의 망목네트를 과수원 둘레 전체 또는 일부에 설치한 경우
방충망	-망구멍의 가로 및 세로가 (⑤)mm이하 망목네트로 과수원 전체를 피복한 경우

문제 3 농작물재해보험 이론에서 정의한 최저자기부담 비율과 손해율 및 가입연수에 따른 보험료의 할인. 할증율에 관한 내용이다. 다음 알맞은 내용을 ( )에 쓰시오.

품목	가입연수에 따른 손해율 내용	최저 자기부담비율	할인율 할증율
브로콜리 (생산비보장)	- 신규가입	5%	-
양배추 (수확감소보장)	- 2년 연속 보험에 가입하고 수령보험금이 순보험료의 70%인 경우(5년중 2년 가입)	(①)%	(②)%
사과 (적과전 종합)	- 2년 연속 보험에 가입하고 수령보험금이 순보험료의 110%인 경우(5년중 2년 가입)	20%	(③)%
인삼 (특정위험보장)	- 5년 연속 보험에 가입하고 수령보험금이 순보험료의 20%인 경우(5년중 5년 가입)	10%	(④)%
호두 (수확감소보장)	- 4년 연속 보험에 가입하고 수령보험금이 순보험료의 250%인 경우(5년중 4년 가입)	20%	(⑤)%

문제 4 적과전 종합위험방식인 사과 품목 A과수원의 계약내용 및 조사내용을 참조하여 물음에 답하시오. (단, 각 보험료 산정 시 원단위 미만은 절사)

***계약내용(특별약관에 가입하지 않음)**

- 적과종료이전 피해여부 확인 및 적과후착과수 조사내용

구분	평년착과수	적과후착과수	피해사실확인조사	자기부담비율
사과(종합)	50,000개	40,000개	사고없음	최저비율적용

-보장수준: 50%, -가입과중: 300g, -가입가격: 4,000원/kg, -미보상비율: 10%

-적과종료 이후 사고 없고 주어진 조건 이외의 사고피해 없음.

- 최근 3년간 순보험료와 수령 보험금

구분	2022년(최초가입)	2023년	2024년
순보험료	200만	260만	240만
수령보험금	1,000만	100만	300만

순보험료율	할인.할증율	방충망설치	방상펜설치	지자체지원율	정부지원율
10%	+13%	20%	20%	40%	(가)

물음 1 A과수원의 보험가입금액을 구하시오.

물음 2 A과수원의 계약자 부담보험료를 구하시오.

물음 3 A과수원의 차액보험료를 구하시오.

문제 5 적과전 종합위험방식 사과 품목에 관한 A과수원의 계약내용과 조사내용을 참조하여 다음 물음에 답하시오. (단, kg 단위로 소수점 아래 첫째자리에서 반올림)
(2020년 신규 가입당시 사과 밀식재배 방식으로 수령은 3년)

***과거 수확량** (kg)

구분	2020년	2021년	2022년	2023년	2024년	2025년
표준수확량	3,150	3,280	3,200	3,200	3,250	
적과후착과량	2,600	미가입	2,750	2,850	3,000	

***사과 일반재배방식 표준수확량(기준표준수확량)** (kg)

수령	5년	6년	7년	8년	9년
표준수확량	4,000	4,250	4,350	4,380	4,500

***계약내용**

보험가입금액	특별약관 가입	보장수준	가입가격	자기부담비율
(가)	5종특약, 일소피해부보장	50%	5,000원/kg	최저비율적용

- 최근 3년간 순보험료와 수령 보험금

구분	2022년	2023년	2024년
순보험료	80만원	120만원	100만원
수령보험금	300만원	50만원	150만원

보통약관영업요율	손해율에 따른 할인.할증율	지자체지원율	부가보험요율
12%	+8%	30%	2%

-특정위험 5종 한정특약 가입(10%), 일소피해 부보장특약 가입(5%)
-방재시설: 방충망과 방조망(과수원 전체 설치), ~~방풍망(관수원 측면 15% 설치)~~

물음 1 A과수원의 2025년도 평년착과량을 구하시오.

물음 2 A과수원의 계약자부담 보험료를 구하시오.
(단, 각 보험료 산정 시 원단위 미만은 절사)

문제 6 적과전 종합위험방식에 가입한 A과수원의 배 품목에 관한 조사내용이다.
다음 내용을 참조하여 물음에 답하시오.
(2020년 신규 가입당시 배 밀식재배 방식으로 수령은 3년)

***과거 수확량**

(kg)

구분	2020년	2021년	2022년	2023년	2024년	2025년
평년착과량	6,200	6,200	6,100	7,200	8,000	
적과후착과량	6,400	미가입	6,600	5,600	2,000	

***표준수확량**

(kg)

수령	3년	4년	5년	6년	7년	8년
밀식재배	4,800	5,200	5,400	6,000	6,200	7,000
반밀식재배	5,800	6,300	6,400	7,000	7,500	8,000
소식재배	6,000	8,000	7,200	8,000	8,800	9,000

***계약내용**

보험가입금액: 최대 보험가입금액, 자기부담비율: 최저자기부담비율 적용

가입가격: 3,000원/kg

순보험료율	할인.할증율	방충망설치	일소부보장	지자체지원율	정부지원율
10%	+13%	20%	5%	40%	(가)

- 최근 3년간 순보험료와 수령 보험금

구분	2022년	2023년	2024년
순보험료	200만	260만	240만
수령보험금	1,000만	무사고	400만

물음 1 A과수원의 2025년도 평년착과량을 구하시오.
(단, kg 단위로 소수점 아래 첫째자리에서 반올림할 것)

물음 2 A과수원의 계약자 부담보험료를 구하시오.
(단, 각 보험료 산정 시 원단위 미만은 절사)

문제 7 다음은 종합위험방식 수확감소보장보험에 가입한 벼(찰벼) 품목에 관한 내용이다. 계약사항 및 조사내용을 참조하여 물음에 답하시오.

***계약내용**

품목	보험가입금액	평년수확량	표준수확량	표준가격	자기부담비율
벼(메벼)	최대가입금액	3,500kg	3,400kg	2,000원/kg	최저비율적용

***과거 순보험료 및 수령보험금 현황**

가입년도	2022년	2023년	2024년
순보험료	75만원	90만원	85만원
수령보험금	0원	50만원	100만원

***가입조건**

순보험요율	친환경재배할증율	직파재배할증율	지자체지원비율
10%	5%	5%	30%

- 손해율에 따른 할인율(손해율: 5년 중 3년 가입하고 손해율은 60%): 8%
- 주어진 조건 이외 다른 조건은 고려하지 않음.

물음 1 보험가입금액을 구하시오.

물음 2 자기부담비율(가능한 유리한 조건)을 구하시오.

물음 3 계약자부담 보험료를 서술하시오.
(단, 각 보험료 산정 시 원단위 미만은 절사)

물음 4 임의해지에 따른 환급보험료를 구하시오.(단, 미경과비율: 60%)

문제 8 농작물재해보험 수확감소보장방식 벼(메벼) 품목에 관한 조사내용이다.
다음을 참조하여 2025년도 평년수확량을 산정하시오.
(단, kg 단위는 소수 첫째자리 반올림, 보정계수는 소수 셋째자리에서 반올림)

***과거 수확량**

(10a=1,000m²기준)

구분	2020년	2021년	2022년	2023년	2024년	2025년
표준수확량(kg)	1,000	1,100	1,100	900	1,100	1,200
평년수확량(kg)	1,000	1,000	-	1,400	1,300	
조사수확량(kg)	850	무사고	-	600	900	
보험가입여부	O	O	X	O	O	

*2025년 해당지역 기준수확량=1,100kg *과거 평균 보정계수=0.94
*2025년 품종 보정계수=0.95, 이앙일자 보정계수=1.1, 친환경 보정계수=0.9

품목	보험가입금액	평년수확량	가입면적	표준가격	자기부담비율
벼(메벼)	최대가입금액	(가)	3,000m²	2,000원/kg	최저비율적용

-최근 2년 연속 보험에 가입하고 수령보험금이 순보험료의 170%

순보험요율	할인. 할증율	친환경재배	직파재배	지자체지원율
10%	(나)	5%	5%	30%

- 최근 5년 중 4년 보험에 가입하고 수령보험금이 순보험료의 115%
- 부가보험료: 127,686원

물음 1 2025년도 평년수확량을 구하시오. (kg 단위로 소수점 아래 첫째자리 반올림)

물음 2 계약자부담 보험료를 구하시오.(단, 각 보험료 산정 시 원단위 미만은 절사)

문제 9 다음의 계약내용 및 조사내용을 참조하여 물음에 답하시오.
(단, 재조달가액보장 특약에 가입하였고 원단위 미만은 절사)

○ 품목: 원예시설(연동하우스와 부대시설) * 가입(재배)면적: 600m² * m²당 재조달가격: 100,000원 (구조체: 90,000원, 피복재: 10,000원) * 부대시설 보험가입금액: 1,000만원 * 보험가입금액은 최소금액으로 가입함. * 보험기간: 2024년 2월 1일~8월 31일	* 지역별 보통약관 보험요율: 8% * 부대시설 보험요율: 10% * 종별 요율상대도: 내재해형 설계 기준 100%이상 120%미만 * 지자체지원비율: 35% * 순보험료: 적용보험료의 70% * 수재위험 부보장 특약에 가입함

물음 1 보통약관 적용 보험료의 총합을 구하시오.

물음 2 보험계약기간을 2개월 연장하려고 할 때 계약자부담 추가보험료를 구하시오.

물음 3 보험계약을 6월 30일에 계약자의 책임 없는 사유로 해지하였을 때, 환급보험료를 구하시오.

정답 및 해설

01 | 정답

① -8 ② +17 ③ 0 ④ +33 ⑤ -8

02 | 정답

① 6 ② 5 ③ 10 ④ 6~10 ⑤ 6

03 | 정답

① 15 ② -5 ③ 0 ④ -30 ⑤ +17

04 | 풀이

정부지원율⇨ 33%, 38, 50, 60, 60%

보험가입금액=50,000x0.3x4,000=6,000만원,

착과감소개수=50,000-40,000=10,000개

손해율에 따른 할인. 할증율 (2년) 400/500=80%, 100%미만,

(3년) 1,400/700=200%, 3년 200%이므로 할증율은 +13%

최저자기부담비율은 2년 100%미만이므로 15%(최저비율적용)

자기부담비율이 15%이면 정부지원비율=38%

(방충망과 방상펜의 합이 40%이지만 최대 30% 할인적용)

(순보험료)=6,000만원x0.1x(1+0.13)x(1-0.3)=4,746,000원

(계약자부담보험료)=4,746,000원x(1-0.38-0.4)=1,044,120원(정부=38%, 지자체=40%)

(감액분)=1,044,120원x(1만/5만)=208,824원, 착과감소율=1만/5만=0.2

(종합이고 보장수준이 50%이므로 감액미경과비율=70%)

(차액보험료)=208,824원x0.7=146,176.8원, (감액분)의 70%

05 | 풀이

(평년착과량)={A+(B-A)(1-Y/5)}xC/D

A=2,800, (과거 가입년도 4년 적과후착과량의 평균)

B=3,200, (과거 가입년도 4년 표준수확량의 평균)

C=4,380, (당해년도 가입년도 기준 표준수확량=8년)

D=3,350, (과거 가입년도 4년 기준표준수확량(사과일반재배)의 평균)

(4,000x0.5+4,000+4,250+4,350)/4=3,650

(1) 평년착과량={2,800+(3,200-2,800)(1-4/5)}x(4,380/3,650)=3,456kg

(2) 보험가입금액=3,456x5,000=1,728만원,

손해율에 따른 할인. 할증율 (2년): 100%미만, (3년): 100% 초과

최저자기부담비율은 2년 100%미만이므로 15%(최저비율적용), 정부지원율=38%

(방충망전체설치=20%과 방조망전체설치=5%, 방풍망 20%미만설치=0%)=25% 할인

보통약관영업요율=12%, 부가보험요율=2%, 순보험요율=10%

(순보험료)=1,728만원x0.1x(1+0.08)x(1-0.25)x(1-0.1-0.05)=1,189,728원

(계약자부담보험료)=1,189,728원x(1-0.38-0.3)

=380,712.96원

06 | 풀이

(평년착과량)={A+(B-A)(1-Y/5)}xC/D

A=5,250, (가입 4년 평균), 6,400, 5,600, 6,600, 2,400

B=5,600, (가입기간 4년 밀식재배 표준수확량의 평균)

C=9,000, (가입년도 2023년 소식재배 표준수확량)

D=7,500, (6,000+7,200+8,000+8,800)/4=7,500

물음1)평년착과량={5,250+(5,600-5,250)(1-4/5)}x(9,000/7,500)=6,384kg

물음2) 보험가입금액=6,384x3,000=19,152,000원=1,915만원

순보험료=1,915만원x0.1x(1+0.13)x(1-0.2)x(1-0.05)=1,644,602원

3년간 손해율=200%, 2년간 손해율=80%이므로 최저자기부담비율=15%

정부지원율=38%

계약자부담보험료=1,644,602원x(1-0.38-0.4)=361,812.44원

07 | 풀이

(1) 보험가입금액=3,500x2,000=7,000,000원

(2) 자기부담비율(가능한 유리한 조건): 최근 3년 연속 가입자로서 3년간 손해율(=150만/250만=0.6, 60%)이 120% 미만이므로 최저 자기부담비율은 10%

손해율 3년=60%이면 할인. 할증율은 -8%

자기부담비율은 10%이면 정부지원비율은 (41%)가 된다.

(3) 순보험료=700만원x0.1x(1-0.08)x(1+0.05)x(1+0.05)=710,010원

계약자부담 보험료=710,010x(1-0.41-0.3)=205,902원

(4) 임의해지에 따른 환급보험료=205,902원x0.6=123,541원

08 | 풀이

A=Max{조사수확량, (평년수확량)x50%}, 무사고=Max{표준수확량, 평년수확량}x110%

850, 1,100x1.1=1,210, 700, 900 값들의 평균값, A=(850+1,210+700+900)/4=915kg

B=(가입연도 지역별 기준수확량)=1,100kg

C=(가입연도, 2025년 보정계수)=0.95x1.1x0.9=0.9405=0.94,

D=(과거 보정계수의 평균)=0.94, (평년수확량)={A+(BxD-A)(1-Y/5)}xC/D

(1,000m² 평년수확량)={915+(1,100x0.94-915)x(1-4/5)}x(0.94/0.94)=938.8=939kg

3,000m² 기준 평년수확량 (가)=939x3=2,817kg

보험가입금액=2,817x2,000=5,634,000원, 최저자기부담비율=20%, 정부지원비율=50%

최근 2년 연속 보험에 가입하고 수령보험금이 순보험료의 115%이면 할증률=0%

순보험료=563만원x0.1x(1+0)x(1+0.05)x(1+0.05)=620,707.5원

계약자부담보험료=620,707.5원x(1-0.5-0.3)=124,141.5원

09 | 풀이

(1) 구조체 보험가입금액=600x100,000=6,000만원의 90%~130%이므로

최소금액=5,400만원, 부대시설 보험가입금액=1,000만원

단기요율적용지수는 (2~8월), 최대 100%, 단기요율적용지수=1.0

종별 요율상대도: 3종=0.9, 수재위험 부보장 특약에 가입=0.9

연동하우스 적용보험료=5,400만원x0.08x0.9x1.0x0.9=3,499,200원

부대시설 적용보험료=1,000만원x0.1x1.0x0.9=900,000원

원예시설 적용보험료=3,499,200원+900,000원=4,399,200원

순보험료=적용보험료의 70%=4,399,200원x0.7=3,079,440원

계약자부담보험료=3,079,440원x(1-0.5-0.35)=461,916원

(2) 9월, 10월 2개월 연장, 단기요율적용지수=30%+10%=0.4(원래계약의 **0.4/1.0=40%**)

연동하우스 적용보험료=5,400만원x0.08x0.9x0.4x0.9=1,399,680원

부대시설 적용보험료=1,000만원x0.1x0.4x0.9=360,000원

원예시설 적용보험료=1,399,680+360,000=1,759,680원

순보험료=적용보험료의 70%=1,759,680원x0.7=1,231,776원

계약자추가부담보험료=1,231,776원x(1-0.5-0.35)=184,766원

원래 단기요율적용지수=100%, 추가분 단기요율적용지수=40%

추가분=원래보험료의 40%/100%

(3) 2월1일~8월31일: 29+31+30+31+30+31+31=213일

2월1일~6월30일: 29+31+30+31+30=151일(경과일), 미경과일=62일

환급보험료=461,916원x(62/213)=134,454.4원

05

인수제한

인수제한

<최저 보험가입금액 기준>

구분	작물	최저 보험가입금액
과수원	과수 전체(19종)	200만원
논작물	벼, 밀, 보리, 귀리	50만원
밭작물	메밀	50만원
	배추,무, 당근, 단호박,파, 시금치, 옥수수, 콩, 팥	100만원
	감자,고구마,마늘,양파,양배추,고추,브로콜리,인삼	200만원

<나무 수령에 의한 인수제한>

구분	품목
2년 미만	만감류(고접)
3년 미만	오디, 복숭아, 참다래, 포도, 사과(밀식), 배
4년 미만	무화과, 대추, 유자, 사과(반밀식), 온주밀감, 만감류(재식)
5년 미만	밤, 매실, 살구, 사과(일반재배), 단감, 떫은감
6년 미만	자두
7년 미만	차
8년 미만	호두
1년 이하 11년 이상	복분자
2년 미만 6년 이상	인삼
오미자	**삭벌 3년차 이상 또는 삭벌하지 않은 식묘 4년차 이상**

<출현율에 의한 인수제한>

구분	품목
80% 미만	밀, 보리, 귀리
85% 미만	팥
90% 미만	옥수수, 콩, 감자(봄재배.가을재배.고랭지재배)

<보험가입 최소 면적 기준>

품목	보험가입 기준
비가림시설	200m^2 이상
	재조달가액의 80%~130% 보험가입금액 선택
비가림시설(포도)	시설 1단지 단위로 가입(구조체+피복재)
	비가림폭: 2.4m±15%, 동고: 3.0m±5% 이내
차(茶), 조사료용벼, 사료용옥수수	1,000m^2 이상 (농지 2개 합이 **1,000m^2** 이상인 경우 가능)
	차(茶): 깊은 전지로 지면으로부터 30cm 이하인 면적은 제외
원예시설, 버섯재배사	단동하우스, 연동하우스: 300m^2 이상 (단동, 연동하우스 혼재: 각각 단지로 보험에 가입)
	유리온실, 경량철골조: 제한 없음
시설작물	작물 재배면적이 시설면적의 50% 미만인 경우 인수제한
	시설재배(백합, 카네이션): 200m^2 미만인 경우 인수제한

<정식(파종)일에 따른 인수제한>

품목	정식(파종)일 기준
감자(봄재배)	3월1일 이전에 파종
감자(고랭지재배)	4월10일 이전에 파종
팥	6월1일 이전에 파종
양파	**9월30일** 이전에 정식
마늘	**남도종: 8월31일, 한지형: 10월10일 이전에 파종**
옥수수	**3월1일 이전에** 정식(파종)한 농지
대파	**~~5월20일~~(6월15일)** 초과하여 정식한 농지
단호박	**5월29일** 초과하여 정식한 농지
고랭지무(배추)	**7월31일** 초과하여 정식한 농지
월동무(배추)	**10월15일(9월25일)** 이후에 파종한 농지
가을배추	**9월10일** 이후에 정식한 농지
양배추	**9월30일** 이후에 정식한 농지
당근	**8월31일** 초과하여 파종한 농지
메밀	**9월15일** 이후에 파종한 농지
밀, 보리, 귀리	**11월20일** 이후에 파종한 농지
브로콜리	**9월30일** 이후에 정식한 농지
고추	**4월1일** 이전과 **5월31일** 이후에 정식한 농지
시금치(노지)	**10월31일** 초과하여 파종한 농지
양상추	**8월31일** 이후에 정식한 농지

<재식밀도(1,000m^2) 기준 인수제한>

<table>
<tr><td>고추</td><td colspan="2">1,500주 미만 또는 4,000주 초과</td></tr>
<tr><td>감자(고랭지)</td><td colspan="2">3,500주 미만</td></tr>
<tr><td>고구마, 감자(봄.가)</td><td colspan="2">4,000주 미만</td></tr>
<tr><td rowspan="3">옥수수</td><td rowspan="2">1주 재배</td><td>3,500주 미만 또는 5,000주 초과</td></tr>
<tr><td>전남북,광주,제주도: 3,000주 미만 또는 5,000주 초과</td></tr>
<tr><td>2주 재배</td><td>4,000주 미만 또는 6,000주 초과</td></tr>
<tr><td>대파</td><td colspan="2">15,000주 미만</td></tr>
<tr><td>양파</td><td colspan="2">23,000주 미만 또는 40,000주 초과</td></tr>
<tr><td>마늘, 국화</td><td colspan="2">30,000주 미만</td></tr>
<tr><td>양배추</td><td colspan="2">8구/3.3m^2(1평) 미만</td></tr>
<tr><td>콩</td><td colspan="2">개체수: 10개체/m^2 미만, 제주도(산파): 15개체/m^2 미만</td></tr>
<tr><td>오미자</td><td colspan="2">주간거리가 50cm 이상으로 과도하게 넓은 과수원</td></tr>
<tr><td rowspan="12">시설작물</td><td>10a당</td><td>품목</td></tr>
<tr><td>400주 미만</td><td>수박, 멜론</td></tr>
<tr><td>600주 미만</td><td>참외, 호박</td></tr>
<tr><td>1,000주 미만</td><td>풋고추</td></tr>
<tr><td>1,500주 미만</td><td>토마토, 가지, 오이. 장미, 파프리카</td></tr>
<tr><td>3,000주 미만</td><td>배추, 무</td></tr>
<tr><td>5,000주 미만</td><td>딸기</td></tr>
<tr><td>15,000주 미만</td><td>카네이션, 백합, 대파 (쪽파: 18,000주)</td></tr>
<tr><td>40,000주 미만</td><td>상추</td></tr>
<tr><td>62,500주 미만</td><td>부추</td></tr>
<tr><td>100,000주 미만</td><td>시금치</td></tr>
</table>

<품종별 인수제한>

품목	인수제한 품종
자두	**귀양**, 서양자두(푸룬, 스탠리), 풀럼코드
대추	사과대추(부여. 청양. 광양 제외), 황실.천황(시설재배)
오디	흰오디(터기-D, 백옹왕)
마늘	남도, 대서, 의성, 홍산마늘을 제외한 품종
감자(가을)	**남작, 신남작, 수미, 조풍, 세풍 등**
고구마	**수**
옥수수	연농2호, 미백2호, 미흑찰, 박사찰, 얼룩찰, 일미찰, 연자흑찰 외
양배추	방울양배추

<기타 인수제한(5년 이내 간척된 농지)>

제한조건	품목
무멀칭	고추, 고구마, 마늘, 양파
관수시설 미설치	무화과, 양배추, 살구
역병 및 궤양병	포도, 복숭아, 참다래
친환경 재배	포도, 복숭아, 오미자
조방재배	복분자, 오디
목초지, 목야지	양배추, 당근, 월동무, 단호박, 메밀, 브로콜리
역병, 궤양병(20%이상 고사)	포도, 복숭아, 참다래
균핵병(20%이상 고사)	오디
친환경재배(결실수 차이)	포도, 복숭아, 살구
주간거리 50cm 이상	오미자
1주당 재배면적 1m^2미만	자두, 매실
1주당 재배면적 0.3m^2이하	복분자
노지재배	만감류
춘파재배	보리, 밀, 귀리

예제 1 농작물재해보험 이론서에서 정의된 인수제한 목적물에 관한 내용이다. ( ) 안에 알맞은 내용을 쓰시오.

대상품목	인수제한 내용
참다래(비가림시설)	가입면적이 (①)m^2 미만인 참다래 비가림시설
밀	(②)재배방식에 의한 봄 파종을 실시한 농지
콩	출현율이 (③)% 미만인 농지
메밀	9월 (④)일 이후에 파종을 실시 또는 할 예정인 농지
자두	가입하는 해의 나무수령(나이) (⑤)년 미만인 과수원

풀이 1

① 200 ② 춘파 ③ 90 ④ 15 ⑤ 6

예제 2 농작물재해보험에서 정의한 인수제한 사유에 대한 내용이다. (　) 안에 들어갈 알맞은 내용을 쓰시오.

품목	인수제한 사유
마늘	- 한지형은 10월 10일 이전에 파종한 농지 - 난지형은 (①) 이전에 파종한 농지 - 마늘 파종 후 이듬해 4월 15일 이전에 수확하는 농지
옥수수	- 통상적인 재식간격의 범위를 벗어나 재배하는 농지 - 1주재배: 재식밀도가 10a당 3,500주 미만 5,000주 초과인 농지 - 2주재배: 재식밀도가 10a당 (②)주 미만 6,000주 초과인 농지
포도	- 가입 직전년도에 역병, 궤양병으로 20%이상이 고사된 과수원 - 비가림 폭이 2.4m±15%, 동고가 (③)의 범위를 벗어난 비가림시설
시설작물	- 시설작물별 10a당 인수제한의 재식밀도 미만인 농지 - 수박,멜론: 400주/10a 미만, 호박,참외: 600주/10a 미만인 농지 - 토마토,오이,가지, 장미, 파: 1,500주/10a 미만인 농지 - 배추, 무: (④)주/10a 미만인 농지
밀, 보리, 귀리	- 출현율이 (⑤)% 미만인 농지

풀이 2

① 8월 31일 ② 4,000 ③ 3.0m±5% ④ 3,000 ⑤ 80

예제 3 종합위험 밭작물(생산비보장) 고추 품목의 인수제한 목적물에 대한 내용이다. 다음 각 농지별 보험가입 가능 여부를 "가능" 또는 "불가능"으로 쓰고 불가능한 농지는 그 사유를 쓰시오.(15점)

○ A농지: 고추 정식 5개월 전 인삼을 재배한 농지로, 가입금액 300만원으로 가입 신청 (①)
○ B농지: 직파하고 재식밀도가 1,000m² 당 1,500주로 가입 신청 (②)
○ C농지: 해당년도 5월 1일 터널재배로 정식하여 풋고추 형태로 판매하기 위해 재배하는 농지로 가입 신청 (③)
○ D농지: 군사시설보호구역 중 군사시설의 최외곽 경계선으로부터 200미터 내의 농지이나 통상적인 영농활동이나 손해평가가 가능한 보험 가입금액이 200만원인시설재배 농지로 가입 신청 (④)
○ E농가: m² 당 2주의 재식밀도로 4월 30일 노지재배로 식재하고 가입 신청 (⑤)

풀이 3

(A농지): 불가능 - 고추정식 6개월 이내에 인삼을 재배한 농지는 인수 불가능
(B농지): 불가능 - 직파 재배한 농지는 인수불가능
(C농지): 불가능 - 풋고추형태로 판매하기 위해 재배하는 농지는 인수불가능
(D농지): 불가능 - 시설재배 농지는 인수불가능
(E농지): 가능

예제 4 농작물재해보험 이론서에서 정의된 인수제한 목적물에 관한 내용이다. 괄호 안에 알맞은 날짜를 쓰시오.

품목	인수제한 내용
고추	4월 1일 이전과 (①) 이후에 고추를 정식한 농지
팥	(②) 이전에 정식(파종)한 농지
감자(봄재배)	파종을 (③) 이전에 실시한 농지
옥수수	(④) 이전에 파종(정식)한 농지
가을배추	정식을 (⑤) 이후에 실시한 농지

풀이 3

① 5월 31일 ② 6월 1일 ③ 3월 1일 ④ 3월 1일 ⑤ 9월 10일

문제 1 멀칭을 하지 않은 무멀칭 재배로 인하여 인수 제한되는 품목 4가지를 서술하시오.

문제 2 옥수수 인수제한 내용이다. ( ) 안에 알맞은 내용을 쓰시오.

(1) 보험가입금액이 (①)만원 미만인 농지
(2) (②) 이전에 파종한 농지
(3) 출현율이 (③)% 미만인 농지
(4) 1주 재배(제주지역): 10a당 정식주수가 (④) 미만 (⑤) 초과인 농지
(4) 2주 재배: 10a당 정식주수가 (⑥) 미만 (⑦) 초과인 농지

문제 3 마늘 인수제한 내용이다. ( ) 안에 알맞은 내용을 쓰시오.

(1) 난지형은 (①) 이전, 한지형은 (②) 이전에 파종한 농지
(2) 재식밀도가 10a당 (③)주 미만인 농지
(3) 마늘 파종후 이듬해 (④) 이전에 수확하는 농지
(4) 남도, 대서 품종과 의성, 홍산 품종이 아닌 마늘
(5) 무멀칭인 농지와 자가채종하는 농지

문제 4 감자(가을재배) 인수제한 내용이다. ( ) 안에 알맞은 내용을 쓰시오.

(1) 가을재배에 부적합한 품종 (①)이 파종된 농지
(2) (②)년 이상 갱신하지 않은 씨감자를 파종한 농지
(3) (③) 수확을 목적으로 재배하는 농지
(4) 전작으로 (④)를 재배한 농지

문제 5 수확감소보장 차(茶) 인수제한 내용이다. ( ) 안에 알맞은 내용을 쓰시오.

(1) 보험가입면적이 (①)m^2 미만인 농지
(2) 가입하는 해의 나무 수령이 (②)년 미만인 농지
(3) 깊은 전지로 인해 차나무의 높이가 지면으로부터 (③)cm 이하인 경우
가입면적에서 제외한다.
(4) 특수재배(하우스 시설재배등)를 하고 있는 농지
(5) 나무 일부만 가입하는 것과 재래종이 아닌 외국 품종 그리고 관상용과 조경수

문제 6 작물특정 및 시설종합 품목인 인삼 인수제한 내용이다. ( ) 안에 알맞은 내용을 쓰시오.

(1) 가입하는 해의 인삼이 (①)년근 미만 또는 (②)년근 이상인 인삼
(단, 직전년도 인삼1형 상품에 5년근으로 가입한 농지에 한하여 6년근 가입가능)
(2) 산양삼(장뇌삼), 묘삼, 수경재배 인삼
(3) 식재년도 기준 과거 (③)년 이내(논은 6년 이내) 인삼을 재배했던 농지
(4) 두둑 높이가 (④)cm 미만인 농지
(5) 공사 중인 해가림시설 및 규격에 맞지 않은 시설 그리고 중복보험에 가입한 농지

문제 7 생산비보장 품목인 고추 인수제한 내용이다. ( ) 안에 알맞은 내용을 쓰시오.

(1) 보험가입금액이 (①)만원 미만인 과수원
(2) 노지재배, 터널재배 이외의 방법으로 재배하는 농지
(3) 비닐 멀칭이 되어 있지 않거나 직파재배를 하고 있는 농지
(4) (②) 이전과 (③) 이후에 고추를 식재한 농지
(5) 1,000m^2 당 재식밀도가 (④)주 미만이거나 (⑤)주 초과하는 농지
(6) 고추 정식 6개월 이내에 (⑥)을 재배한 농지

문제 8 농작물재해보험 품목에서 인수제한이 되는 품종이다. ( ) 안에 알맞은 내용을 쓰시오.

(1) 감자(가을재배): 남작, 신남작, (①), (②), (③)
(2) 마늘: (④), (⑤), (단, ⑤는 2년차부터 가입 가능)
(3) 고구마: (⑥)
(4) 자두: (⑦)
(5) 오디: (⑧), (⑨)
(6) 얼갈이배추, 쌈배추, 산딸기, 애플수박, 미니수박, 홍고추, 노각, 양상추, 양배추

문제 9 과수 품목 포도 인수제한 내용이다. ( ) 안에 알맞은 내용을 쓰시오.

(1) 가입하는 해의 나무 수령이 (①)년 미만인 과수원
(2) 보험가입 직전 년도에 역병 및 궤양병 등의 병충해가 발생하여 보험가입 시 전체 나무의 (②)% 이상이 고사하였거나 정상적인 결실을 하지 못할 것으로 판단되는 과수원 (고사한 나무를 제거하지 않거나 방제조치하지 않은 과수원은 인수 제한)
(3) 친환경재배 과수원으로 일반재배와 결실차이가 현저하게 있다고 판단되는 과수원
(4) 비가림폭이 (③), 동고가 (④)의 범위를 벗어나는 비가림시설

문제 10 과수 품목 복숭아 인수제한 내용이다. ( ) 안에 알맞은 내용을 쓰시오.

(1) 가입하는 해의 나무 수령이 (①)년 미만인 과수원
(2) 보험가입금액이 (②)만원 미만인 과수원
(3) 보험가입 직전 년도에 역병 및 궤양병 등의 병충해가 발생하여 보험가입 시 전체 나무의 (③)% 이상이 고사하였거나 정상적인 결실을 하지 못할 것으로 판단되는 과수원 (고사한 나무를 제거하지 않거나 방제조치하지 않은 과수원은 인수 제한)
(4) 친환경재배 과수원으로 일반재배와 결실차이가 현저하게 있다고 판단되는 과수원

문제 11 과수 품목 참다래 인수제한 내용이다. ( ) 안에 알맞은 내용을 쓰시오.

(1) 가입하는 해의 나무 수령이 (①)년 미만인 과수원
(2) 품목이 혼식된 과수원
(주력 품목의 결과주수가 (②)% 이상인 경우에는 주품목에 한하여 가입가능)
(3) 보험가입면적이 (③)m^2 미만인 참다래 비가림시설
(4) (④) 또는 (⑤)를 재료로 시공된 비가림시설
(5) 정부에서 보험료 일부를 지원하는 다른 계약에 이미 가입되어 있는 과수원

문제 12 재식밀도에 따른 인수제한 내용이다. ( ) 안에 알맞은 내용을 쓰시오.(단, 10a=1,000m² 기준)

(1) 고추 ⇨ 재식주수가 (①)주 미만 또는 (②)주 초과인 농지
(2) 오미자 ⇨ 주간거리가 (③)cm 이상으로 과도하게 넓은 과수원
(3) 옥수수 ⇨ 1주 재배(전남, 전북) (④)주 미만 또는 (⑤)주 초과인 농지
(4) 감자(고랭지재배) ⇨ 재식밀도가 (⑥)주 미만인 농지
(5) 감자(봄,가을재배), 고구마 ⇨ 재식밀도가 (⑦)주 미만인 농지
(6) 대파 ⇨ 재식밀도가 (⑧)주 미만인 농지
(7) 양파 ⇨ 재식밀도가 (⑨)주 미만인 농지
(8) 마늘 ⇨ 재식밀도가 (⑩)주 미만인 농지
(9) 양배추 ⇨ 재식밀도가 3.3m²당 (⑪)구 미만인 농지

문제 13 나무 수령에 따른 인수제한 관련하여 가입하는 해의 나무수령이 다음 기준 미만일 때 인수 제한되는 품목을 서술하시오.

(1) 2년 미만: (①)
(2) 3년 미만: (②), (③), (④), (⑤), (⑥), (⑦)
(3) 4년 미만: (⑧), (⑨), (⑩), (⑪), (⑫)
(4) 5년 미만: (⑬), (⑭), (⑮), (⑯)
(5) 6년 미만: (⑰)
(6) 7년 미만: (⑱)
(7) 8년 미만: (⑲)
(8) 복분자: (가)년 이하 또는 (나)년 이상
(9) 인삼: (다)년근 미만 또는 (라)년근 이상
(10) 오미자: 삭벌(마)년차 이상 또는 삭벌하지 않는 과수원 중 식묘 (바)년차 이상

문제 14 최저 보험가입금액과 최소 면적에 따른 인수제한 관련하여 다음 기준 미만일 때, 인수 제한되는 품목을 서술하시오.

(1) 50만원 미만(5가지 품목을 쓰시오.)
(2) 100만원 미만(5가지 품목을 쓰시오.)
(3) 200만원 미만(과수원)
(4) 200m² 미만: 비가림시설, 포도(비가림폭=(①), 동고=(②)이내일 것)
(5) 원예시설: 단동하우스와 연동하우스는 (③)m² 미만은 인수 제한된다.
(6) 시설작물은 작물의 재배면적이 시설면적의 (④)인 경우 인수 제한된다.
(7) 1,000m² 미만(3가지 품목)

문제 15 정식(파종)일에 따른 인수제한 내용이다. ( ) 안에 알맞은 내용을 쓰시오.

(1) 감자(봄재배): 파종을 (①)이전에 실시한 농지
(2) 감자(고랭지재배): 파종을 (②)이전에 실시한 농지
(3) 팥: (③)이전에 정식(파종)을 실시한 농지
(4) 양파: (④)이전에 정식을 실시한 농지
(5) 마늘(한지형): (⑤)이전에 파종을 실시한 농지
(6) 대파: (⑥)을 초과하여 정식한 농지
(7) 단호박: (⑦)을 초과하여 정식한 농지
(8) 무(고랭지재배): (⑧)을 초과하여 정식한 농지
(9) 양배추: (⑨)을 초과하여 정식한 농지
(10) 무(월동): (⑩)을 초과하여 파종한 농지
(11) 양상추: (⑪)이후에 정식한 농지
(12) 가을배추: (⑫)이후에 정식한 농지

문제 16 출현율에 따른 인수제한 내용이다. ( ) 안에 알맞은 내용을 쓰시오.

(1) 출현율이 80% 미만일 때 인수 제한되는 품목(3가지)
(2) 출현율이 85% 미만일 때 인수 제한되는 품목(1가지)
(3) 출현율이 90% 미만일 때 인수 제한되는 품목(3가지)

문제 17 과수 품목에서 인수 제한되는 공통사항이다. ( ) 안에 알맞은 내용을 쓰시오.

(1) 보험가입금액이 (①)만원 미만인 과수원
(2) 품목이 혼식된 과수원
(주력 품목의 결과주수가 (②)%이상인 경우에는 주품목에 한하여 가입가능)
(3) 제초작업, 시비관리 등 통상적인 (③)을 하지 않은 과수원
(4) (④) 잘못 또는 품종갱신 이유로 수확량이 현저하게 감소될 것으로 예상되는 과수원
(5) 시험연구용으로 재배되는 과수원
(6) 하나의 과수원에 식재된 나무 중에서 일부 나무만 가입하는 과수원
(7) 하천부지 및 상습 침수지역에 소재한 과수원
(8) 판매를 목적으로 재배하지 않은 과수원
(9) 가식되어 있는 과수원
(10) 보험가입이전에 피해가 생긴 과수원
(11) 보험가입 이전에 다른 보험에 가입된 과수원
(12) 기타 인수가 부적절하다고 판단되는 과수원

문제 18 수확감소보장 논작물 품목에서 인수제한 되는 공통사항이다. ( ) 안에 알맞은 내용을 쓰시오.

(1) 하천부지에 소재한 농지
(2) 최근 (①)년 연속 침수피해를 입은 농지(단, 기상특보에 해당되는 재해는 제외)
(3) 보험 가입 전에 농작물의 피해가 확인된 농지
(4) 오염 및 훼손등 피해를 입어 복구가 완전히 되지 않은 농지
(5) 통상적인 재배 및 (②)을 하지 않았다고 판단되는 농지
(6) 판매를 목적으로 재배하지 않은 농지(채종농지 등)
(7) 농업용지가 다른 용도로 전용되어 수용예정지로 결정된 농지
(8) 전환지, 휴경지 등이 농지로 변경하여 경작한지 (③)년 이내인 농지
(9) 최근 (④)년 이내에 간척된 농지
(10) 기타 인수가 부적절하다고 판단되는 농지

문제 19 농업시설물(버섯재배사) 와 시설작물 인수제한 내용이다. ( ) 안에 알맞은 내용을 쓰시오.

(1) 판매를 목적으로 시설작물을 경작하지 않은 시설
(2) 작업동, 창고동 등 시설작물 경작용으로 사용되지 않은 시설 (단, 농업시설물 한 동 면적의 (①)% 이상 작물재배용으로 사용하고 있는 경우는 가능)
(3) 피복재가 없거나 시설작물을 재배하고 있지 않은 시설
(4) 작물의 재배면적이 시설면적의 (②)% 미만인 경우
(5) 분화류의 화훼(백합, 카네이션, 장미, 국화)를 재배하는 경우
(6) 시설작물별 10a당 인수제한 재식밀도 수(주/10a)
수박=(③), 참외=(④), 토마토=(⑤), 배추=(⑥), 딸기=(⑦)

정답 및 해설

01 | 정답

마늘, 양파, 고구마, 고추,

02 | 정답

(①) 100 (②) 3월1일 (③) 90 (④) 3,000
(⑤) 5,000 (⑥) 4,000 (⑦) 6,000

03 | 정답

(①) 8월31일 (②) 10월10일 (③) 30,000 (④) 4월15일

04 | 정답

(①) 수미, 남작, 신남작, 세풍, 조풍 (②) 2 (③) 씨감자
(④) 유채

05 | 정답

(①) 1,000 (②) 7 (③) 30

06 | 정답

(①) 2 (②) 6 (③) 10 (④) 15

07 | 정답

(①) 200 (②) 4월1일 (③) 5월31일 (④) 1,500
(⑤) 4,000 (⑥) 인삼

08 | 정답

(①) 수미 (②) 세풍 (③) 조풍 (④) 코끼리마늘
(⑤) 주아재배마늘 (⑥) 수 (⑦) 귀양 (⑧) 터키-D
(⑨) 백옹왕

09 | 정답

(①) 3 (②) 20 (③) 2.4m±15% (④) 3.0m±5%

10 | 정답

(①) 3 (②) 200 (③) 20

11 | 정답

(①) 3 (②) 90 (③) 200 (④) 목재 (⑤) 죽재

12 | 정답

(①) 1,500 (②) 4,000 (③) 50 (④) 3,000
(⑤) 5,000 (⑥) 3,500 (⑦) 4,000 (⑧) 15,000
(⑨) 23,000 (⑩) 30,000 (⑪) 8

13 | 정답

① 감귤(만감류고접) ② 오디 ③ 복숭아 ④ 참다래
⑤ 포도 ⑥ 배 ⑦ 사과(밀식) ⑧ 무화과 ⑨ 대추
⑩ 유자 ⑪ 감귤(온주밀감, 만감류 재식) ⑫ 사과(반밀식)
⑬ 밤 ⑭ 매실 ⑮ 살구 ⑯ 단감, 떫은감 ⑰ 자두

⑱ 차 ⑲ 호두

(가)=1 (나)=11 (다)=2 (라)=6 (마)=3 (바)=4

(⑥) 3,000 (⑦) 5,000

14 | 정답

(1) 벼, 보리, 밀,귀리, 메밀

(2) 배추, 무, 당근, 단호박, 파(대파.쪽파), 시금치(노지), 옥수수, 콩, 팥

(①) 2.4m±15% (②) 3.0m±5% (③) 300m^2 (④) 50%미만

(7) 차, 사료용옥수수, 조사료용벼

15 | 정답

(①) 3월1일 (②) 4월10일 (③) 6월1일 (④) 9월30일
(⑤) 10월10일 (⑥) 5월20일 (⑦) 5월29일 (⑧) 7월31일
(⑨) 9월30일 (⑩) 10월15일 (⑪) 8월31일 (⑫) 9월10일

16 | 정답

(1) 밀, 보리, 귀리 (2) 팥 (3) 옥수수, 콩, 감자

17 | 정답

(①) 200 (②) 90 (③) 영농활동 (④) 전정, 비배관리

18 | 정답

(①) 3 (②) 영농활동 (③) 3 (④) 5

19 | 정답

(①) 80 (②) 50 (③) 400 (④) 600 (⑤) 1,500

MEMO

06

보상하는 손해

보상하는 손해

1. 보상하는 손해

(1) 적과종료 이전의 종합위험

(가) **자연재해**: 태풍피해, 우박피해, 동상해, 호우피해, 강풍피해, 한해(가뭄피해), 냉해, 조해(潮害), 설해, 폭염, 기타 자연재해

(나) **조수해**(鳥獸害): 새나 짐승으로 인하여 발생하는 손해

(다) **화재**: 화재로 인한 피해

※ 단, 적과종료 이전 특정위험 5종 한정 보장 특별약관 가입 시 **태풍(강풍), 우박, 지진, 화재 집중호우**만 보장

※ 보상하는 재해로 인하여 손해가 발생한 경우 계약자 또는 피보험자가 지출한 손해 방지비용을 추가로 지급한다. 다만, 방제비용, 시설보수비용 등 통상적으로 소요되는 비용은 제외(**농작물 손해방지비용 지급 규정에 따라 보상, 20만원 한도 적용**)

(2) 적과종료 이후의 특정위험(7)

(가) 태풍(강풍): 기상청에서 태풍에 대한 기상특보(태풍주의보 또는 태풍경보)를 발령한 때 발령지역 바람과 비를 말하며, 최대순간풍속 **14m/sec 이상**의 바람을 포함.
바람의 세기는 과수원에서 가장 가까운 3개 기상관측소(기상청 설치 또는 기상청이 인증하고 실시간 관측자료를 확인할 수 있는 관측소)에 나타난 측정자료 중 가장 큰 수치의 자료로 판정

(나) 우박: 적란운과 봉우리적운 속에서 성장하는 얼음알갱이 또는 얼음덩어리가 내리는 현상

(다) 집중호우: 기상청에서 호우에 대한 기상특보(호우주의보 또는 호우경보)를 발령한 때 발령지역의 비 또는 농지에서 가장 가까운 3개소의 기상관측장비(기상청 설치 또는 기상청이 인증하고 실시간 관측 자료를 확인할 수 있는 관측소)로 측정한 **12시간 누적강수량이 80mm이상**인 강우상태

(라) 화재: 화재로 인하여 발생하는 피해

(마) 지진: 지구 내부의 급격한 운동으로 지진파가 지표면까지 도달하여 지반이 흔들리는 자연지진을 말하며, 대한민국 기상청에서 **규모 5.0 이상**의 지진통보를 발표한 때, 지진통보에서 발표된 진앙이 과수원이 위치한 시군 또는 그 시군과 인접한 시군에 위치하는 경우에 피해를 인정

(바) 가을동상해 : 서리 또는 기온의 하강으로 인하여 과실 또는 잎이 얼어서 생기는 피해를 말하며, 육안으로 판별 가능한 결빙증상이 지속적으로 남아 있는 경우에 피해를 인정 잎 피해는 단감, 떫은감 품목에 한하여 **10월 31일**까지 발생한 가을동상해로 나무의 전체 잎 중 **50%**이상이 고사한 경우에 피해를 인정

(사) 일소피해 : 폭염(暴炎)으로 인해 보험의 목적에 일소(日燒)가 발생하여 생긴 피해를 말하며 일소는 과실

이 태양광에 노출되어 과피 또는 과육이 괴사되어 검게 그을리거나 변색되는 현상. 폭염은 대한민국 기상청에서 폭염특보(폭염주의보 또는 폭염경보)를 발령한 때 과수원에서 가장 가까운 3개소의 기상관측장비(기상청 설치 또는 기상청이 인증하고 실시간 관측 자료를 확인할 수 있는 관측소)로 측정한 낮 최고기온이 연속 **2일 이상 33℃이상**으로 관측된 경우를 말하며, 폭염특보가 발령한 때부터 해제 한 날까지 일소가 발생한 보험의 목적에 한하여 보상. 이때 폭염특보는 과수원이 위치한 지역의 폭염특보를 적용

※ 보상하는 재해로 인하여 손해가 발생한 경우 계약자 또는 피보험자가 지출한 손해 방지비용을 추가로 지급한다. 다만, 방제비용, 시설보수비용 등 통상적으로 소요되는 비용은 제외(**농작물의 잔존물제거비용은 보상하지 않는다.**)

2. 보상하지 않는 손해

(1) 적과종료 이전

(가) 계약자, 피보험자 또는 이들의 법정대리인의 고의 또는 중대한 과실로 인한 손해

(나) 제초작업, 시비관리 등 통상적인 영농활동을 하지 않아 발생한 손해

(다) 원인의 직·간접을 묻지 않고 병해충으로 발생한 손해

(라) 보상하지 않는 재해로 제방, 댐 등이 붕괴되어 발생한 손해

(마) 하우스, 부대시설 등의 노후 및 하자로 생긴 손해

(바) 계약체결 시점 현재 기상청에서 발령하고 있는 기상특보 발령지역의 기상특보 관련 재해(태풍, 호우, 홍수, 강풍, 풍랑, 해일, 대설 등)로 인한 손해

(사) 보상하는 자연재해로 인하여 발생한 동녹(과실에 발생하는 검은반점병) 등 간접손해

(아) 보상하는 재해에 해당하지 않은 재해로 발생한 손해

(자) 식물방역법 제36조(방제명령 등)에 의거 금지 병해충인 과수 화상병 발생에 의한 폐원으로 인한 손해 및 정부 및 공공기관의 매립으로 발생한 손해

(차) 전쟁, 혁명, 내란, 사변, 폭동, 소요, 노동쟁의 등 이들과 유사한 사태로 생긴 손해

(2) 적과종료 이후

(가) 계약자, 피보험자 또는 이들의 법정대리인의 고의 또는 중대한 과실로 인한 손해

(나) 수확기에 계약자 또는 피보험자의 고의 또는 중대한 과실로 수확하지 못하여 발생한 손해

(다) 제초작업, 시비관리 등 통상적인 영농활동을 하지 않아 발생한 손해

(라) 원인의 직·간접을 묻지 않고 병해충으로 발생한 손해

(마) 보상하지 않는 재해로 제방, 댐 등이 붕괴되어 발생한 손해

(바) 최대순간풍속 14m/sec 미만의 바람으로 발생한 손해

(사) 보장하는 자연재해로 인하여 발생한 동녹(과실에 발생하는 검은반점병) 등 간접손해

(아) 보상하는 재해에 해당하지 않은 재해로 발생한 손해

(자) 저장한 과실에서 나타나는 손해
(차) 저장성 약화, 과실경도 약화 등 육안으로 판별되지 않는 손해
(카) 농업인의 부적절한 **잎소지**(잎 제거)로 인하여 발생한 손해
(타) 병으로 인해 낙엽이 발생하여 태양광에 과실이 노출됨으로써 발생한 손해
(파) 식물방역법 제36조(방제명령 등)에 의거 금지 병해충인 과수 화상병 발생에 의한 폐원으로 인한 손해 및 정부 및 공공기관의 매립으로 발생한 손해
(하) 전쟁, 혁명, 내란, 사변, 폭동, 소요, 노동쟁의 등 이들과 유사한 사태로 생긴 손해

< 나무손해보장특약의 보상하지 않는 손해 >

- 계약자, 피보험자 또는 이들의 법정대리인의 고의 또는 중대한 과실로 인한 손해
- 제초작업, 시비관리 등 통상적인 영농활동을 하지 않아 발생한 손해
- 보상하지 않는 재해로 제방, 댐 등이 붕괴되어 발생한 손해
- 피해를 입었으나 회생 가능한 나무 손해
- 토양관리 및 재배기술의 잘못된 적용으로 인해 생기는 나무 손해
- **병충해** 등 간접손해에 의해 생긴 나무 손해
- 하우스, 부대시설 등의 노후 및 하자로 생긴 손해
- 계약체결 시점 현재 기상청에서 발령하고 있는 기상특보 발령 지역의 기상특보 관련 재해로 인한 손해
- 보상하는 재해에 해당하지 않은 재해로 발생한 손해
- 전쟁, 혁명, 내란, 사변, 폭동, 소요, 노동쟁의, 기타 이들과 유사한 사태로 생긴 손해

3. 종합위험 수확감소보장방식

(가) 보상하는 재해

구분	품목	보상하는 재해
종합위험 수확감소보장방식	복숭아, 자두, 밤, 매실, 오미자, 유자, 호두, 살구	자연재해, 조수해(鳥獸害), 화재 *복숭아는 병충해 보장(세균구멍병)

① **자연재해**: 태풍피해, 우박피해, 동상해, 호우피해, 강풍피해, 한해(가뭄피해), 냉해, 조해(潮害), 설해, 폭염, 기타 자연재해
② **조수해**(鳥獸害): 새나 짐승으로 인하여 발생하는 손해
③ **화재**: 화재로 인한 피해
④ **병충해**: 세균구멍병으로 인하여 발생하는 손해(복숭아 품목에만 해당)

(나) 보상하지 않는 손해

① 계약자, 피보험자 또는 이들의 법정대리인의 고의 또는 중대한 과실로 인한 손해

② 수확기에 계약자 또는 피보험자의 고의 또는 중대한 과실로 수확하지 못하여 발생한 손해
③ 제초작업, 시비관리 등 통상적인 영농활동을 하지 않아 발생한 손해
④ 원인의 직·간접을 묻지 않고 **병해충**으로 발생한 손해(복숭아의 세균구멍병은 제외)
⑤ 보장하지 않는 재해로 제방, 댐 등이 붕괴되어 발생한 손해
⑥ 하우스, 부대시설 등의 노후 및 하자로 생긴 손해
⑦ 계약체결 시점 현재 기상청에서 발령하고 있는 기상특보 발령 지역의 기상특보 관련 재해로 인한 손해
⑧ 보상하는 재해에 해당하지 않은 재해로 발생한 손해
⑨ 전쟁, 혁명, 내란, 사변, 폭동, 소요, 노동쟁의 등 이들과 유사한 사태로 생긴 손해

4. 종합위험 과실손해보장방식

(가) 보상하는 재해

구분	품목	보상하는 재해
종합위험 과실손해보장방식	오디, 감귤	자연재해, 조수해(鳥獸害), 화재

① **자연재해**: 태풍피해, 우박피해, 동상해, 호우피해, 강풍피해, 한해(가뭄피해), 냉해, 조해(潮害), 설해, 폭염, 기타 자연재해
② **조수해**(鳥獸害): 새나 짐승으로 인하여 발생하는 손해
③ **화재**: 화재로 인한 피해

(나) 보상하지 않는 손해

① 계약자, 피보험자 또는 이들의 법정대리인의 고의 또는 중대한 과실로 인한 손해
② 수확기에 계약자 또는 피보험자의 고의 또는 중대한 과실로 수확하지 못하여 발생한 손해
③ 제초작업, 시비관리 등 통상적인 영농활동을 하지 않아 발생한 손해
④ 원인의 직·간접을 묻지 않고 **병해충**으로 발생한 손해
⑤ 보장하지 않는 재해로 제방, 댐 등이 붕괴되어 발생한 손해
⑥ 하우스, 부대시설 등의 노후 및 하자로 생긴 손해
⑦ 계약체결 시점 현재 기상청에서 발령하고 있는 기상특보 발령 지역의 기상특보 관련 재해로 인한 손해
⑧ 보상하는 손해에 해당하지 않은 재해로 발생한 손해
⑨ 전쟁, 혁명, 내란, 사변, 폭동, 소요, 노동쟁의 등 이들과 유사한 사태로 생긴 손해

5. 종합위험 비가림과수 손해보장방식

(가) 보상하는 재해

구분	품목	보상하는 재해
종합위험 비가림과수 손해보장방식	포도, 대추, 참다래	**자연재해, 조수해**(鳥獸害), **화재**
	비가림시설	**자연재해, 조수해**(鳥獸害), 화재(특약)

① 자연재해: 태풍피해, 우박피해, 동상해, 호우피해, 강풍피해, 한해(가뭄피해), 냉해, 조해(潮害), 설해, 폭염, 기타 자연재해

② 조수해(鳥獸害): 새나 짐승으로 인하여 발생하는 손해

③ 화재: 화재로 인한 피해

※ 보상하는 재해로 인하여 손해가 발생한 경우 계약자 또는 피보험자가 지출한 손해방지비용을 추가로 지급한다. 다만, 방제비용, 시설보수비용 등 통상적으로 소요되는 비용은 제외

(나) 보상하지 않는 손해

① 계약자, 피보험자 또는 이들의 법정대리인의 고의 또는 중대한 과실로 인한 손해

② 자연재해, 조수해가 발생했을 때 생긴 도난 또는 분실로 생긴 손해

③ 보험의 목적의 노후 및 하자로 생긴 손해

④ 보장하지 않는 재해로 제방, 댐 등이 붕괴되어 발생한 손해

⑤ 침식활동 및 지하수로 생긴 손해

⑥ 수확기에 계약자 또는 피보험자의 고의 또는 중대한 과실로 수확하지 못하여 발생한 손해

⑦ 제초작업, 시비관리 등 통상적인 영농활동을 하지 않아 발생한 손해

⑧ 원인의 직접, 간접을 묻지 아니하고 **병해충**으로 발생한 손해

⑨ 계약체결 시점 현재 기상청에서 발령하고 있는 기상특보 발령 지역의 기상특보 관련 재해로 인한 손해

⑩ 전쟁, 혁명, 내란, 사변, 폭동, 소요, 노동쟁의 등 이들과 유사한 사태로 생긴 손해

⑪ 보상하는 재해에 해당하지 않은 재해로 발생한 손해

⑫ 직접 또는 간접을 묻지 않고 농업용 시설물의 시설, 수리, 철거 등 관계 법령의 집행으로 발생한 손해

⑬ 피보험자가 파손된 보험의 목적의 수리 또는 복구를 지연함으로써 가중된 손해

6. 수확전 종합위험 손해보장방식

(가) 보상하는 재해

구분	품목	보상하는 재해	
수확전 종합위험 손해보장방식	복분자 무화과	수확 전	자연재해, 조수해(鳥獸害), 화재
		수확 후	**태풍(강풍), 우박**

Ⓐ **수확개시 이전의 종합위험**

① **자연재해**: 태풍피해, 우박피해, 동상해, 호우피해, 강풍피해, 한해(가뭄피해), 냉해, 조해(潮害), 설해, 폭염, 기타 자연재해

② **조수해**(鳥獸害): 새나 짐승으로 인하여 발생하는 손해

③ **화재**: 화재로 인한 피해

Ⓑ **수확개시 이후의 특정위험**

① 태풍(강풍): 기상청에서 태풍에 대한 기상특보(태풍주의보 또는 태풍경보)를 발령한 때 발령지역 바람과 비를 말하며, 최대순간풍속 **14m/sec 이상**의 바람을 포함. 바람의 세기는 과수원에서 가장 가까운 3개 기상관측소(기상청 설치 또는 기상청이 인증하고 실시간 관측자료를 확인할 수 있는 관측소)에 나타난 측정자료 중 가장 큰 수치의 자료로 판정

② 우박: 적란운과 봉우리적운 속에서 성장하는 얼음알갱이 또는 얼음덩어리가 내리는 현상

(나) 보상하지 않는 손해

Ⓐ 수확개시 이전

① 계약자, 피보험자 또는 이들의 법정대리인의 고의 또는 중대한 과실로 인한 손해

② 제초작업, 시비관리 등 통상적인 영농활동을 하지 않아 발생한 손해

③ 원인의 직·간접을 묻지 않고 병해충으로 발생한 손해

④ 보상하지 않는 재해로 제방, 댐 등이 붕괴되어 발생한 손해

⑤ 하우스, 부대시설 등의 노후 및 하자로 생긴 손해

⑥ 계약체결 시점 현재 기상청에서 발령하고 있는 기상특보 발령 지역의 기상특보 관련 재해로 인한 손해

⑦ 보상하는 손해에 해당하지 않은 재해로 발생한 손해

⑧ 전쟁, 혁명, 내란, 사변, 폭동, 소요, 노동쟁의 등 이들과 유사한 사태로 생긴 손해

Ⓑ 수확개시 이후

① 계약자, 피보험자 또는 이들의 법정대리인의 고의 또는 중대한 과실로 인한 손해

② 수확기에 계약자 또는 피보험자의 고의 또는 중대한 과실로 수확하지 못하여 발생한 손해

③ 제초작업, 시비관리 등 통상적인 영농활동을 하지 않아 발생한 손해

④ 원인의 직·간접을 묻지 않고 **병해충**으로 발생한 손해

⑤ 보상하지 않는 재해로 제방, 댐 등이 붕괴되어 발생한 손해

⑥ 최대순간풍속 **14m/sec 미만**의 바람으로 발생한 손해
⑦ 보상하는 재해에 해당하지 않은 재해로 발생한 손해
⑧ 저장한 과실에서 나타나는 손해
⑨ 저장성 약화, 과실경도 약화 등 육안으로 판별되지 않는 손해
⑩ 전쟁, 혁명, 내란, 사변, 폭동, 소요, 노동쟁의 등 이들과 유사한 사태로 생긴 손해

7. 논작물(수확감소보장)

(가) 보상하는 손해

(1) **자연재해**: 태풍피해, 우박피해, 동상해, 호우피해, 강풍피해, 한해(가뭄피해),냉해, 조해(潮害), 설해, 폭염, 기타 자연재해
(2) **조수해**(鳥獸害): 새나 짐승으로 인하여 발생하는 손해
(3) **화재**: 화재로 인한 피해

(나) 보상하지 않는 손해

(1) 계약자, 피보험자 또는 이들의 법정대리인의 고의 또는 중대한 과실로 인한 손해
(2) 수확기에 계약자 또는 피보험자의 고의 또는 중대한 과실로 수확하지 못하여 발생한 손해
(3) 제초작업, 시비관리 등 통상적인 영농활동을 하지 않아 발생한 손해
(4) 원인의 직·간접을 묻지 않고 **병해충**으로 발생한 손해
(다만, 벼 병해충보장 특별약관 가입 시는 제외)
(5) 보장하지 않는 재해로 제방, 댐 등이 붕괴되어 발생한 손해
(6) 하우스, 부대시설 등의 노후 및 하자로 생긴 손해
(7) 계약체결 시점 현재 기상청에서 발령하고 있는 기상특보 발령 지역의 기상특보 관련 재해로 인한 손해
(8) 보상하는 손해에 해당하지 않은 재해로 발생한 손해
(9) 전쟁, 혁명, 내란, 사변, 폭동, 소요, 노동쟁의 등 이들과 유사한 사태로 생긴 손해

8. 밭작물(수확감소보장, 생산비보장)

(1) 종합위험 수확감소보장방식

(가) 보상하는 재해

구분	품목	보상하는 재해
종합위험 수확감소보장 방식	양파, 마늘, 고구마, 옥수수, 차, 콩, 양배추, 팥	자연재해, 조수해(鳥獸害), 화재
	감자(고랭지, 봄, 가을)	자연재해, 조수해(鳥獸害), 화재, **병충해**

① **자연재해**: 태풍피해, 우박피해, 동상해, 호우피해, 강풍피해, 한해(가뭄피해), 냉해, 조해(潮害), 설해, 폭염, 기타 자연재해
② **조수해**(鳥獸害): 새나 짐승으로 인하여 발생하는 손해
③ **화재**: 화재로 인한 피해
④ **병충해**: 병 또는 해충으로 인하여 발생하는 피해(**감자** 품목에만 해당)

(나) 보상하지 않는 손해

① 계약자, 피보험자 또는 이들의 법정대리인의 고의 또는 중대한 과실로 인한 손해
② 수확기에 계약자 또는 피보험자의 고의 또는 중대한 과실로 수확하지 못하여 발생한 손해
③ 제초작업, 시비관리 등 통상적인 영농활동을 하지 않아 발생한 손해
④ 원인의 직접·간접을 묻지 않고 **병해충**으로 발생한 손해(다만, 감자 제외)
⑤ 보상하지 않는 재해로 제방, 댐 등이 붕괴되어 발생한 손해
⑥ 하우스, 부대시설 등의 노후 및 하자로 생긴 손해
⑦ 계약체결 시점(계약체결 이후 파종 또는 정식 시, 파종 또는 정식 시점) 현재 기상청에서 발령하고 있는 기상특보 발령 지역의 기상특보 관련 재해로 인한 손해
⑧ 보상하는 재해에 해당 하지 않은 재해로 발생한 손해
⑨ 저장성 약화 또는 저장, 건조 및 유통 과정 중에 나타나거나 확인된 손해
⑩ 전쟁, 혁명, 내란, 사변, 폭동, 소요, 노동쟁의 등 이들과 유사한 사태로 생긴 손해

(2) 종합위험 생산비보장방식

(가) 보상하는 재해

구분	품목	보상하는 재해
종합위험 생산비보장 방식	메밀, 브로콜리, 배추, 무, 양상추 단호박, 파, 당근, 시금치(노지)	자연재해, 조수해(鳥獸害), 화재
	고추	자연재해, 조수해(鳥獸害), 화재, **병충해**

① **자연재해**: 태풍피해, 우박피해, 동상해, 호우피해, 강풍피해, 한해(가뭄피해), 냉해, 조해(潮害), 설해, 폭염, 기타 자연재해
② **조수해**(鳥獸害): 새나 짐승으로 인하여 발생하는 손해
③ **화재**: 화재로 인한 피해
④ **병충해**: 병 또는 해충으로 인하여 발생하는 피해(**고추** 품목에만 해당)

(나) 보상하지 않는 손해

① 계약자, 피보험자 또는 이들의 법정대리인의 고의 또는 중대한 과실로 인한 손해
② 수확기에 계약자 또는 피보험자의 고의 또는 중대한 과실로 수확하지 못하여 발생한 손해
③ 제초작업, 시비관리 등 통상적인 영농활동을 하지 않아 발생한 손해
④ 원인의 직접·간접을 묻지 않고 **병해충**으로 발생한 손해(다만, **고추** 제외)
⑤ 보상하지 않는 재해로 제방, 댐 등이 붕괴되어 발생한 손해
⑥ 하우스, 부대시설 등의 노후 및 하자로 생긴 손해
⑦ 계약체결 시점(계약체결 이후 파종 또는 정식 시, 파종 또는 정식 시점) 현재 기상청에서 발령하고 있는 기상특보 발령 지역의 기상특보 관련 재해로 인한 손해
⑧ 보상하는 재해에 해당 하지 않은 재해로 발생한 손해
⑨ 전쟁, 혁명, 내란, 사변, 폭동, 소요, 노동쟁의 등 이들과 유사한 사태로 생긴 손해

(3) 작물특정 및 시설종합위험 인삼손해보장방식

(가) 보상하는 재해

구분	품목	보상하는 재해
작물(특정위험) 및 시설(종합위험)보장방식	인삼	**태풍(강풍), 폭설, 집중호우, 침수, 화재, 우박, 냉해, 폭염**
	해가림시설	자연재해, 조수해(鳥獸害), 화재

Ⓐ 인삼(특정위험 8가지)

① 태풍(강풍): 기상청에서 태풍에 대한 특보(태풍주의보, 태풍경보)를 발령한 때 해당 지역의 바람과 비 또는 최대순간풍속 **14m/s 이상**의 강풍
② 폭설: 기상청에서 대설에 대한 특보(대설주의보, 대설경보)를 발령한 때 해당 지역의 눈 또는 **24시간 신적설이 5cm 이상**인 상태
③ 집중호우: 기상청에서 호우에 대한 특보(호우주의보, 호우경보)를 발령한 때 해당 지역의 비 또는 **24시간 누적 강수량이 80mm 이상**인 상태
④ 침수: 태풍, 집중호우 등으로 인하여 인삼 농지에 다량의 물(고랑 바닥으로부터 침수 높이 최소 **15cm 이상**)이 유입되어 상면에 물이 잠긴 상태
⑤ 우박: 적란운과 봉우리 적운 속에서 성장하는 얼음알갱이나 얼음덩이가 내려 발생하는 피해

⑥ 냉해: 출아 및 전엽기(4~5월) 중에 해당지역에 **최저기온 0.5℃ 이하**의 찬 기온으로 인하여 발생하는 피해를 말하며, 육안으로 판별 가능한 냉해 증상이 있는 경우에 피해를 인정
⑦ 폭염: 해당 지역에 최고기온 **30℃ 이상이 7일 이상** 지속되는 상태를 말하며, 잎에 육안으로 판별 가능한 타들어간 증상이 **50%** 이상 있는 경우에 인정
⑧ 화재: 화재로 인하여 발생하는 피해

Ⓑ **해가림시설(종합)**
① **자연재해**: 태풍, 우박, 호우, 강풍, 조해(潮害), 설해, 폭염, 기타 자연재해
② **조수해**(鳥獸害): 새나 짐승으로 인하여 발생하는 손해
③ **화재**: 화재로 인하여 발생하는 피해

(나) 보상하지 않는 손해

Ⓐ 인삼
① 계약자, 피보험자 또는 이들의 법정대리인의 고의 또는 중대한 과실로 인한 손해
② 수확기에 계약자 또는 피보험자의 고의 또는 중대한 과실로 수확하지 못하여 발생한손해
③ 제초작업, 시비관리 등 통상적인 영농활동을 하지 않아 발생한 손해
④ 원인의 직접·간접을 묻지 않고 **병해충**으로 발생한 손해
⑤ 연작장해, 염류장해 등 생육 장해로 인한 손해
⑥ 보상하지 않는 재해로 제방, 댐 등이 붕괴되어 발생한 손해
⑦ 해가림 시설 등의 노후 및 하자로 생긴 손해
⑧ 계약체결 시점 현재 기상청에서 발령하고 있는 기상특보 발령 지역의 기상특보 관련 재해로 인한 손해
⑨ 보상하는 재해에 해당하지 않은 재해로 발생한 손해
⑩ 전쟁, 혁명, 내란, 사변, 폭동, 소요, 노동쟁의 등 이들과 유사한 사태로 생긴 손해

Ⓑ 해가림시설
① 계약자, 피보험자 또는 이들의 법정대리인의 고의 또는 중대한 과실로 인한 손해
② 보상하는 재해가 발생했을 때 생긴 도난 또는 분실로 생긴 손해
③ 보험의 목적의 노후 및 하자로 생긴 손해
④ 보상하지 않는 재해로 제방, 댐 등이 붕괴되어 발생한 손해
⑤ 침식 활동 및 지하수로 인한 손해
⑥ 계약체결 시점 현재 기상청에서 발령하고 있는 기상특보 발령 지역의 기상 특보 관련 재해로 인한 손해
⑦ 보상하는 재해에 해당하지 않은 재해로 발생한 손해
⑧ 보험의 목적의 발효, 자연 발열·발화로 생긴 손해. 그러나 자연 발열 또는 발화로 연소된 다른 보험의 목적에 생긴 손해는 보상
⑨ 화재로 기인되지 않은 수도관, 수관 또는 수압기 등의 파열로 생긴 손해

⑩ 발전기, 여자기(정류기 포함), 변류기, 변압기, 전압조정기, 축전기, 개폐기, 차단기, 피뢰기, 배전반 및 그 밖의 전기기기 또는 장치의 전기적 사고로 생긴 손해. 그러나 그 결과로 생긴 화재손해는 보상

⑪ 원인의 직접·간접을 묻지 않고 지진, 분화 또는 전쟁, 혁명, 내란, 사변, 폭동, 소요, 노동쟁의, 기타 이들과 유사한 사태로 생긴 화재 및 연소 또는 그 밖의 손해

⑫ 핵연료 물질 또는 핵연료 물질에 의하여 오염된 물질의 방사성, 폭발성 그 밖의 유해한 특성 또는 이들의 특성에 의한 사고로 인한 손해

⑬ 이외의 방사선을 쬐는 것 또는 방사능 오염으로 인한 손해

⑭ 국가 및 지방자치단체의 명령에 의한 재산의 소각 및 이와 유사한 손해

9. 농업용시설물과 원예시설작물

(가) 보상하는 재해

① **자연재해**: 태풍피해, 우박피해, 동상해, 호우피해, 강풍피해, 한해(가뭄피해), 냉해, 조해(潮害), 설해, 폭염, 기타 자연재해

② **조수해**(鳥獸害): 새나 짐승으로 인하여 발생하는 손해

※ **화재 및 화재대물배상책임은 특약** 가입 시 보상

(나) 보상하지 않는 손해

① 계약자, 피보험자 또는 이들의 법정대리인의 고의 또는 중대한 과실

② 자연재해, 조수해가 발생했을 때 생긴 도난 또는 분실로 생긴 손해

③ 보험의 목적의 노후, 하자 및 구조적 결함으로 생긴 손해

④ 보상하지 않는 재해로 제방, 댐 등이 붕괴되어 발생한 손해

⑤ 침식활동 및 지하수로 인한 손해

⑥ 수확기에 계약자 또는 피보험자의 고의 또는 중대한 과실로 시설재배 농작물을 수확하지 못하여 발생한 손해

⑦ 제초작업, 시비관리, 온도(냉·보온)관리 등 통상적인 영농활동을 하지 않아 발생한 손해

⑧ 원인의 직접·간접을 묻지 않고 **병해충**으로 발생한 손해

⑨ 계약체결 시점 현재 기상청에서 발령하고 있는 기상특보 발령 지역의 기상특보 관련 재해로 인한 손해

⑩ 전쟁, 내란, 폭동, 소요, 노동쟁의 등으로 인한 손해

⑪ 보상하는 재해에 해당하지 않은 재해로 발생한 손해

⑫ 직접 또는 간접을 묻지 않고 보험의 목적인 농업용시설물과 부대시설의 시설, 수리, 철거 등 관계 법령(국가 및 지방자치단체의 명령 포함)의 집행으로 발생한 손해

⑬ 피보험자가 파손된 보험의 목적의 수리 또는 복구를 지연함으로써 가중된 손해

⑭ 농업용 시설물이 피복재로 피복되어 있지 않는 상태 또는 그 내부가 외부와 차단되어 있지 않은 상태에서 보험의 목적에 발생한 손해
⑮ 피보험자가 농업용 시설물(부대시설 포함)을 수리 및 보수하는 중에 발생한 피해

10. 농업수입감소보장

(1) 보상하는 재해 및 가격하락

① **자연재해**: 태풍피해, 우박피해, 동상해, 호우피해, 강풍피해, 한해(가뭄피해), 냉해, 조해(潮害), 설해, 폭염, 기타 자연재해
② **조수해**(鳥獸害): 새나 짐승으로 인하여 발생하는 손해
③ **화재**: 화재로 인한 피해
④ **병충해**: 병 또는 해충으로 인하여 발생하는 피해(**감자**(가을재배)만 해당)
⑤ **가격하락**: 기준가격보다 수확기 가격이 하락하여 발생하는 피해

(2) 보상하지 않는 손해 - 포도 품목 외 밭작물(고감마양양콩옥)

가) 계약자, 피보험자 또는 이들의 법정대리인의 고의 또는 중대한 과실로 인한 손해
나) 수확기에 계약자 또는 피보험자의 고의 또는 중대한 과실로 수확하지 못하여 발생한 손해
다) 제초작업, 시비 관리 등 통상적인 영농활동을 하지 않아 발생한 손해
라) 원인의 직·간접을 묻지 않고 **병해충**으로 발생한 손해. 다만, **감자**(가을재배)는 제외
마) 보상하지 않는 재해로 제방, 댐 등이 붕괴되어 발생한 손해
바) 하우스, 부대시설 등의 노후 및 하자로 생긴 손해
사) 계약체결 시점(단, 계약체결 이후 파종 또는 정식 시, 파종 또는 정식시점) 현재 기상청에서 발령하고 있는 기상특보 발령 지역의 기상특보 관련 재해로 인한 손해
아) 보상하는 재해에 해당하지 않은 재해로 발생한 손해
자) 개인 또는 법인의 행위가 직접적인 원인이 되어 수확기가격이 하락하여 발생한 손해
차) 저장성 약화 또는 저장, 건조 및 유통 과정 중에 나타나거나 확인된 손해
카) 전쟁, 혁명, 내란, 사변, 폭동, 소요, 노동쟁의, 기타 이들과 유사한 사태로 생긴 손해

(3) 보상하지 않는 손해 - 포도 품목

가) 계약자, 피보험자 또는 이들의 법정대리인의 고의 또는 중대한 과실
나) 자연재해, 조수해가 발생했을 때 생긴 도난 또는 분실로 생긴 손해
다) 보험의 목적의 노후 및 하자로 생긴 손해
라) 보상하지 않는 재해로 제방, 댐 등이 붕괴되어 발생한 손해

마) 침식활동 및 지하수로 인한 손해

바) 수확기에 계약자 또는 피보험자의 고의 또는 중대한 과실로 시설재배 농작물을 수확하지 못하여 발생한 손해

사) 제초작업, 시비관리 등 통상적인 영농활동을 하지 않아 발생한 손해

아) 원인의 직접·간접을 묻지 않고 **병해충**으로 발생한 손해

자) 계약체결 시점 현재 기상청에서 발령하고 있는 기상특보 발령 지역의 기상특보 관련 재해로 인한 손해

차) 전쟁, 내란, 폭동, 소요, 노동쟁의 등으로 인한 손해

카) 보상하는 재해에 해당하지 않은 재해로 발생한 손해

타) 직접 또는 간접을 묻지 않고 보험의 목적인 농업용 시설물의 시설, 수리, 철거 등 관계법령(국가 및 지방자치단체의 명령 포함)의 집행으로 발생한 손해

파) 피보험자가 파손된 보험의 목적의 수리 또는 복구를 지연함으로써 가중된 손해

하) 개인 또는 법인의 행위가 직접적인 원인이 되어 수확기가격이 하락하여 발생한 손해

<보상하는 재해의 범위 및 축종별 보장수준> (2023년 기준)

축종		보상하는 재해	보장수준(%)					
			60	70	80	90	95	100
소	주계약	① **질병 또는 사고로 인한 폐사** * 가축전염병예방법 제2조 제2항에서 정한 가축전염병 제외 ② **긴급도축(부산난고유)** * 부상(경추골절·사지골절·탈구), 난산, 산욕마비, 급성고창증, 젖소의 유량감소 등으로 즉시 도살해야 하는 경우 ③ **도난· 행방불명**(종모우 제외) ④ **경제적 도살**(종모우 한정)	O	O	O	-	-	-
	특약	**소도체결함**	-	-	O	-	-	-
돼지	주계약	**자연재해(풍재·수재·설해·지진), 화재로 인한 폐사**	-	-	O	O	O	-
	특약	질병위험[1], 전기적장치위험, 폭염재해보장 축산휴지위험(자기부담금 미적용)	보험금의 10%, 20%, 30%, 40% 또는 200만원 중 큰 금액					
가금	주계약	**자연재해(풍재·수재·설해·지진), 화재로 인한 폐사**	O	O	O	O	-	-
	특약	-전기적장치위험보장, -폭염재해보장	보험금의 10%, 20%, 30%, 40% 또는 200만원 중 큰 금액					
말	주계약	① **질병 또는 고로 인한 폐사** * 가축전염병예방법 제2조 제2항에서 정한 가축전염병 제외 ② **긴급도축(부산난산실)** * 부상(경추골절·사지골절·탈구), 난산, 산욕마비, 산통, 경주마 중 실명으로 즉시 도살해야 하는 경우 ③ **불임**(암컷)	-	-	O	O	O	-
	특약	-씨수말 번식첫해 -불임, 말 운송위험, -경주마 부적격, -경주마 보험기간 설정	-	-	O	O	O	-
기타 가축	주계약	**자연재해(풍재·수재·설해·지진), 화재로 인한 폐사**	O	O	O	O	O	-
	특약	(사슴, 양) 폐사·긴급도축 확장보장	O	O	O	O	O	-
		(꿀벌) 부저병·낭충봉아부패병으로 인한 폐사	O	O	O	O	O	-
축사	주계약	**자연재해(풍재·수재·설해·지진), 화재로 인한 손해**	-	-	-	O	O	O
	특약	설해손해 부보장(돈사·가금사에 한함)	-	-	-	-	-	-
공통특약		구내폭발위험, 화재대물배상책임	-	-	-	-	-	-

1 TGE(전염성위장염), PED(돼지유행성설사병), 로타바이러스감염증

구분	축종	보장범위
주계약	한우,육우,젖소	폐사(질병,사고,자연재해), 긴급도축, **도난.행방불명**
	종모우	폐사(질병,사고,자연재해), 긴급도축, **경제적도살**
	말	폐사(질병,사고,자연재해), 긴급도축, **불임**
긴급도축	소	부상, 산욕마비, 난산, 급성고창증, 젖소의 유량감소
	종모우	부상, 급성고창증
	말	부상, 산욕마비, 난산, 산통, 경주마 실명
	사슴.양	부상, 산욕마비, 난산
부상	소말사양	사지골절, 경추골절, 탈구(탈골)
폐사	소	-질병, 자연재해, 사고, 화재, 잔존물처리비용
	말	-질병, 자연재해, 사고, 화재, 잔존물처리비용
	돼지	-풍수설지화, **질병**, 방재.긴급피난, 잔존물처리비용
	가금	-풍수설지화, 방재.긴급피난, 잔존물처리비용
	기타	-풍수설지화, 방재.긴급피난, 잔존물처리비용
축사	화재손해, 풍수설지, 긴급피난(5일 120시간이내), 잔존물제거비용	
협정보험가액	종빈우, 유량검정젖소, 종빈돈, 종모돈, 자돈(포유,이유), 종가금 **(종모우는 보통약관)**	
돼지 질병	신규가입: 1개월 이내 질병 관련사고(폐사)는 미보상 질병의 발생을 서면 통지한 후 30일 이내 폐사는 보상	
폭염	폭염특보 발령 전 24시간 이내~폭염특보 해제 후 24시간 이내 (보험종기일이 폭염특보 해제일이 되는 경우)	

* 보상하는 손해 (축사)

① 화재에 따른 손해
② 화재에 따른 소방손해
③ 태풍, 홍수, 호우(豪雨), 강풍, 풍랑, 해일(海溢), 조수(潮水), 우박, 지진, 분화 및 이와 비슷한 풍재 또는 수재로 입은 손해
④ 설해에 따른 손해
⑤ 화재 또는 풍재·수재·설해·지진에 따른 피난 손해(5일 동안 생긴 손해를 포함한다.)
⑥ **지진 피해 최저기준** (아래 기준을 초과해야 손해로 인정한다)
  ㉠ **기둥 또는 보 1개 이하를 해체하여 수선 또는 보강하는 것**(1개 초과 시 보상)
  ㉡ **지붕틀의 1개 이하를 해체하여 수선 또는 보강하는 것**(1개 초과 시 보상)
  ㉢ **기둥, 보, 지붕틀, 벽 등에 2m 이하의 균열이 발생한 것**(2m 초과 시 보상)
  ㉣ **지붕재의 2㎡ 이하를 수선하는 것**(2㎡ 초과 시 보상)
⑦ 비용손해
  ㉠ 잔존물제거비용: **잔존물 해체비용, 청소비용, 차에 싣는 비용**(손해액의 10% 한도)
  ㉡ **오염물질 제거비용, 폐기물 처리비용은 보상하지 않는다.**

* 가축재해보험에서 비용손해

① **잔존물처리비용:** 폐사한 가축의 견인비용, 차에 싣는 비용, 적법한 시설 내에서의 랜더링 비용, **매몰비용(X)**
② **손해방지비용:** 보험사고가 발생 시 손해의 방지 또는 경감을 위하여 지출한 필요 또는 유익한 비용
③ **대위권 보전비용:** 보험사고와 관련하여 제3자로부터 손해의 배상을 받을 수 있는 경우 그 권리를 지키거나 행사하기 위하여 지출한 필요 또는 유익한 비용
④ **잔존물 보전비용:** 보험사고로 인해 멸실된 보험목적물의 잔존물을 보전하기 위하여 지출한 필요 또는 유익한 비용(**잔존물 취득 의사표시 유무에 따름)**
⑤ **기타 협력비용:** 재해보험사업자의 요구에 따라 지출한 필요 또는 유익한 비용

* 보상하지 않는 손해 (가축 전체)

① **계약자, 피보험자 또는 이들의 법정대리인**의 고의 또는 중대한 과실
② 계약자 또는 피보험자의 **도살 및 위탁 도살**에 의한 가축 폐사로 인한 손해
③ 가축전염병예방법 제2조에서 정하는 가축전염병에 의한 폐사로 인한 손해 및 정부 및 공공기관의 **살처분 또는 도태 권고**로 발생한 손해
④ 보험목적이 유실 또는 매몰되어 보험목적을 객관적으로 확인할 수 없는 손해.

다만, 풍수해 사고로 인한 직접손해 등 재해보험사업자가 인정하는 경우에는 보상
⑤ 원인의 직접, 간접을 묻지 않고 전쟁, 혁명, 내란, 사변, 폭동, 소요, 노동쟁의, 기타 이들과 유사한 사태로 인한 손해
⑥ 지진의 경우 보험계약일 현재 이미 진행 중인 지진(본진, 여진 포함)으로 인한 손해
⑦ 핵연료 물질 또는 핵연료 물질에 의하여 오염된 물질의 방사성, 폭발성 그 밖의 유해한 특성 또는 이들의 특성에 의한 사고로 인한 손해
⑧ 이외의 방사선을 쬐는 것 또는 방사능 오염으로 인한 손해
⑨ 계약체결 시점 현재 기상청에서 발령하고 있는 기상특보 발령 지역의 기상특보 관련 재해(풍재, 수재, 설해, 지진, 폭염)로 인한 손해

* 보상하지 않는 손해 (부문별 보상하지 않은 손해-이론서 참조) (암기사항)

① 도난 손해가 생긴 후 30일 이내에 발견하지 못한 손해(소)
② 보관 장소를 72시간 이상 비워둔 동안 생긴 도난 손해(소)
③ 추위, 서리, 얼음으로 생긴 손해(돼지, 가금, 기타가축, 축사)
④ 보험목적이 도난 또는 행방불명된 경우(돼지, 가금, 말, 종모우, 기타가축)
⑤ 성장 저하, 산란율 저하로 인한 직·간접 손해(가금)
⑥ 10kg미만이 폐사한 경우(양)
⑦ 화재, 풍해, 수해, 설해, 지진 피해 시 도난으로 발생한 손해(축사)

* 부문별 보상하지 않는 손해

1. 전 부문 공통

(1) 계약자, 피보험자 또는 이들의 법정대리인의 고의 또는 중대한 과실
(2) 계약자 또는 피보험자의 도살 및 위탁 도살에 의한 가축 폐사로 인한 손해
(3) 가축전염병예방법 제2조에서 정하는 가축전염병에 의한 폐사로 인한 손해 및 정부 및 **공공기관의 살처분 또는 도태 권고**로 발생한 손해
(4) 보험목적이 유실 또는 매몰되어 보험목적을 객관적으로 확인할 수 없는 손해.
다만, 풍수해 사고로 인한 직접손해 등 재해보험사업자가 인정하는 경우에는 보상
(5) 원인의 직접, 간접을 묻지 않고 전쟁, 혁명, 내란, 사변, 폭동, 소요, 노동쟁의, 기타 이들과 유사한 사태로 인한 손해
(6) 지진의 경우 보험계약일 현재 이미 진행 중인 지진(본진, 여진을 포함)으로 인한 손해
(7) 핵연료물질 또는 핵연료물질에 의하여 오염된 물질의 방사성, 폭발성 그 밖의 유해한 특성 또는 이들의 특성에 의한 사고로 인한 손해

(8) 이외의 방사선을 쬐는 것 또는 방사능 오염으로 인한 손해
(9) 계약체결 시점 현재 기상청에서 발령하고 있는 기상특보 발령 지역의 기상특보 관련 재해(풍재, 수재, 설해, 지진, 폭염)로 인한 손해

2. 소(牛) 부문

(1) 사료공급 및 보호, 피난처 제공, 수의사의 검진, 소독 등 사고 예방 및 손해의 경감을 위하여 당연하고 필요한 안전대책을 강구하지 않아 발생한 손해
(2) 계약자 또는 피보험자가 보험가입 가축의 번식장애, 경제능력저하 또는 전신쇠약, 성장지체·저하에 의해 도태시키는 경우. 다만, 우유방염, 불임 및 각종 대사성질병으로 인하여 수의학적으로 유량감소가 예견되어 젖소로서의 경제적 가치가 없다고 판단이 확실시 되는 경우의 도태는 보상
(3) 개체 표시인 귀표가 오손, 훼손, 멸실되는 등 목적물을 객관적으로 확인할 수 없는 상태에서 발생한 손해
(4) 외과적 치료행위로 인한 폐사 손해. 다만, 보험목적의 생명 유지를 위하여 질병, 질환 및 상해의 치료가 필요하다고 자격 있는 수의사가 확인하고 치료한 경우 제외
(5) 독극물의 투약에 의한 폐사 손해
(6) 정부, 공공기관, 학교 및 연구기관 등에서 학술 또는 연구용으로 공여하여 발생된 손해. 다만, 재해보험사업자의 승낙을 얻은 경우에는 제외
(7) 보상하는 손해 이외의 사고로 재해보험사업자 등 관련 기관으로부터 긴급 출하 지시를 통보(구두, 유선, 문서 등) 받았음에도 불구하고 계속하여 사육 또는 치료하다 발생된 손해 및 수의사가 도살하여야 할 것으로 확인하였으나 이를 방치하여 발생한 손해
(8) 제1회 보험료 등을 납입한 날의 다음월 응당일(다음월 응당일이 없는 경우는 다음월 마지막날로 한다) 이내에 발생한 긴급도축과 화재·풍수해에 의한 직접손해 이외의 질병 등에 의한 폐사로 인한 손해. 보험기간 중에 계약자가 보험목적을 추가하고 그에 해당하는 보험료를 납입한 경우에도 같음.
(9) 도난 손해의 경우, 아래의 사유로 인한 손해
① 계약자, 피보험자 또는 이들의 법정대리인의 고의 또는 중대한 과실로 생긴 도난 손해
② 피보험자의 가족, 친족, 피고용인, 동거인, 숙박인, 감수인 또는 당직자가 일으킨 행위 또는 이들이 가담하거나 이들의 묵인 하에 생긴 도난 손해
③ 지진, 분화, 풍수해, 전쟁, 혁명, 내란, 사변, 폭동, 소요, 노동쟁의 등 이들과 유사한 사태가 발생했을 때 생긴 도난 손해
④ 화재, 폭발이 발생했을 때 생긴 도난 손해
⑤ 절도, 강도 행위로 발생한 화재 및 폭발 손해
⑥ 보관장소 또는 작업장 내에서 일어난 좀도둑으로 인한 손해
⑦ 재고 조사 시 발견된 손해
⑧ 망실 또는 분실 손해
⑨ 사기 또는 횡령으로 인한 손해
⑩ 도난 손해가 생긴 후 **30일 이내**에 발견하지 못한 손해

⑪ 보관장소를 **72시간** 이상 비워둔 동안 생긴 도난 손해
⑫ 보험의 목적이 보관장소를 벗어나 보관되는 동안에 생긴 도난 손해

3. 돼지(豚), 가금(家禽) 부문

(1) 댐 또는 제방 등의 붕괴로 생긴 손해. 다만, 붕괴가 보상하는 손해에서 정한 위험 (화재 및 풍재·수재·설해·지진)으로 발생된 손해는 보상
(2) 바람, 비, 눈, 우박 또는 모래먼지가 들어옴으로써 생긴 손해. 단, 보험의 목적이 들어 있는 건물이 풍재·수재·설해·지진으로 직접 파손되어 보험의 목적에 생긴 손해는 보상
(3) 추위, 서리, 얼음으로 생긴 손해
(4) 발전기, 여자기(정류기 포함), 변류기, 변압기, 전압조정기, 축전기, 개폐기, 차단기, 피뢰기, 배전반 및 그 밖의 전기장치 또는 설비의 전기적 사고로 생긴 손해. 그러나 그 결과로 생긴 화재손해는 보상
(5) 화재 및 풍재·수재·설해·지진 발생으로 방재 또는 긴급피난 시 피난처에서 사료공급, 보호, 환기, 수의사의 검진, 소독 등 사고의 예방 및 손해의 경감을 위하여 당연하고 필요한 안전대책을 강구하지 않아 발생한 손해
(6) **모돈의 유산**으로 인한 태아 폐사 또는 성장 저하로 인한 직·간접 손해
(7) 보험목적이 도난 또는 행방불명된 경우

4. 말(馬), 종모우(種牡牛) 부문

(1) 사료공급 및 보호, 피난처 제공, 수의사의 검진, 소독 등 사고 예방 및 손해의 경감을 위하여 당연하고 필요한 안전대책을 강구하지 않아 발생한 손해
(2) 계약자 또는 피보험자가 보험가입 가축의 번식장애, 경제능력저하 또는 전신쇠약, 성장지체·저하에 의해 도태시키는 경우
(3) 개체 표시인 귀표가 오손, 훼손, 멸실되는 등 목적물을 객관적으로 확인할 수 없는 상태에서 발생한 손해
(4) 외과적 치료행위로 인한 폐사 손해. 다만, 보험목적의 생명 유지를 위하여 질병, 질환 및 상해의 치료가 필요하다고 자격 있는 수의사가 확인하고 치료한 경우에는 제외
(5) 독극물의 투약에 의한 폐사 손해
(6) 정부, 공공기관, 학교 및 연구기관 등에서 학술 또는 연구용으로 공여하여 발생된 손해. 다만, 재해보험사업자의 승낙을 얻은 경우에는 제외
(7) 보상하는 손해 이외의 사고로 재해보험사업자 등 관련 기관으로부터 긴급 출하 지시를 통보(구두, 유선, 문서 등) 받았음에도 불구하고 계속하여 사육 또는 치료하다 발생된 손해 및 수의사가 도살하여야 할 것으로 확인하였으나 이를 방치하여 발생한 손해
(8) 보험목적이 도난 또는 행방불명된 경우
(9) 제1회 보험료 등을 납입한 날의 다음 월 응당일(다음월 응당일이 없는 경우는 다음 월 마지막 날로 한다) 이내에 발생한 긴급도축과 화재·풍수해에 의한 직접손해 이외의 질병 등에 의한 폐사로 인한 손해. 보험기간 중에 계약자가 보험목적을 추가하고 그에 해당하는 보험료를 납입한 경우에도 같음. 단, 이 규정은

재해보험사업자가 정하는 기간 내에 1년 이상의 계약을 다시 체결하는 경우에는 미적용

5. 기타 가축(家畜) 부문

(1) 댐 또는 제방 등의 붕괴로 생긴 손해. 다만, 붕괴가 보상하는 손해에서 정한 위험 (화재 및 풍재·수재·설해·지진)으로 발생된 손해는 보상
(2) 바람, 비, 눈, 우박 또는 모래먼지가 들어옴으로써 생긴 손해. 단, 보험의 목적이 들어 있는 건물이 풍재·수재·설해·지진으로 직접 파손되어 보험의 목적에 생긴 손해는 보상
(3) 추위, 서리, 얼음으로 생긴 손해
(4) 발전기, 여자기(정류기 포함), 변류기, 변압기, 전압조정기, 축전기, 개폐기, 차단기, 피뢰기, 배전반 및 그 밖의 전기장치 또는 설비의 전기적 사고로 생긴 손해. 그러나 그 결과로 생긴 화재손해는 보상
(5) 화재 및 풍재·수재·설해·지진 발생으로 방재 또는 긴급피난 시 피난처에서 사료공급, 보호, 환기, 수의사의 검진, 소독 등 사고의 예방 및 손해의 경감을 위하여 당연하고 필요한 안전대책을 강구하지 않아 발생한 손해
(6) **10kg 미만**(1마리 기준)의 양이 폐사하여 발생한 손해
(7) 벌의 경우 CCD(벌떼폐사장애), 농약, 밀원수(蜜原樹)의 황화현상, 공사장의 소음, 전자파로 인하여 발생한 손해 및 꿀벌의 손해가 없는 벌통만의 손해
(8) 보험목적이 도난 또는 행방불명된 경우

6. 축사(畜舍) 부문

(1) 화재 또는 풍재·수재·설해·지진 발생 시 도난 또는 분실로 생긴 손해
(2) 보험의 목적이 발효, 자연발열 또는 자연발화로 생긴 손해. 그러나 자연발열 또는 자연발화로 연소된 다른 보험의 목적에 생긴 손해는 보상
(3) 풍제·수재·설해·지진과 관계없이 댐 또는 제방이 터지거나 무너져 생긴 손해
(4) 바람, 비, 눈, 우박 또는 모래먼지가 들어옴으로써 생긴 손해. 그러나 보험의 목적이 들어있는 건물이 풍재·수재·설해·지진으로 직접 파손되어 보험의 목적에 생긴 손해는 보상
(5) 추위, 서리, 얼음으로 생긴 손해
(6) 발전기, 여자기(정류기 포함), 변류기, 변압기, 전압조정기, 축전기, 개폐기, 차단기, 피뢰기, 배전반 및 그 밖의 전기기기 또는 장치의 전기적 사고로 생긴 손해. 그러나 그 결과로 생긴 화재 손해는 보상
(7) 풍재의 직접, 간접에 관계없이 보험의 목적인 네온사인 장치에 전기적 사고로 생긴 손해 및 건식 전구의 필라멘트 만에 생긴 손해
(8) 국가 및 지방자치단체의 명령에 의한 재산의 소각 및 이와 유사한 손해

07

보험기간

보험기간

<농작물재해보험 판매기간> (2023년 기준)

품목	판매기간
사과, 배, 단감, 떫은감	1~2월
농업용시설물 및 시설작물(23개 품목) 버섯재배사 및 버섯작물	2~12월
밤, 대추, 고추, 호두	4~5월
고구마, 옥수수, 사료용 옥수수, 벼, 조사료용 벼	4~6월
감귤, 단호박	5월
감자	(봄재배) 4~5월, (고랭지재배) 5~6월, (가을재배) 8~9월
배추	(고랭지) 4~6월, (가을)8~9월, (월동) 9~10월
무	(고랭지) 4~6월, (월동) 8~10월
파	(대파) 4~6월, (쪽파, 실파) 8~10월
참다래, 콩, 팥	6~7월
인삼	4~5월, 11월
당근	7~8월
양상추	7~9월
양배추, 메밀	8~9월
브로콜리	8~10월
마늘	9~11월
차, 양파, 시금치(노지)	10~11월
밀, 보리, 귀리	10~12월
포도, 유자, 자두, 매실, 복숭아, 오디, 복분자, 오미자, 무화과, 살구	11~12월

※ 판매 기간은 월 단위로 기재하였으나, 구체적인 일 단위 일정은 ①농업정책보험금융원 보험판매전 지자체에 별도 통보하며 ②보험사업자는 보험판매전 홈페이지 및 보험대리점(지역 농협) 등을 통해 대농업인 홍보 실시 ③판매기간은 변동가능성 있음

※ 판매기간 및 사업지역 변경 시 농업정책보험금융원은 지자체로 별도 통보, 보험사업자는 홈페이지 및 보험대리점(지역 농협)을 통해 홍보

※ 태풍 등 기상상황에 따라 판매 기간 중 일시 판매 중지될 수 있음

<과수 보험기간>

계체일24시~1월 31일	과수4종(나무)
~2월 말일	온주밀감(동상해), 만감류(수감. 수추)
~4월 30일	감귤(온주밀감, 만감류)(나무)
~5월 31일	오디(과손), 복분자(종합),복분자(경불)
~6월 20일	복분자(특정위험)
~6월 30일	사과.배(착감), 참다래(비가림시설), 참다래(나무)
~7월 20일	살구(수감)
~7월 31일	매실(수감), 무화과(종합), 단감.떫은감(착감)
~9월 30일	과수4종(일소), 자두(수감), 호두(수감)
~10월 10일	오미자(수감), 포도(수감.수추.시설), 복숭아(수감.수추)
~10월 31일	밤(수감), 무화과(특정), 대추(수감.시설), 유자(수감)
~11월 10일	사과.배(가을동상해)
~11월 15일	단감.떫은감(가을동상해)
~11월 30일	참다래(수감), 과수4종(과손), 과수종합(나무)
~12월 20일	온주밀감(과추)
판매개시연도	과수4종, 밤, 호두, 대추, 감귤(과손)
이듬해(월동)	(나무)매복살자유참포오오복무

<논작물 보험기간>

계체일24시**~6월 30일**	밀, 보리, 귀리(수감)
계체일24시(이앙완료일 24시)**~7월 31일**	벼(이직불.재이앙.재직파)
계체일24시(이앙완료일 24시)**~8월 31일**	조사료용벼(경불)
계체일24시(이앙완료일 24시)**~11월 30일**	벼(수감.수불)
계체일24시(이앙완료일 24시)**~출수기전**	벼(경불)
계체일24시**~수확개시시점**	밀, 보리, 귀리(경불)
판매개시연도	벼, 조사료용벼
이듬해(월동)	밀, 보리, 귀리

<수확감소보장 밭작물 보험기간>

~**3월 31일**(수확기종료시점)	양배추(수감)**(극조: 2/말, 중: 3/15, 만: 3/31)**
5월1일~이듬해 **4월 30일**	인삼1형(수감. 해가림시설)
~**5월 10일**(햇차수확종료시점)	차(수감)
~**6월 30일**(수확기종료시점)	마늘, 양파(수감)
~**7월 31일**(수확기종료시점)	감자(봄)(수감)
~**9월 30일**(수확기종료시점)	옥수수(수감)
~**10월 31일**(수확기종료시점)	감자(고), 고구마(수감), 인삼2형(수감)
~**11월 13일**(수확기종료시점)	팥(수감)
~**11월 30일**(수확기종료시점)	콩(수감)
11월1일~이듬해 **10월 31일**	인삼2형(수감. 해가림시설)
~**수확개시시점**	고구마, 감자, 마늘, 양파, 양배추, 옥수수(경불)
~**종실비대기**	콩, 팥(경불)
~**출수기전**	벼(경불)
계약체결일 24시~	차, 고구마, 감자(고), 마늘, 양파, 콩, 팥, 옥수수
파종완료일 24시~	감자(봄.가)
정식완료일 24시~	**양배추(9월30일)**
판매개시연도	고구마, 옥수수, 콩, 팥, 감자
이듬해(월동)	**마늘, 양파, 양배추, 차**

<생산비보장 밭작물 보험기간>

고추	계체일 24시~정식일부터 150일째 되는 날 24시
브로콜리	정식완료일 24시(9월30일)~정식일부터 **160일**째 되는 날 24시
고랭지배추	정식완료일 24시(7월31일)~정식일부터 **70일**째 되는 날 24시
가을배추	정식완료일 24시**(9월10일)**~정식일부터 110일째 날**(12월15일)**
월동배추	정식완료일 24시**(9월25일)**~최초 수확직전**(3월31일)**
고랭지무	파종완료일 24시**(7월31일)**~파종일부터 80일째 되는 날 24시
월동무	파종완료일 24시**(10월15일)**~최초 수확직전**(3월31일)**
당근	파종완료일 24시(8월31일)~최초 수확직전**(2월29일)**
단호박	정식완료일 24시**(5월29일)**~정식일부터 90일째 되는 날 24시
대파	정식완료일 24시(6월15일)~정식일부터 200일째 되는 날 24시
쪽파1형	파종완료일 24시**(10월15일)**~최초 수확직전**(12월31일)**
쪽파2형	파종완료일 24시**(10월15일)**~최초 수확직전**(5월31일)**
메밀	파종완료일 24시~최초 수확직전**(11월20일)**
시금치(노지)	파종완료일 24시**(10월31일)**~최초 수확직전**(1월15일)**
계약체결일24시	고추
정식완료일 24시	배추(고.가.월), 대파, 단호박, 브로콜리
파종완료일 24시	무(고.월), 당근, 쪽파, 시금치, 메밀
판매개시연도	메밀, 쪽파1형, 가을배추
이듬해(월동)	시금치, 쪽파2형, 월동무, 월동배추

***생산비보장방식 재파종보장**

품목	보장개시	보장종료
메밀	파종완료일 24시 (계약체결일 24시) (판매개시연도 9월15일 초.불)	재파종 완료일 24시 (판매개시연도 9월25일 초.불)
월동무	파종완료일 24시 (계약체결일 24시) (판매개시연도 10월15일 초.불)	재파종 완료일 24시 (판매개시연도 10월25일 초.불)
고랭지무	파종완료일 24시 (계약체결일 24시) (판매개시연도 7월31일 초.불)	재파종 완료일 24시 (판매개시연도 8월10일 초.불)
쪽파1형 쪽파2형	파종완료일 24시 (계약체결일 24시) (판매개시연도 10월15일 초.불)	재파종 완료일 24시 (판매개시연도 10월25일 초.불)
시금치	파종완료일 24시 (계약체결일 24시) (판매개시연도 10월31일 초.불)	재파종 완료일 24시 (판매개시연도 11월10일 초.불)
당근	파종완료일 24시 (계약체결일 24시) (판매개시연도 8월31일 초.불)	재파종 완료일 24시 (판매개시연도 9월10일 초.불)
보험금	보험기간 내에 보상하는 재해로 면적 피해율이 자기부담비율을 초과하고 재파종한 경우 1회 지급	**보험가입금액x20%x(면적피해율)**

***생산비보장방식 재정식보장(봄배추: 4월 20일~재정식완료일 24시)**

품목	보장개시	보장종료
고추	계약체결일 24시	재정식 완료일 24시 (판매개시연도 6월10일 초.불)
브로콜리	정식완료일 24시 (계약체결일 24시) (판매개시연도 **9월30일** 초.불)	재정식 완료일 24시 (판매개시연도 10월10일 초.불)
고랭지 배추	정식완료일 24시 (계약체결일 24시) (판매개시연도 7월31일 초.불)	재정식 완료일 24시 (판매개시연도 8월10일 초.불)
월동배추	정식완료일 24시 (계약체결일 24시) (판매개시연도 9월25일 초.불)	재정식 완료일 24시 (판매개시연도 10월5일 초.불)
가을배추	정식완료일 24시 (계약체결일 24시) (판매개시연도 9월10일 초.불)	재정식 완료일 24시 (판매개시연도 9월20일 초.불)
양상추	정식완료일 24시 (계약체결일 24시) (판매개시연도 8월31일 초.불)	재정식 완료일 24시 (판매개시연도 9월10일 초.불)
대파	정식완료일 24시 (계약체결일 24시) (판매개시연도 **6월15일** 초.불)	재정식 완료일 24시 (판매개시연도 **6월25일** 초.불)
단호박	정식완료일 24시 (계약체결일 24시) (판매개시연도 5월29일 초.불)	재정식 완료일 24시 (판매개시연도 **6월10일** 초.불)
보험금	보험기간 내에 보상하는 재해로 면적 피해율이 자기부담비율을 초과하고 재정식한 경우 1회 지급	**보험가입금액x20%x(면적피해율)**

예제 1 농작물재해보험에서 보장하는 재해로 인하여 보상하는 보험기간에 관한 설명이다. 괄호 안에 들어갈 알맞은 내용을 쓰시오.

품목	보험기간	
	보장개시	보장종료
가을배추 (생산비보장)	정식완료일 24시 (다만, 보험계약 시 정식완료일이 지난 경우에는 계약체결일 24시정식일은 판매개시연도 9월 10일을 초과할 수 없음)	(①)
차 (수확감소보장)	계약체결일 24시	(②)
마늘 (조기파종특약)	계약체결일 24시	(③)
시설작물	(④)	보험증권에 기재된 보험종료일 24시
포도 (농업수입감소) 가격하락	계약체결일 24시	(⑤)

풀이 1

① 정식일로부터 110일째 되는 날 24시**(판매개시연도 12월 15일 초과불가)**
② 햇차 수확종료시점(다만, 이듬해 5월 10일을 초과할 수 없음)
③ 한지형마늘 보험상품 최초판매개시일 24시
④ 청약을 승낙하고 제1회 보험료 납입한 때
⑤ 수확기가격 공시시점

예제 2 종합위험 생산비보장 품목의 보험기간 중 보장개시일에 관한 내용이다. 다음 해당 품목의 ( )에 들어갈 내용을 쓰시오.

품목	보장개시일	초과할 수 없는 정식(파종) 완료일 (판매개시연도 기준)
대파	정식완료일 24시, 다만 보험계약 시 정식 완료일이 경과한 경우 계약체결일 24시	(①)
고랭지배추	정식완료일 24시, 다만 보험계약 시 정식 완료일이 경과한 경우 계약체결일 24시	(②)
당근	파종완료일 24시, 다만 보험계약 시 파종 완료일이 경과한 경우 계약체결일 24시	(③)
브로콜리	정식완료일 24시, 다만 보험계약 시 정식 완료일이 경과한 경우 계약체결일 24시	(④)
시금치 (노지)	파종완료일 24시, 다만 보험계약 시 파종 완료일이 경과한 경우 계약체결일 24시	(⑤)

풀이 2

(①): 5월 20일 (②): 7월 31일 (③): 8월 31일
(④): 9월 30일 (⑤): 10월 31일

08

방재시설

08 방재시설

<방재시설 할인 미적용 품목>

과수(6)	오호밤오복무(과수원)
논작물(5)	벼,밀,보리,귀리, 조사료용벼
수확감소보장 밭작물(4)	팥,차,고구마, 감자(고랭지재배)
생산비보장 밭작물(8)	배추,무,당근,단호박,파,메밀,시금치,양상추
농업용 시설물 및 시설작물	이론서에 언급(X)

*** 수확감소보장, 생산비보장 밭작물의 방재시설 할인율**

(단위: %)

구분	밭작물								
방재시설	인삼	고추	브로콜리	양파	마늘	옥수수[1]	감자[2]	콩	양배추
방조망	-	-	5	-	-	-	-	-	5
전기시설물 (전기철책, 전기울타리등)	-	-	5	-	-	5	-	5	5
관수시설 (스프링쿨러 등)	5	5	5	5	5	-	5	5	5
경음기	-	-	5	-	-	-	-	-	5
배수시설 (암거배수시설, 배수개선사업)	-	-	-	-	-	-	-	5[3]	-

1 사료용옥수수 포함

2 봄재배, 가을재배만 해당(고랭지재배는 제외)

3 논콩의 경우에만 해당

<방재시설 판정기준>

방재시설	판정 기준
방상팬	▶ 방상팬은 팬 부분과 기둥 부분으로 나뉘어짐 ▶ 팬 부분의 날개 회전은 원심식으로 모터의 힘에 의해 돌아가며 좌우 180도 회전가능하며 팬의 크기는 면적에 따라 조정 ▶ 기둥 부분은 높이 **6m 이상** ▶ 1,000㎡당 **1마력은 3대, 3마력은 1대 이상** 설치 권장 (단, 작동이 안 될 경우 할인 불가)
서리방지용 미세 살수장치	▶ 서리피해를 방지하기 위해 설치된 살수량 **500~800ℓ/10a**의 미세살수장치 * 점적관수 등 급수용 스프링클러는 포함되지 않음
방풍림	▶ 높이가 **6미터** 이상의 영년생 침엽수와 상록활엽수가 **5미터** 이하의 간격으로 과수원 둘레 전체에 식재되어 과수원의 바람 피해를 줄일 수 있는 나무
방풍망	▶ 망구멍 가로 및 세로가 **6~10㎜**의 망목네트를 과수원 둘레 전체나 둘레 일부(1면 이상 또는 전체둘레의 **20%** 이상)에 설치
방충망	▶ 망구멍이 가로 및 세로가 **6㎜ 이하** 망목네트로 과수원 전체를 피복
방조망	▶ 망구멍의 가로 및 세로가 **10㎜를 초과**하고 새의 입출이 불가능한 그물 ▶ 주 지주대와 보조 지주대를 설치하여 과수원 전체를 피복
비가림 바람막이	▶ 비에 대한 피해를 방지하기 위하여 윗면 전체를 비닐로 덮어 과수가 빗물에 노출이 되지 않도록 하고 바람에 대한 피해를 방지하기 위하여 측면 전체를 비닐 및 망 등을 설치한 것
트렐리스 2,4,6선식	▶ 트렐리스 방식: 수열 내에 지주를 일정한 간격으로 세우고 철선을 늘려 나무를 고정해 주는 방식 ▶ 나무를 유인할 수 있는 재료로 철재 파이프(강관)와 콘크리트를 의미함 ▶ 지주의 규격: 갓지주 → 48~80㎜ ~ 2.2~3.0m 중간지주 → 42~50㎜ ~ 2.2~3.0m ▶ 지주시설로 세선(2선, 4선 6선) 숫자로 선식 구분 * 버팀목과는 다름
사과 개별지주	▶ 나무주간부 곁에 파이프나 콘크리트 기둥을 세워 나무를 개별적으로 고정시키기 위한 시설 * 버팀목과는 다름
단감·떫은감 개별지주	▶ 나무주간부 곁에 파이프를 세우고 파이프 상단에 연결된 줄을 이용해 가지를 잡아주는 시설 * 버팀목과는 다름
덕 및 Y자형 시설	▶ 덕: 파이프, 와이어, 강선을 이용한 바둑판식 덕시설 ▶ Y자형 시설: 아연도 구조관 및 강선 이용 지주설치

<방재시설 할인율>

(단위 : %)

구분		적과전 종합위험방식 II			과 수									
방재시설		사과	배	단감 떫은감	포도	복숭아	자두	살구	참다래	대추	매실	유자	온주밀감	만감류
지주 시설	개별지주	7	-	5	-	-	-	-	-	-	-	-	-	-
	트렐리스방식(2선식)	7	-	-	-	-	-	-	-	-	-	-	-	-
	트렐리스방식(4·6선식)	7	-	-	-	-	-	-	-	-	-	-	-	-
	지주	-	-	-	-	10	-	-	-	-	-	-	-	-
	Y형	-	-	-	-	15	5	-	-	-	-	-	-	-
방풍림		5	5	5	5	5	-	-	5	-	-	5	-	-
방풍망 방풍망	측면 전부설치	10	10	5	5	10	-	-	10	-	-	5	10	-
	측면 일부설치	5	5	3	3	5	-	-	5	-	-	3	3	-
방충망		20	20	15	15	20	-	-	-	-	-	-	15	15
방조망		5	5	5	5	5	-	-	5	-	-	-	5	-
방상팬		20	20	20	10	10	15	15	10	-	15	-	20[4]	20
서리방지용 미세살수장치		20	20	20	10	10	15	15	10	-	15	-	20[5]	20
덕 또는 Y자형 시설		-	7	-	-	-	-	-	-	-	-	-	-	-
비가림시설		-	-	-	10	-	10	-	-	10	-	-	-	-
비가림 바람막이		-	-	-	-	-	-	-	30	-	-	-	-	-
바닥멀칭		-	-	-	5	-	-	-	-	-	-	-	-	-
타이벡 멀칭	전부설치	-	-	-	-	-	-	-	-	-	-	-	5	5
	일부설치	-	-	-	-	-	-	-	-	-	-	-	3	3

※ 2개 이상의 방재시설이 있는 경우 합산하여 적용하되 최대 할인율은 30%를 초과할 수 없음

※ 방조망, 방충망은 과수원의 위와 측면 전체를 덮도록 설치되어야 함

※ 농업수입보장 상품(양파, 마늘, 감자-가을재배, 콩, 양배추, 포도)도 할인율 동일

4 감귤(온주밀감류) 품목의 경우 동상해 특약 가입 시에만 적용 가능

5 감귤(온주밀감류) 품목의 경우 동상해 특약 가입 시에만 적용 가능

* 해가림시설 종별요율상대도

종구분	상 세	요율상대도
2종	허용적설심 및 허용풍속이 지역별 내재해형 설계기준 120%이상인 인삼재배시설	**0.9**
3종	허용적설심 및 허용풍속이 지역별 내재해형 설계기준100%이상~120% 미만인 인삼재배시설	**1.0**
4종	허용적설심 및 허용풍속이 지역별 내재해 설계기준 100%미만이면서,허용적설심 7.9cm이상이고, 허용풍속이 10.5m/s 이상인 인삼재배시설	**1.1**
5종	허용적설심 7.9cm미만 또는 허용풍속이 10.5m/s 미만인 인삼 재배시설	**1.2**

* 농업용 시설물과 시설 작물의 종별요율상대도

종구분	상 세	요율상대도
1종	경량철골조	**0.7**
2종	허용 적설심 및 허용 풍속이 지역별 내재해형 설계기준의 120% 이상인 하우스	**0.8**
3종	허용 적설심 및 허용 풍속이 지역별 내재해형 설계기준의 100% 이상 ~ 120% 미만인 하우스	**0.9**
4종	허용 적설심 및 허용 풍속이 지역별 내재해형 설계기준의 100% 미만이면서, 허용 적설심 7.9cm 이상이고, 허용 풍속이 10.5m/s 이상인 하우스	**1.0**
5종	허용 적설심 7.9cm 미만이거나, 허용 풍속이 10.5m/s 미만인 하우스	**1.1**

예제 1 농작물재해보험 보험료 방재시설 할인율의 방재시설 판정기준에 관한 내용이다. ( )에 들어갈 내용을 쓰시오.(5점)

○ 방풍림은 높이가 (①)미터 이상의 영년생 침엽수와 상록활엽수가 (②)미터 이하의 간격으로 과수원 둘레 전체에 식재되어 과수원의 바람피해를 줄일 수 있는 나무
○ 방풍망은 망구멍 가로 및 세로가 6~10mm의 망목네트를 과수원 둘레 전체나 둘레 일부(1면 이상 또는 전체 둘레의 (③)% 이상)에 설치
○ 방충망은 망구멍이 가로 및 세로가 (④)mm 이하의 망목네트로 과수원 전체를 피복
○ 방조망은 망구멍의 가로 및 세로가 (⑤)mm를 초과하고 새의 입출이 불가능한 그물, 주 지주대와 보조 지주대를 설치하여 과수원 전체를 피복

풀이 3

① 6 ② 5 ③ 20 ④ 6 ⑤ 10

예제 2 다음은 밭작물에 적용되는 방재시설 할인율에 관한 내용이다. 각 품목에 해당되는 방재시설은 각각 5%씩 할인율을 적용 받는다. 최대할인율을 ( )에 쓰시오.

방재시설	옥수수	마늘	인삼	고추	브로콜리	양파	감자	양배추	콩
전기울타리									
방조망									
관수시설									
배수시설									
경음기									
최대할인율	①	②	5%	5%	③	5%	5%	④	⑤

풀이 3

① 5% ② 5% ③ 20% ④ 20% ⑤ 15%(논콩)

예제 3 농작물재해보험 방재시설의 판정기준이다. 다음 알맞은 내용을 ( )에 쓰시오.

방재시설	판정기준
방상팬	- 방상팬은 팬부분과 기둥부분으로 나뉘어짐 - 기둥부분은 높이가 (①)m이상
방풍림	- 높이가 6m이상의 영년생 침엽수와 상록활엽수가 (②)m 이하의 간격으로 과수원 전체에 식재되어 바람 피해를 줄일 수 있는 과수원
방조망	- 망구멍의 가로 및 세로가 (③)mm를 초과하고 새의 입출이 불가능한 그물이고 과수원 전체를 피복한 경우
방풍망	- 망구멍의 가로 및 세로가 (④)mm의 망목네트를 과수원 둘레 전체 또는 일부에 설치한 경우
방충망	- 망구멍의 가로 및 세로가 (⑤)mm이하 망목네트로 과수원 전체를 피복한 경우

풀이 3

① 6　② 5　③ 10　④ 6~10　⑤ 6

예제 4 농작물재해보험 방재시설의 판정기준에 의하여 다음 농가의 방재시설 할인율을 산정하시오.

과수원 방재시설 설치현황

○ 망구멍이 가로 및 세로가 5mm이하 망목네트로 과수원 측면 일부에 방충망이 설치됨
○ 망구멍이 가로 및 세로가 7mm의 망목네트가 전체 둘레의 30% 방풍망이 설치됨
○ 높이 7m인 영년생 상록활엽수가 6m 간격으로 과수원 둘레 전체에 식재됨
○ 서리피해를 방지하기위해 600ℓ/10a의 미세살수장치가 설치됨

방재시설 할인율				
방충망	방풍망		방풍림	미세살수장치
	측면전체	측면일부		
20%	10%	5%	5%	20%

풀이 4

방충망: 측면 일부는 제외, 방풍망: 6~10㎜ 전체 30%(일부)는 5% 할인
방풍림: 높이 6m 이상인 영년생 침엽수가 5m 이하 간격이므로 제외
미세살수장지: 살수량 500~800ℓ/10a이므로 20% 할인
총 할인율=25%

문제 2 적과전 종합위험방식 후지사과(밀식재배) 품목의 계약내용 및 조사내용을 참조하여 다음 물음에 답하시오.

***계약내용(2025년 2월 18일 계약체결)**

-적과전 종합위험방식 사과(밀식재배)					
품목	가입수확량	평년착과량	자기부담비율	보장수준	가입가격
사과(밀식)	8,000kg	8,000kg	최저비율적용	50%	3,000원/kg
-일소피해 부보장특약과 적과전 5종 한정특약에 가입함					

***보험요율(지자체 지원비율: 32%)**

보통약관영업요율	할인.할증율	순보험요율	5종한정특약	일소부보장특약
15%	(나)	10%	-8%	-2%

***최근 5년간 순보험료와 수령보험금(최근 5년 연속가입)**

구분	2020년	2021년	2022년	2023년	2024년
순보험료	135만원	150만원	145만원	160만원	180만원
수령보험금	140만원	무사고	150만원	130만원	160만원

***방재시설 설치현황**

- 높이가 6m 이상의 영년생침엽수와 상록활엽수로 6m 간격으로 과수원 전체에 방풍림을 식재함.
- 망구멍이 가로 및 세로가 8mm의 방목네트로 과수원 둘레 일부에 방풍망을 설치함.
- 망구멍이 가로 및 세로가 5mm의 방목네트로 과수원 둘레 전체에 방충망을 설치함.
- 서리피해를 방지하기 위하여 살수량 300리터/10a의 미세살수장치를 설치함.

*사과 품목의 방재시설 판정기준 만족 시 할인율				
방풍림	방풍망(일부)	방충망	방상팬	서리방지 미세살수장치
5%	5%	20%	20%	20%

물음 1 손해율에 따른 할인.할증율(%)을 구하시오.

물음 2 방재시설 설치 할인율을 구하시오.(적용 미달은 제외)

물음 3 계약자 부담보험료(원)를 구하시오.

정답 및 해설

01 | 풀이

가입수확량=8,000kg, 보험가입금액=8,000x3,000원=2,400만원

(1) 5년간 손해율에 따른 할인. 할증율

손해율=580만원/770만원=75.32%이므로 할인율=-18%

최근 2년 연속가입 손해율=290만/340만<100%

최근 3년 연속가입 손해율=440만/485만<100%

자기부담비율 최저적용=10%, 정부지원비율=33%

(2) 방재시설 할인=25%

방풍림(X), 방풍망(일부): 5%, 방충망: 20%, 방상팬은 미설치, 미세살수장치(X)

(3) 5한정특약 할인율=8%, 일소피해부보장특약 할인율=2%

순보험료=2,400만원x0.1x(1-0.18)x(1-0.25)x(1-0.08-0.02)=1,328,400원

계약자부담 보험료=1,328,400원x(1-0.33-0.32)=464,940원

09

자기부담비율과 미보상비율

자기부담비율과 미보상비율

<보험 대상 품목별 보장 수준>

구분	품목	보장 수준(보험가입금액의 %)				
		60	70	80	85	90
적과전 종합위험	사과, 배, 단감, 떫은감	○	○	○	○	○
수확전 종합위험	무화과	○	○	○	○	○
	복분자	○	○	○	○	○
특정위험	인삼	○	○	○	○	○
종합 위험	참다래, 매실, 자두, 포도, 복숭아, 감귤, 벼, 밀, **보리**, 고구마, 옥수수, 콩, 팥, 차, 오디, 밤, 대추, 오미자, 양파, 감자, 마늘, **고랭지무, 고랭지배추, 대파, 단호박, 시금치(노지)**	○	○	○	○	○
	유자, 살구, 배추(고랭지제외), 무(고랭지제외), 쪽파(실파), 당근, 메밀, 호두, 양상추, 귀리	○	○	○	-	-
	양배추(10% 추가될 예정)	○	○	○	○	-
	사료용 옥수수, 조사료용 벼	**30%**	**35%**	**40%**	**42%**	**45%**
	브로콜리, 고추	잔존보험가입금액의 3% 또는 5%				
	해가림시설 (인삼)	(자기부담금) 최소 10만원에서 최대 100만원 한도 내에서 손해액의 10%를 적용				
	농업용 시설물 · 버섯재배사 및 부대시설 & 비가림시설(포도, 대추, 참다래)	(자기부담금) 최소 30만원에서 최대 100만원 한도 손해액의 10%를 적용 (단, 피복재 단독사고는 10만원~ 30만원 한도 내에서 손해액의 10%, 화재사고, 자기부담금=0원)				
	시설작물 & 버섯작물	손해액이 10만 원을 초과하는 경우 손해액 전액 보상 (단, 화재로 인한 손해는 자기부담금을 적용하지 않음)				
	농업수입감소보장	20%, 30%, 40%				

- **10% 선택조건**: 최근 3년 연속 가입 및 3년간 수령보험금이 순보험료의 (**)%미만**인 계약자
- **15% 선택조건**: 최근 2년 연속 가입 및 2년간 수령보험금이 순보험료의 (**)%미만**인 계약자
- 적과전종합위험은 **(100)%** 미만인 계약자
- 신규가입: 20, 30, 40% 계약자가 선택

<감자, 고추 제외 전 품목> 미보상비율 조사

구분	제초 상태	병해충 상태	기타
해당 없음	0%	0%	0%
미흡	10% 미만	10% 미만	10% 미만
불량	20% 미만	20% 미만	20% 미만
매우 불량	20% 이상	20% 이상	20% 이상

※ **미보상비율**은 보상하는 재해 이외의 원인이 조사 농지의 수확량 감소에 영향을 준비율을 의미하여 제초 상태, 병해충 상태 및 기타 항목에 따라 개별 적용한 후 해당 비율을 합산하여 산정한다.

(1) **제초 상태**(과수품목은 피해율에 영향을 줄 수 있는 잡초만 해당)
① **해당 없음**: 잡초가 농지 면적의 **20% 미만**으로 분포한 경우
② **미흡**: 잡초가 농지 면적의 **20% 이상 40% 미만**으로 분포한 경우
③ **불량**: 잡초가 농지 면적의 **40% 이상 60% 미만**으로 분포한 경우 또는 **경작불능 조사** 진행건이나 정상적인 영농활동 시행을 증빙하는 자료(비료 및 농약 영수증 등)가 부족한 경우
④ **매우 불량**: 잡초가 농지 면적의 **60% 이상**으로 분포한 경우 또는 **경작불능조사** 진행건이나 정상적인 영농활동 시행을 증빙하는 자료(비료 및 농약 영수증 등)가 없는 경우

(2) **병해충 상태**(각 품목에서 별도로 보상하는 병해충은 제외)
① **해당 없음**: 병해충이 농지 면적의 **20% 미만**으로 분포한 경우
② **미흡**: 병해충이 농지 면적의 **20% 이상 40% 미만**으로 분포한 경우
③ **불량**: 병해충이 농지 면적의 **40% 이상 60% 미만**으로 분포한 경우 또는 **경작 불능조사** 진행건이나 정상적인 영농활동 시행을 증빙하는 자료(비료 및 농약 영수증 등)가 부족한 경우
④ **매우 불량**: 병해충이 농지 면적의 **60% 이상**으로 분포한 경우 또는 **경작불능 조사** 진행건이나 정상적인 영농활동 시행을 증빙하는 자료(비료 및 농약 영수증 등)가 없는 경우

(3) **기타**: 영농기술 부족, 영농 상 실수 및 단순 생리장애 등 보상하는 손해 이외의 사유로 피해가 발생한 것으로 추정되는 경우 [해거리, 생리장애(원소결핍 등), 시비관리, 토양관리(연작 및 pH과다·과소 등), 전정(강전정 등), 조방재배, 재식밀도(인수기준 이하), 농지상태(혼식, 멀칭, 급배수 등), 가입이전 사고 및 계약자 중과실손해, 자연감모, 보상재해이외(종자불량, 일부가입 등)]에 적용
① **해당 없음**: 위 사유로 인한 피해가 없는 것으로 판단되는 경우
② **미흡**: 위 사유로 인한 피해가 **10% 미만**으로 판단되는 경우
③ **불량**: 위 사유로 인한 피해가 **20% 미만**으로 판단되는 경우
④ **매우 불량**: 위 사유로 인한 피해가 **20% 이상**으로 판단되는 경우

<감자, 고추 품목> 미보상비율 조사

구분	제초 상태	기타
해당 없음	0%	0%
미흡	10% 미만	10% 미만
불량	20% 미만	20% 미만
매우 불량	20% 이상	20% 이상

※ **미보상비율**은 보상하는 재해 이외의 원인이 조사 농지의 수확량 감소에 영향을 준 비율을 의미하여 제초 상태, 병해충 상태 및 기타 항목에 따라 개별 적용한 후 해당 비율을 합산하여 산정한다.

(1) **제초 상태**(과수품목은 피해율에 영향을 줄 수 있는 잡초만 해당)
① **해당 없음**: 잡초가 농지 면적의 **20% 미만**으로 분포한 경우
② **미흡**: 잡초가 농지 면적의 **20% 이상 40% 미만**으로 분포한 경우
③ **불량**: 잡초가 농지 면적의 **40% 이상 60% 미만**으로 분포한 경우 또는 **경작불능 조사** 진행건이나 정상적인 영농활동 시행을 증빙하는 자료(비료 및 농약 영수증 등)가 부족한 경우
④ **매우 불량**: 잡초가 농지 면적의 **60% 이상**으로 분포한 경우 또는 **경작불능조사** 진행건이나 정상적인 영농활동 시행을 증빙하는 자료(비료 및 농약 영수증 등)가 없는 경우

(2) **기타**: 영농기술 부족, 영농 상 실수 및 단순 생리장애 등 보상하는 손해 이외의 사유로 피해가 발생한 것으로 추정되는 경우 [해거리, 생리장애(원소결핍 등), 시비관리, 토양관리(연작 및 pH과다·과소 등), 전정(강전정 등), 조방재배, 재식밀도(인수기준 이하), 농지상태(혼식, 멀칭, 급배수 등), 가입이전 사고 및 계약자 중과실손해, 자연감모, 보상재해이외(종자불량, 일부가입 등)]에 적용
① **해당 없음**: 위 사유로 인한 피해가 없는 것으로 판단되는 경우
② **미흡**: 위 사유로 인한 피해가 **10% 미만**으로 판단되는 경우
③ **불량**: 위 사유로 인한 피해가 **20% 미만**으로 판단되는 경우
④ **매우 불량**: 위 사유로 인한 피해가 **20% 이상**으로 판단되는 경우

***미보상비율 적용 방법**
① 1차조사: 잡초상태 불량(20%), 2차조사: 잡초상태 불량(15%) ⇨ 최댓값 20% 적용
② 1차조사: 잡초상태 불량(10%), 2차조사: 병충해상태 불량(15%) ⇨ 합 25% 적용

예제 1 다음 피해율에 영향을 줄 수 있는 제초상태, 병해충상태를 감안하여 미보상비율을 구하시오.(단, 해당구간의 최대 또는 최소의 정수 값으로 산정한다.)

제초상태 또는 병해충상태	구분	최대.최소	미보상비율
잡초가 농지 전체면적의 55%정도 분포한 경우	불량	최댓값	19%
경작불능 조사가 진행 중이면서 정상적인 영농활동 시행을 증빙하는 자료가 없는 경우	매우불량	최솟값	20%
병해충이 농지 전체면적의 65%정도 분포한 경우	매우불량	최솟값	20%
잡초가 농지 전체면적의 15%정도 분포한 경우	해당없음	-	0%
경작불능 조사가 진행 중이면서 정상적인 영농활동 시행을 증빙하는 자료가 있는 경우	불량	최솟값	10%
병해충이 농지 전체면적의 35%정도 분포한 경우	미흡	최댓값	9%
잡초가 농지 전체면적의 70%정도 분포한 경우	매우불량	최솟값	20%

예제 2 농작물재해보험 이론서에서 정의된 품목별 보장 수준에 관한 내용이다. 괄호 안에 알맞은 품목을 쓰시오.(5점)

품목별 보장 수준에 관한 내용	품목
생산비보장 밭작물에서 최저자기부담비율이 10%인 품목	(①)
수확감소보장 논작물 중에서 최저자기부담비율이 20%인 품목	(②)
수확감소보장 과수 중에서 최저자기부담비율이 20%인 품목	(③)
수확감소보장 밭작물 중에서 최저자기부담비율이 15%인 품목	(④)
생산비보장 밭작물 중에서 최저자기부담비율이 3%인 품목	(⑤)

풀이 2

① 고랭지무, 고랭지배추, 대파, 단호박, 시금치　② 귀리
③ 호두, 유자, 살구　④ **양배추(10% 변경 예정)**　⑤ 고추, 브로콜리

예제 3 농작물재해보험 이론서에서 정의된 벼 품목의 최저 자기부담비율에 관한 내용이다. 다음 내용을 참조하여 가입 가능한 최저 자기부담비율을 구하시오.

***과거 순보험료 및 수령보험금 현황**

가입년도	2022년(최초가입)	2023년	2024년
순보험료	50만원	65만원	85만원
수령보험금	70만원	80만원	90만원

- 해당 농지는 2022년 신규가입

풀이 3

3년 연속 가입 손해율(=240만/200만=120%) 120% 미만(x)
2년 연속 가입 손해율(=170만/150만<120%)이 120% 미만이므로 최저 자기부담비율은 15%

예제 4 농작물재해보험 이론서에서 정의된 배 품목의 최저 자기부담비율에 관한 내용이다. 다음 내용을 참조하여 가입 가능한 최저 자기부담비율을 구하시오.

***과거 순보험료 및 수령보험금 현황**

가입년도	2022년	2023년	2024년
순보험료	100만원	120만원	130만원
수령보험금	120만원	60만원	170만원

- 해당 농지는 적과전 5종한정 특약에 가입함

풀이 4

3년 연속 가입 손해율(=350만/350만=100%) 100% 미만(x)
2년 연속 가입 손해율(=230만/250만=92%)이 100% 미만이므로 최저 자기부담비율은 15%

예제 5 농작물재해보험 이론서에서 정의된 차 품목의 최저 자기부담비율에 관한 내용이다. 다음 내용을 참조하여 가입 가능한 최저 자기부담비율을 구하시오.

***과거 순보험료 및 수령보험금 현황**

가입년도	2020년	2021년	2022년	2023년	2024년
순보험료	85만원	90만원	미가입	135만원	155만원
수령보험금	50만원	무사고	미가입	80만원	200만원

풀이 5

3년 연속 미가입이므로 10%(X)
2년 연속 가입 손해율(=280만/290만<120%)이 120% 미만이므로 최저 자기부담비율은 15%

예제 6 농작물재해보험 이론에서 정의한 최저자기부담 비율과 손해율 및 가입연수에 따른 할인. 할증율에 관한 내용이다. 다음 알맞은 내용을 쓰시오.

품목	가입연수에 따른 손해율 내용	최저 자기부담비율	할인율 할증율
브로콜리 (생산비보장)	- 신규가입	(①)%	(④)
양배추 (농업수입감소)	- 3년 연속 보험에 가입하고 수령보험금이 순보험료의 70%인 경우 (5년 중 3년 가입)	(②)%	-8%
사과 (적과전 종합)	- 2년 연속 보험에 가입하고 수령보험금이 순보험료의 110%인 경우(5년 중 2년 가입)	20%	(⑤)%
인삼 (특정위험보장)	- 5년 연속 보험에 가입하고 수령보험금이 순보험료의 20%인 경우 (5년 중 5년 가입)	10%	(⑥)%
호두 (수확감소보장)	- 4년 연속 보험에 가입하고 수령보험금이 순보험료의 250%인 경우(5년 중 4년 가입)	(③)%	+17%

풀이 6

① 5 ② 20 ③ 20 ④ 0 ⑤ 0 ⑥ -30

예제 7 농작물재해보험의 병충해보장 특별약관에서 정하는 병해충의 증상을 설명한 것이다. 괄호 안에 들어갈 병해충명을 쓰시오.

병해충명	보상하는 병해충의 증상
(①)	잎에서 초기병반은 암갈색 타원형 괴사부 주위에 황색의 중복부를 가지며 시간이 지남에 따라 원형의 **대형 윤문**이 생긴다. 줄기에는 흑갈색 미세무늬가 발생, 이후 확대하여 합쳐지면 줄기 전체가 담갈색으로 변한다.
(②)	종자, 접촉, 토양의 전염은 하지 않고 **매개충인 애멸구**에 의하여 전염되는 **바이러스병**이다. 넓은 황색줄무늬가 나타나고 분얼경도 작아지고 출수되지 않으며 기형이삭과 불완전 출수가 많다.
(③)	잎에는 방추형의 병반이 형성되어 심하면 포기 전체가 붉은빛을 띄우며 자라지 않게 되고 이삭목이나 이삭가지는 옅은 갈색으로 말라 죽으며 습기가 많으면 표면에 **잿빛곰팡이**가 핀다.
(④)	발병은 보통 출수기 전후에 나타나나 상습발생지에서는 초기에 발명하며 드물게는 묘판에서도 발병된다. 병징은 주로 **엽신 및 엽초**에 나타나며 때에 따라서는 벼 알에서도 나타난다.
(⑤)	전형적인 피해양상은 **논 군데군데 둥글게 집중고사**되는 현상이 나타나고 피해는 고사시기가 빠를수록 수확량도 크게 감소하며 불완전 잎의 비율이 높아진다. 유백미 또는 청미가 발생하게 된다.

풀이 7

① 깨씨무늬병 ② 줄무늬잎마름병 ③ 도열병 ④ 흰잎마름병 ⑤ 벼멸구
세균성벼알마름병, 먹노린재
진균-도열병, 모잘록병, 흰가루병, 녹병, 역병, 탄저병, 노균병, 균핵병
세균-풋마름병, 무름병, 궤양병, 화생병, 증생병, 흰잎마름병

10

최대인정피해율

최대인정피해율

(최대인정피해율) ⇨ 적과전종합위험(**착과감소과실수 산정 시 적용)**

(1) 최대인정피해율과 maxA를 구분하여 정리를 해야 합니다.

* 최대인정피해율은 **적과전종합위험보장방식(과수4종) - 종합위험 과수품목은 미적용**

① 적과전 종합이고 화재 또는 조수해로 나무에 피해가 발생한 경우(**부분피해)**

⇨ 과수원 전체 피해가 아니고 부분피해이므로 최대인정피해율을 적용한다.
나무인정피해율이 최대인정피해율이 된다.

나무인정피해율: 고사주수, 수확불능주수, 일부피해주수, 침수주수x침수율

(고사나무 피해율과 구분할 것) ⇨ 나무손해보장(종합위험)

적과전 1.2차사고 ⇨ **나무인정피해율은 누적 계산**

착과감소과실수=Min{평년착과수-적과후착과수, 평년착과수x최대인정피해율}

기준착과수=적과후착과수+착과감소과실수

예제 1

계약내용				조사내용	
품목	보장 내용	평년 착과수	가입과중	피해사실 확인 조사내용	적과후 착과수
사과	종합 위험	3만개	400g/개	- 확인재해: 화재 - 미보상주수: 5주, - 고사주수: 10주, -수확불능주수: 5주 - 일부피해주수: 30주 - 실제결과주수: 300주	2만개

- 자기부담비율(10%), 보장수준(50%), 미보상비율(10%), 가입가격: 5,000원/kg
- 과실수는 소수 첫째자리에서 반올림, 피해율은 %단위로 소수 셋째자리에서 반올림.

풀이 1

적과적종합위험방식 사과(종합)이고 화재 피해,

나무인정피해율=45/300=0.15(최대인정피해율), 미보상주수=5주

착과감소개수=30,000-20,000=10,000개,
착과감소과실수=Min{10,000, 30,000x0.15}=4,500개
기준착과수=20,000+4,500=24,500개,
자기부담감수과실수=24,500x0.1=2,450개
미보상감수과실수=4,500x0.1+5x100=950개
보험가입금액=3만x0.4x5,000=6,000만원

예제 2 -실제결과주수: 500주

계약내용				조사내용	
품목	보장 내용	평년 착과수	가입과중	피해사실 확인 조사내용	적과후 착과수
사과	종합 위험	6만개	300g/개	-확인재해: 화재 -미보상주수: 15주, -고사주수: 40주, -수확불능주수: 10주	4만개
				-확인재해: 조수해 -고사주수: 20주 -수확불능주수: 30주 -미보상주수: 5주	

-자기부담비율(10%), 보장수준(50%), 미보상비율(10%), 가입가격: 5,000원/kg
-과실수는 소수 첫째자리에서 반올림, 피해율은 %단위로 소수 셋째자리에서 반올림.

풀이 2

적과적종합위험방식 사과(종합)이고 화재와 조수해 중복피해,
나무인정피해율=(40+10+20+30)/500=0.2(최대인정피해율), 미보상주수=20주
착과감소개수=60,000-40,000=20,000개,
착과감소과실수=Min{20,000, 60,000x0.2}=12,000개
기준착과수=40,000+12,000=52,000개,
자기부담감수과실수=52,000x0.1=5,200개
미보상감수과실수=12,000x0.1+20x120=3,600개

보험가입금액=6만x0.3x5,000=9,000만원
기준착과수가 평년착과수보다 감소하였으므로 보험가입금액이 감액됨
감액된 보험가입금액=52,000x0.3x5,000=7,800만원

② 적과전 특정위험 5종한정(태지집우화) 특별약관에 가입한 경우(**부분피해**)

⇨ 유과타박율, 낙엽인정피해율(단감, 떫은감), 나무인정피해율 중에서 가장 큰 값이 최대인정피해율이 된다.

착과감소과실수=Min{평년착과수-적과후착과수, 평년착과수x최대인정피해율}

기준착과수=적과후착과수+착과감소과실수

㉠ 적과전에 우박피해가 중복된 경우: 유과타박율은 제일 큰 값으로 산정

㉡ 적과전에 낙엽피해가 중복된 경우: 낙엽인정피해율은 제일 큰 값으로 산정

㉢ 적과전에 나무피해가 중복된 경우: 피해나무수를 누적하여 나무인정피해율 산정

예제 3

계약내용				조사내용	
품목	보장 내용	평년 착과수	가입과중	피해사실 확인 조사내용	적과후 착과수
단감	적과전 5종한정 특약	8만개	200g/개	-확인재해: 우박, 태풍 -피해유과: 48개, 정상유과: 192개 -나무유실(고사): 30주, 일부침수: 50주(침수율: 50%) -낙엽률: 30%(경과일수: 100일) -실제결과주수: 500주	6만개

-자기부담비율(10%), 보장수준(50%), 미보상비율(20%), 가입가격: 3,000원/kg

-과실수는 소수 첫째자리에서 반올림, 피해율은 %단위로 소수 셋째자리에서 반올림.

*적과전 종합위험(적과전 5종한정 특약-단감 품목)

풀이 3

단감(5종한정특약)이고 자연재해(우박, 태풍)이므로 최대인정피해율을 계산해야 한다.

유과타박율=48/240=0.2(최대인정피해율),

나무인정피해율=(30+50x0.5)/500=0.11, 11%

낙엽인정피해율=1.0115x0.3-0.0014x100=0.16345,

3가지 중에서 가장 큰 값=(최대인정피해율)=20%

착과감소개수=80,000-60,000=20,000개,

착과감소과실수=Min{20,000, 80,000x0.2}=16,000개

기준착과수=60,000+16,000=76,000개,

자기부담감수과실수=76,000x0.1=7,600개

미보상감수과실수=16,000x0.2=3,200개

착과감소보험금=(16,000-3,200-7,600)x0.2x3,000x0.5=1,560,000원

③ 적과전 종합이고 자연재해로 피해가 발생한 경우(**전체피해**)

⇨ 자연재해는 과수원 전체 피해이므로 최대인정피해율을 적용하지 않는다.

착과감소과실수=평년착과수-적과후착과수

기준착과수=적과후착과수+착과감소과실수=평년착과수

예제 4

계약내용				조사내용	
품목	보장 내용	평년 착과수	가입과중	피해사실 확인 조사내용	적과후 착과수
배	종합 위험	6만개	400g/개	-확인재해: 냉해 피해사실확인 -실제결과주수: 400주 -미보상주수: 10주	45,000개

-자기부담비율(10%), 보장수준(50%), 미보상비율(15%), 가입가격: 4,000원/kg
-과실수는 소수 첫째자리에서 반올림, 피해율은 %단위로 소수 셋째자리에서 반올림.

풀이 4

착과감소과실수=60,000-45,000=15,000개,
1주당 평년착과수=6만/400=150개
기준착과수= 45,000+15,000=60,000개,
자기부담감수과실수=60,000X0.1=6,000개,
미보상감수과실수=15,000X0.15+10X150=3,750개
착과감소보험금=(15,000-3,750-6,000)x0.4x4,000원x0.5=4,200,000원

착과율=45,000/60,000=0.75, 75%, 착과손해피해율=0.05x(1-0.75)/0.4=0.03125, 3.13%
착과손해감수과실수=45,000x0.05x(1-0.75)/0.4=45,000x0.0313=1,408.5=1,409개
maxA=0.05x(1-0.75)/0.4=0.03125, 3.13%(소수점 처리에 주의)

(적과종료 후 사고 발생 시)
과실손해 감수과실 수 산정할 때, maxA=0.05x(1-0.75)/0.4=0.0313을 적용

maxA

11 maxA

*maxA=Max(착과손해피해율, 착과피해구성률, 낙엽인정피해율) ⇨ 적과전종합위험

(종합위험 수확감소보장에서는 **착과피해구성률 값 중에서 제일 큰 값 적용)**

- 낙과피해감수과실수=낙과과실수x(낙과피해구성율-maxA)

- 착과피해감수과실수=사고당시 착과과실수x(착과피해구성율-maxA)

- 고사나무피해감수과실수=나무피해과실수x(1-maxA)

***태풍,집중호우,지진,화재** ⇨ 낙과피해, 침수.고사나무피해, 낙엽피해(단감, 떫은감)

***우박, 일소피해** ⇨ 낙과피해, 착과피해

***가을동상해** ⇨ 착과피해

(1) (적과전 종합위험보장방식이고 자연재해로 피해가 발생한 경우)

⇨ 적과종료후 최초 사고인 경우도 maxA=0.05x{(1-착과율)/0.4}를 적용

착과손해감수과실수=(적과후착과수)x0.05x{(1-착과율)/0.4}

(예) **(적과전 종합위험이고 자연재해 발생)**

평년착과수: 40,000개, 적과후착과수: 23,000개,

(적과종료후 태풍피해) 낙과과실수: 3,000개, 낙과피해구성율: 65%

⇨ 착과율=57.5%(60%미만), 착과손해피해율=**0.05x{(1-착과율)/0.4}=0.05**

착과손해감수과실수=23,000x0.05=1,150개**(적과 전에 발생)**

낙과피해감수과실수=3,000x(0.65-0.05)=1,800개**(적과종료 후에 발생)**

(2) maxA 값은 여러 차례 사고가 발생하여 중복 계산하는 것을 방지하는 목적입니다.

① 착과, 낙과 과실 중에서 다음 사고의 감수량에 영향을 주는 경우에 적용을 합니다.

㉠ 적과 종료 후 최초로 사고가 발생하여 감수과실수를 산정하는 경우

⇨ maxA=0(이전 사고 착과손해피해율, 착과피해구성률, 낙엽인정피해율)

(종합위험이고 자연재해 발생인 경우는 착과손해피해율을 계산)

- 낙과피해감수과실수=낙과과실수x(낙과피해구성율-maxA)

(예) 낙과과실수: 2,000개, 낙과피해구성률: 60%

⇨ 낙과피해감수과실수=2,000x(0.6-0)=1,200개

- 착과피해감수과실수=사고당시착과과실수x(착과피해구성율-maxA)

(예) 사고당시 착과과실수: 20,000개, 착과피해구성률: 20%

⇨ 착과피해감수과실수=20,000x(0.2-0)=4,000개

- 나무피해감수과실수=나무피해과실수x(1-maxA)

(예) 고사나무주수: 10주, 무피해나무 1주당 착과수: 120개

⇨ 나무피해감수과실수=10x120x(1-0)=1,200개

㉡ **(적과종료 후 1차에서 우박피해, 2차에서 태풍피해)**

⇨ 2차 계산에서 maxA 값 적용

⇨ 적과전 종합위험이고 자연재해 발생이면 착과손해피해율을 계산해야 함

(최초1차사고) 우박, 이전사고당시 착과과실수: 2만개, 착과피해구성율: 30%

낙과과실수: 2,000개, 낙과피해구성율: 60%

- 낙과피해감수과실수=2,000x(0.6-0)=1,200개
- 착과피해감수과실수=**18,000**x(0.3-0)=5,400개

(2차사고) 태풍, 낙과과실수: 5,000개, 낙과피해구성율: 70%, **maxA=0.3**

-낙과피해감수과실수=5,000x(0.7-0.3)=3,500-**1,500**=2,000개

㉢ **(1차: 우박피해, 2차: 일소피해, 3차: 태풍피해)**

⇨ 2, 3차 계산에서 maxA 값 적용

(최초1차사고) 우박, 이전사고당시 착과수: 32,000개, 착과피해구성율: 30%, 낙과과실수: 2,000개,

낙과피해구성율: 80%

- 낙과피해감수과실수=2,000x(0.8-0)=1,600개
- 착과피해감수과실수=3만개x(0.3-0)=9,000개

(2차사고) 일소, 낙과과실수: 5,000개, 낙과피해구성율: 70%, **maxA=0.3**

사고당시 착과수: 25,000개, 착과피해구성율: 40%

- 낙과피해감수과실수=5,000개x(0.7-maxA)=5,000개x(0.7-0.3)=2,000개
- 착과피해감수과실수=25,000x(0.4-maxA)=25,000x(0.4-0.3)=2,500개

(낙과피해+착과피해)감수과실수는 **적과후착과수의 6%를 초과**해야 인정됨

(3차사고) 태풍, 낙과과실수: 3,000개, 낙과피해구성율: 60%, **maxA=0.4**

사고당시 착과과실수(떫은감): 22,000개, 낙엽률: 40%, ~~미보상비율: 0%~~

낙엽인정피해율=0.9662x0.4-0.0703=0.31618, 31.62%

- 낙과피해감수과실수=3,000x(0.6-0.4)=600개
- 낙엽피해감수과실수=22,000개x(0.3162-0.4)=0개

***낙과피해감수과실수를 먼저 계산하고 착과피해 또는 낙엽피해감수과실수를 산정한다.**

***포도, 복숭아, 자두, 만감류 ⇨ 고사나무피해감수량에서 maxA=0 (삭제)**

*복숭아 병충해 감수량에서 maxA=0 (삭제)

***(착과피해구성율-maxA), (낙과피해구성율-maxA)의 값이 음수일 때에는 0으로 계산**

② 서로 다른 재해로 발생하는 사고에서 적용을 합니다.

- 이전 사고의 착과피해구성율, 낙엽인정피해율, 착과손해피해율(3가지) 중에서 가장 큰 값을 적용하기 때문입니다.
- 적과전 낙엽인정피해율과 낙과피해구성율은 포함되지 않는다.
  낙과는 떨어져서 생명이 다했기 때문에 다음번 사고에는 나무에 없는 과실이므로 maxA를 적용하지 않고 착과 과실에서 발생한 피해율(3가지)만 적용을 합니다.

③ 같은 날짜(같은 재해) 사고일 경우

낙과피해감수과실수와 낙엽피해감수과실수를 먼저 계산하고 마지막에 착과피해감수과실수를 산정한다.(사고당시 착과과실수에 영향을 준다)

예제 1 일소피해가 발생, 이전 사고당시 착과과실수: 2만개,
착과피해구성율: 30%, 낙과과실수: 5,000개, 낙과피해구성율: 50%일 때
낙과피해감수과실수=5,000x(0.5-maxA)
금차 사고당시 착과수=20,000-5,000=15,000개
착과피해감수과실수=15,000개x(0.3-maxA)

예제 2 단감에 태풍피해가 발생, 이전 사고당시 착과수: 3만개,
낙과피해구성율: 30%, 낙과과실수: 3,000개, 낙엽인정피해율: 28%일 때
낙과피해감수과실수=3,000x(0.3-maxA)
금차 사고당시 착과수=30,000-3,000=27,000개
낙엽피해감수과실수=27,000개x(0.28-maxA)

1차사고	2차사고 낙과피해구성율: s, 착과피해구성율: k, 낙엽인정피해율: m 사고당시착과수=A, 낙과실수=B
착과피해구성율과 낙엽인정피해율이 없는 경우 ⇨ maxA=0	- 착과피해감수과실수=Ax(k-0) - 낙과피해감수과실수=Bx(s-0) - 나무피해감수과실수=피해나무수x무피해나무착과수x(1-0) - 낙엽피해감수과실수=Ax(m-0)
착과피해구성율=a 낙엽인정피해율=b (a<b)인 경우 ⇨ maxA=b	- 착과피해감수과실수=Ax(k-maxA)=Ax(k-b) - 낙과피해감수과실수=Bx(s-maxA)=Bx(s-b) - 나무피해감수과실수=피해나무수x무피해나무착과수x(1-maxA) - 낙엽피해감수과실수=Ax(m-maxA)

예제 1 적과전종합위험방식이고 자연재해가 발생

평년착과수: 2만개, 적과후착과수=12,000개

적과종료후(최초사고)태풍으로 낙과피해(3,000개) 발생, 낙과피해구성율: 65%

⇨ 낙과피해감수과실수=3,000x(0.65-maxA)=3,000x(0.65-0.05)=1,800개

착과율=60%이므로 착과손해피해율=maxA=0.05

예제 2 적과전 사고가 없고 적과종료후에 최초사고가 발생한 경우

적과종료후(최초사고): 착과피해, 낙과피해 모두 발생, maxA=0

(낙과피해감수과실수)=(낙과과실수)x(낙과피해구성율-0)

(착과피해감수과실수)=(사고당시착과과실수)x(착과피해구성율-0)

예제 2 적과전 사고가 없고 적과종료후에 1차, 2차사고가 발생한 경우

(1차사고) 착과피해구성율=a, 낙엽인정피해율=b, (a<b)인 경우 ⇨ maxA=b

(2차사고)

(낙과피해감수과실수)=(낙과과실수)x(낙과피해구성율-maxA)

(착과피해감수과실수)=(사고당시착과과실수)x(착과피해구성율-maxA)

논란의 예제 4

(1차사고) 일소피해 ⇨ 착과피해와 낙과피해가 모두 발생

착과피해구성율=a, 낙과피해구성율=b, 다음 사고 발생 시 maxA=a

(낙과피해감수과실수)+(착과피해감수과실수)의 합이 적과후착과수의 6%를 초과하면

감수과실수로 인정하고 6%미만일 때는 감수과실수로 인정하지 않는다.

(2차사고) 태풍 ⇨ ~~착과피해~~와 낙과피해가 발생

(낙과피해감수과실수)=(낙과과실수)x(낙과피해구성율-maxA)

6% 이하인 경우 ⇨ maxA=a를 적용해야한다? 적용하지 않아야 한다.?

감수과실수로 인정하지 않았기 때문에 maxA=0으로 하는 것이 원칙임.

논란의 예제 5

***수확개시 전. 후 조사내용**

(밤 품목, 평년수확량: 3,000kg)

시기	실제 결과 주수	미보상 주수 (누적)	고사 주수 (누적)	표본조사		피해구성율		기수확량
				착과수 합계	낙과수 합계	착과	낙과	
전	250주	20주	10주	900개	45개	30%	50%	-
후	250주	30주	30주	480개	40개	50%	60%	100kg

-과중조사(60송이): 과립지름30mm초과(4.4kg), 과립지름30mm이하(2kg)
-단, 수확량과 감수량은 kg단위로 소수점 아래 첫째자리에서 반올림할 것

풀이 5

1주당 평년수확량=3,000/250=12kg,
과중=(4.4+2x0.8)/60=0.1kg
(수확개시 이전 수확량조사) 조사대상주수=250-20-10=220주이므로 적정표본주수는 9주
표본주 1주당 착과수=100개, 30%, 1주당 낙과수=5개, 50%
(수확개시 이전 수확량)=220x100x0.1x(1-0.3)+220x5x0.1x(1-0.5)+20x12=1,835kg

(1차사고)
조사대상주수=250-30-30=190주이므로 적정표본주수는 8주, maxA=0.3
표본주 1주당 착과수=60개, 50%, 표본주 1주당 낙과수=5개, 60%
(금차수확량)
=190x60x0.1x(1-0.5+0.3)+190x5x0.1x(1-0.6+0.3)+**30x12**=1,338.5=1,339kg
(금차감수량)
=190x60x0.1x(0.5-0.3)+190x5x0.1x(0.6-0.3)+**20**x(60+5)x0.1x(1-0.3)=347.5=348kg

문제 1 * 포도-착과피해 및 낙과피해 조사내용(이전 고사주수=10주, 과중=0.4kg, maxA=0)

시기	실제 결과 주수	미보상 주수 (누적)	고사 주수 (누적)	표본조사		피해구성율		미보상 비율
				착과수 합계	낙과수 합계	착과	낙과	
1차(태풍)	250주	20주	15주	180개	27개	20%	50%	15%
2차(강풍)	250주	20주	20주	135개	0개	40%	0%	20%

문제 2 *포도 품목-수확개시 이후 착과피해 및 낙과피해 조사내용

착과피해조사 (9월 10일)	- 착과수조사이후 착과피해 유발 재해가 발생하여 조사함 - 각품종별 착과수는 이전 착과수 조사값으로 대체함 (A품종: 5,000개, 과중: 300g, B품종: 8,000개, 과중: 400g) - A품종 착과피해구성율: 30%, B품종 착과피해구성율: 20%, - 미보상비율: 20%
낙과피해 조사 (9월 20일)	- 착과피해 조사이후 낙과피해 발생하여 조사함 - 총 낙과수(전수조사): 2,000개 - 낙과된 과실 중 표본과실 100개 조사(A품종: 40개, B품종: 60개) - A품종 낙과피해구성율: 60%, B품종 낙과피해구성율: 80%,

문제 3 *복숭아 품목-착과피해 및 낙과피해 조사내용(과중: 0.4kg, 착과수조사: 3,600개)

8월 10일 (태풍)	- 낙과피해있음, 낙과수의 총합: 1,200개, 낙과피해구성율: 80%
9월 5일(자연재해) (병충해)	- 착과피해있음, 착과수의 총합: 2,400개, 착과피해구성율: 30% - 병충해 착과피해 확인: 세균구멍병 - 표본과실 60개, 병충해과실: 24개

문제 4 종합위험 수확감소보장방식 복숭아 품목에 보상하는 재해로 피해가 발생하였다. 계약내용 및 조사내용을 참조하여 총 지급보험금의 계산과정과 값(원)을 쓰시오.

(단, 피해율은 %단위로 소수점 아래 셋째자리에서 반올림)

계약내용	조사내용
*품목: 복숭아 (백도, 종합) *가입주수: 200주(수령 6년) *보험가입금액: 2,000만원 *평년수확량: 8,000kg *자기부담비율: 20% *수확량감소추가보장 특약에 가입함	*사고접수(7월 5일): 강풍과 병충해 *조사일자(7월 6일) *병충해과실무게: 1,000kg (세균구멍병: 600kg, 복숭아순나방: 400kg) *수확량: 4,500kg *미보상비율: 10%

정답 및 해설

01 | 풀이

(1) 1차사고, 감수량, 조사대상주수=250-20-15=215주이므로 적정표본주수는 9개

표본주 1주당 착과수=20개, 20%, 낙과수=3개, 50%, 금차고사주수=5주, 과중=0.4kg, maxA=0,

1차피해감수량=215x20x0.4x(0.2-0)+215x3x-0.4x(0.5-0)+5x(20+3)x0.4=519kg

(2) 2차사고, 감수량, 조사대상주수=250-20-20=210주이므로 적정표본주수는 9주, 과중=0.4kg,

표본주 1주당 착과수=15개, 40%, 낙과수=0개, 0%, 금차고사주수=5주, maxA=0.2

2차피해감수량=210x15x0.4x(0.4-0.2)+210x0x-0.4x(0-0.2)+5x(15+0)x0.4=282kg

감수량의 총합=519+282=801kg,

02 | 풀이

▶ 수확개시 이후 조사

(1) 착과피해감수량: A품종, 착과피해감수량=5,000x0.3x(0.3-0)=450kg,

B품종, 착과피해감수량=8,000x0.4x(0.2-0)=640kg,

(2) 낙과피해감수량, 총낙과수 2,000개(A품종(40%): 800개, B품종(60%): 1,200개),

maxA=0.3(A품종), maxA=0.2(B품종)

A품종, 낙과피해감수량=800x0.3x(0.6-0.3)=72kg,

B품종, 낙과피해감수량=1,200x0.4x(0.8-0.2)=288kg,

감수량의 총합=450+640+72+288=1,450kg,

03 | 풀이)

(착과수조사 이전 사고의 피해사실이 인정된 경우)

과중=0.4kg, 착과수=3,600개, 착과량=3,600x0.4=1,440kg

감수량 계산,

낙과감수량=1,200x0.4x(0.8-0)=384kg

착과감수량=2,400x0.4x(0.3-0)=288kg, 고사나무감수량=0kg

감수량의 총합=384+288=672kg,

병충해감수량=2,400x0.4x{24x0.5}/60=192kg

04 | 풀이

병충해는 세균구멍병만 보상하고 50%를 인정하므로 병충해감수량=600x0.5=300kg

미보상감수량=(8,000-4,500)x0.1=350kg

피해율=(8,000-4,500-350+300)/8,000=0.43125, 43.13%

수확감소 보험금=2,000만원x(0.4313-0.2)=4,626,000원

수확량감소추가보장 보험금=2,000만x0.4313x0.1=862,600원

총 지급보험금=4,626,000+862,600=5,488,600원

12

과중조사, 착과피해조사

과중조사, 착과피해조사

1. 과중조사 방법

과중조사 방법		
품목	조사시기	조사방법
포도, 만감류	품종별 수확시기	**품종별 3주 이상 (품종별: 20개이상, 농지별: 30개 이상)**
복숭아, 자두	품종별 수확시기	**품종별 3주 이상 (품종별: 20개이상, 농지별: 60개 이상)**
호두, 밤	수확개시 전.후	**품종별 3주 이상 (품종별: 20개이상, 농지별: 60개 이상)**
참다래, 유자	수확개시 전.후	**품종별 3주 이상 (품종별: 20개이상, 농지별: 60개 이상)**
매실, 대추, 살구, 오미자	수확개시 전.후 **과중조사: 없음** **표본주 전체 무게조사**	**선정된 표본주별로 착과된 과실을 전부 수확하여 수확한 과실의 무게를 조사한다. (단, 절반조사 가능)**

* 품목별 최소 과실수를 수확하여 무게를 측정한 후 최소 과실수로 나누어 과중을 구한다.
* 밤 **1개 과중={(과립지름30mm초과)+(과립지름30mm이하)x0.8}÷(과중조사 표본과실수)**
* 참다래 **1개 과중={(50g 초과)+(50g 이하)x0.7}÷(과중조사 표본과실수)**

과중조사	표본최소과실개수	조사방법
포도, 복숭아, 자두, 만감류	Max{품종수x20, 30} Max{품종수x20, 60} **표본주 3주이상**에서	포도 품종: 1개 ⇨표본최소과실개수=30개 복숭아 품종: 2개 ⇨표본최소과실개수=60개 자두 품종: 5개 ⇨표본최소과실개수=100개
호두, 밤	Max{품종수x20, 60} **표본주 3주이상**에서	호두 품종: 1개 ⇨ 표본최소과실개수=60개 밤 품종: 3개 ⇨ 표본최소과실개수=60개 **지름 30mm이하는 80%**
유자, 참다래	Max{품종수x20, 60}	유자 품종: 2개 ⇨표본최소과실개수=60개 참다래 품종: 4개 ⇨표본최소과실개수=80개 **무게 50g이하는 70%**

예제 1 농작물재해보험 과수품목의 과중조사에 관한 내용이다. 과수 품목별 과중조사의 최소 기준에 해당되는 내용을 쓰시오.

품목	품종별	농지별	표본주(구간)	비고
포도	20개	(①)	품종별 3주	
복숭아.자두	20개	60개	품종별 3주	
호두.밤	20개	60개	품종별 3주	30mm이하x(④)
참다래.유자	(②)	60개	품종별 3주	50g이하x(⑤)
매실.대추.살구	표본주 전부조사 또는 (③)		적정표본주 산정	과중조사(X)
오미자	표본구간 전부조사 또는 (③)		적정표본구간 산정	과중조사(X)

풀이 1

①30개 ② 20개 ③ 절반조사 ④ 0.8 ⑤ 0.7

예제 2 *과중조사의 최소 과일의 개수

품목	품종	과중조사의 최소 과일의 개수
밤	2종	(가)
호두	4종	(나)
자두	3종	(다)
포도	1종	(라)
복숭아	5종	(마)
만감류	2종	(바)
참다래	2종	(사)

풀이 2

밤, 호두, 자두, 복숭아, 참다래=Max{품종수x20, 60}, 포도, 만감류=Max{품종수x20, 30}
(가)=Max{2x20, 60}=60개, (나)=Max{4x20, 60}=80개, (다)=Max{3x20, 60}=60개
(라)=Max{1x20, 30}=30개, (마)=Max{5x20, 60}=100개, (바)=Max{2x20, 30}=40개
(사)=Max{2x20, 60}=60개,

예제 3 밤 과중조사(60송이): 과립지름 30mm초과(4.4kg), 과립지름 30mm이하(2kg)

풀이 2

1개 과중={4.4+2x0.8}/60=0.1kg,

2. 착과피해구성률 조사 방법

착과피해구성률 조사 방법		
품목	**조사시기**	**조사방법**
포도, 만감류	품종별 수확시기	품종별 3주 이상 (품종별: 20개이상, 농지별: 30개이상)
복숭아, 자두	품종별 수확시기	품종별 3주 이상 (품종별: 20개이상, 농지별: 60개이상)
호두, 밤	수확개시 전.후	품종별 3주 이상 (품종별: 20개이상, 농지별: 60개이상)
참다래, 유자	수확개시 전.후	품종별 3주 이상 **품종별: 100개 이상**
매실, 대추, 살구	착과피해발생시	(개수조사),**표본주당: 100개 이상** (무게조사), **표본주당: 1,000g 이상**
오미자	착과피해발생시	(무게조사), 표본주당: 3,000g 이상

착과피해조사	표본최소과실개수	조사방법
포도, 복숭아, 자두, 만감류	Max{품종수x20, 30} Max{품종수x20, 60} 표본주 3주이상에서	포도 품종: 1개 ⇨표본최소과실개수=30개 복숭아 품종: 2개 ⇨표본최소과실개수=60개 2개 품종을 60개 가중평균 품종별로 나눈다.
호두, 밤	Max{품종수x20, 60} 표본주 3주이상에서	밤 품종: 2개 ⇨ 표본최소과실개수=60개 2개 품종을 60개 가중평균 품종별로 나눈다.
유자, 참다래	**품종별 100개 이상**	유자 품종: 2개 ⇨표본최소과실개수=200개 참다래 품종: 4개 ⇨표본최소과실개수=400개 정상, 100%, 80%, 50%으로 분류한다.

착과피해조사	표본최소과실개수	조사방법
매실, 대추, 살구	표본주 선정 **표본주별 100개이상** **표본주별 1,000g 이상**	매실: 실제결과주수=300주, 고사주수=20주이면 조사대상주수=280주, 표본주수=7주 최소표본과실수=700개 또는 7,000g 과실조사
오미자	표본주 선정 **표본주별 3,000g 이상**	오미자: 조사대상 유인틀길이=2,800m 표본주수=8주 최소표본과실 무게=8x3,000g 과실조사

문제 1 종합위험 과수 품목의 수확 개시 이전에 보상하는 재해로 손해가 발생하여 실시한 수확량조사 내용의 일부이다. 다음 조사내용을 참조하여 (가)~(바)에 들어갈 적당한 값을 구하시오.

품목: 밤	A품종	B품종
실제결과주수	200주	150주
고사주수	20주	30주
미보상주수	30주	20주
착과피해 구성	50%: 10개, 80%: 10개	50%: 4개, 80%: 5개
낙과피해 구성	80%: 10개, 100%: 2개	80%: 5개, 100%: 4개
착과피해의 경우 표본과실의 최소개수	(가)	(나)
착과피해 구성률	(다)	(라)
낙과피해 구성률	(마)	(바)
표본과실무게(과중조사)	과립지름 30mm이하: 4.4kg, 과립지름 30mm초과: 2kg	

문제 2 종합위험 과수 품목의 수확 개시 이전에 보상하는 재해로 손해가 발생하여 실시한 수확량조사 내용의 일부이다. 다음 조사내용을 참조하여 (가)~(라)에 들어갈 적당한 값을 구하시오.

품목: 참다래	A품종	B품종
실제결과주수	250주	350주
고사주수	20주	30주
미보상주수	30주	20주
착과피해 구성	50%: 40개, 80%: 20개 100%: 5개	50%: 30개, 80%: 20개 100%: 15개
착과피해의 경우 표본과실의 최소개수	(가)	(나)
착과피해 구성률	(다)	(라)
표본과실무게(과중조사)	무게 50g 초과: 4.6kg, 무게 50g 이하: 2kg	

문제 3 종합위험 과수 품목의 수확개시 이전에 보상하는 재해로 손해가 발생하여 실시한 수확량조사 내용의 일부이다. 다음 조사내용을 참조하여 (가) ~ (바)에 들어갈 적당한 값을 구하시오.

품목: 매실	A품종	B품종
실제결과주수	130주	200주
고사주수	20주	30주
미보상주수	10주	20주
착과피해 구성	50%: 100개, 80%: 50개	50%: 200개, 80%: 100개
착과피해의 경우 표본과실의 최소개수	(가)	(나)
착과피해 구성률	(다)	(라)

문제 4 다음 조사내용을 참조하여 유과타박율과 낙엽인정피해율을 구하시오.

품목	재해	나무조사	조사내용
단감	우박	- 실제결과주수: 400주 - 고사주수: 20주 - 미보상주수: 10주 - 수확불능주수: 15주 - 수확완료주수: 15주	각 표본주의 가지별로 동일한 번호 위치의 유과(꽃눈)을 조사 하였으며 동일한 피해로 가정함. -피해유과(꽃눈): 3개 -정상유과(꽃눈): 2개
떫은감	태풍	- 실제결과주수: 600주 - 고사주수: 30주 - 미보상주수: 15주 - 수확불능주수: 25주 - 수확완료주수: 20주 - 일부침수주수: 30주	각 표본주의 결과지별로 동일한 피해로 가정함. - 잎이 떨어진 자리: 5개 - 잎의 50% 미만이 꺾인 경우: 3개 - 잎의 50% 이상이 잘린 경우: 5개 - 잎이 50% 미만이 찢겨진 경우: 3개 - 잎의 여러 부분이 찢어지고 꺾이고 잘렸으나 전체적으로 50% 미만인 경우: 6개 - 정상: 3개

문제 5 다음은 특정위험 5종 한정특약에 가입한 경우이다. 다음 물음에 답하시오.(5점)

나무인정피해율 (실제결과주수:100주)	- 6월 20일(집중호우): 유실(10주), 절단(5주), 침수피해(10주, 침수율: 50%) -7월 10일(집중호우): 절단(10주), 침수피해(10주, 침수율: 40%)
낙엽인정피해율 (떫은감)	-6월 20일(집중호우): 낙엽수(80개), 착엽수(120개), 경과일수(20일) -7월 10일(집중호우): 낙엽수(40개), 착엽수(120개), 경과일수(30일)

물음 1 나무인정피해율과 낙엽인정피해율을 구하시오. (단, 피해율은 % 단위로 소수점 셋째자리에서 반올림)

물음 2 적정 표본주수가 10주일 때, 조사해야 할 최소유과수를 구하시오.

정답 및 해설

01 | 풀이

밤의 과중조사는 품종별 3주 이상의 표본주에서 20개 이상(농지별 60개 이상)의

과실에서 과립지름 30mm 초과와 과립지름 30mm이하로 분류하여 과립지름 30mm

이하인 과실은 0.8로 적용

A품종 조사대상주수=200-20-30=150주(60%)

B품종 조사대상주수=150-30-20=100주(40%)

2개 품종이므로 최소표본과실의 개수는 60개

A품종 최소표본과실의 개수=60x(150/250=60%)=36개=(가)

B품종 최소표본과실의 개수=60x(100/250=40%)=24개=(나)

A품종 착과피해구성률=(10x0.5+10x0.8)/36=36.11%=(다)

A품종 낙과피해구성률=(10x0.8+2x1)/36=27.78%=(마)

B품종 착과피해구성률=(4x0.5+5x0.8)/24=25%=(라)

B품종 낙과피해구성률=(5x0.8+4x1)/24=33.33%=(바)

과중조사=(4.4x0.8+2)/60=0.092kg

02 | 풀이

참다래의 과중조사는 표본주에서 60개 이상의 과실에서 무게 50g 초과와 무게 50g 이하로

분류하여 무게 50g이하인 과실은 0.7로 적용

착과피해 또는 낙과피해 조사는 품종별 3주 이상에서 최소 100개 이상의 과실을 추출한다.

A품종 조사대상주수=200-20-30=150주(60%)

B품종 조사대상주수=150-30-20=100주(40%)

A품종 최소표본과실의 개수=품종별 3주 이상에서 최소 100개=(가)

B품종 최소표본과실의 개수=품종별 3주 이상에서 최소 100개=(나)

A품종 착과피해구성률=(40x0.5+20x0.8+5)/100=41%=(다)

B품종 착과피해구성률=(30x0.5+20x0.8+15)/100=46%=(라)

과중조사=(4.6+2x0.7)/60=0.1kg

03 | 풀이

매실의 과중조사는 없고 표본주에서 전체를 수확하여 조사한다.

A품종 조사대상주수=120-20-10=100주(40%)

B품종 조사대상주수=200-30-20=150주(60%)

전체 조사대상주수=250주이면 표본주수=7주

A품종 적정표본주수=7x40%=3주

B품종 적정표본주수=7x60%=5주

표본주별 100개 이상 과실을 조사

A품종 최소표본과실의 개수=3x100=300개=(가)

B품종 최소표본과실의 개수=5x100=500개=(나)

A품종 착과피해구성률=(100x0.5+50x0.8)/300=30%=(다)

B품종 착과피해구성률=(200x0.5+100x0.8)/500=36%=(라)

04 | 풀이

조사대상주수=400-20-10-15-15=340주, 적정표본주수=10주

최소 표본 유과수=10x4x5=200개

1가지 당 피해유과수=3개, 정상유과수=2개

총 유과수=200개, 총 피해유과수=120개

유과타박율=120/200=0.6, 60%

조사대상주수=600-30-15-25-20=510주, 적정표본주수=12주

최소 표본 잎의 개수=12x4x25=1,200개

1가지 당 낙엽수=5+5=10개, 착엽수=3+3+6+3=15개

총 낙엽수=12x4x10=480개, 총 착엽수=12x4x15=720개

낙엽율=480/1,200=0.4, 40%

낙엽인정피해율=0.9662x0.4-0.0703=0.31618

05 | 풀이

(1) 나무피해율은 누적 계산한다.

피해주수=(10+5+10x0.5)+(10+10x0.4)=34주, 나무피해율=34/100=34%

낙엽인정피해율은 최댓값을 적용한다. 31.62%

0.9662x0.4-0.0703=0.31618, 31.62%,
0.9662x0.25-0.0703=0.17125, 17.13%

(2) 10x4x5=200개

MEMO

13

적정표본주수 (구간)

적정표본주수(구간)

<과수 적정 표본주 산정 요령>

과수4종 포복자호밤무 (조사대상주수)	오디	참유	매대살	오미자 (유인틀)	복분자 (가입포기)	감귤 (면적)
(5) 50주 (6)	(6) 50주 (7)	(5) 50주 (6)	(5) 100주 (7)	(5) 500m (6)	(8) 1,000포기 (9)	(4) 5,000m^2 (6)
100주 (7)	100주 (8)	100주 (7)	300주 (9)	1,000m (7)	1,500포기 (10)	10,000m^2 (8)
150주 (8)	200주 (9)	200주 (8)	500주 (12)	2,000m (8)	2,000포기 (11)	
200주 (9)	300주 (10)	500주 (9)	1,000주 (16)	4,000m (9)	2,500포기 (12)	
300주 (10)	400주 (11)	800주 (10)		6,000m (10)	3,000포기 (13)	
400주 (11)	500주 (12)					
500주 (12)	600주 (13)					
600주 (13)						
1,000주 이상 (17)						

<논.밭작물 적정 표본구간 산정 요령>

벼보밀귀리	고마양양옥	감차콩팥	생산비보장	인삼	표고버섯
(3) 2,000m² (4)	(4) 1,500m² (5)	(4) 2,500m² (5)	(4) 3,000m² (6)	(3) 300칸 (4)	(10) 1,000본 (14)
3,000m² (5)	3,000m² (6)	5,000m² (6)	7,000m² (8)	500칸 (5)	1,300본 (16)
4,000m² (6)	4,500m² (7)	7,500m² (7)	15,000m² (10)	700칸 (6)	1,500본 (18)
5,000m² (7)		10,000m² (8)		900칸 (7)	1,800본 (20)
6,000m² (8)				1,200칸 (8)	2,000본 (24)
				1,500칸 (9)	2,300본 (26)
				1,800칸 (10)	

*생산비보장 밭작물
① 피해면적 기준: 고추, 배추, 무, 당근, 단호박, 파, 시금치, 양상추
② 도복이외 피해면적 기준: 메밀
③ 실제경작면적 기준: 브로콜리

문제 1 농작물재해보험에서 정의하는 적정 최소표본주수를 괄호 안에 들어갈 알맞은 내용을 쓰시오.

감귤(온주밀감)	최소표본주수	피해구성
수확전 과실손해조사	(가)	100%피해과실, 보상하는 낙과과실
과실손해조사	(나)	등급내. 외 과실수 분류 30%, 50%, 80%, 100%피해과실, 정상과실
동상해 과실손해조사	(다)	80%, 100%피해과실, 정상과실

문제 2 농작물재해보험에서 정의하는 적정 최소표본주수를 괄호 안에 들어갈 알맞은 내용을 쓰시오.

단감(과수4종)	최소표본주수	피해구성
무피해 나무조사	(가)	가장 평균적인 나무를 조사하는데 무피해나무가 없을 경우에는 수관면적에 낙과수를 더해서 무피해나무 착과수로 산정한다.
침수율 조사	(나)	가장 평균적인 나무를 선정하여 침수과실수와 침수되지 않은 과실수를 산정한다.
낙엽률 조사	(다)	표본주 산정에 의해 표본주를 산정한 다음에 동서남북 4개의 가지에서 낙엽수와 착엽수를 산정한다.
유과타박율 조사	(라)	표본주 산정에 의해 표본주를 산정한 다음에 동서남북 4개의 가지에서 최소 5개씩 유과를 산정하여 유과타박율을 조사한다.

문제 3 다음 각각 품목의 조사내용을 참조하여 적정 최소 표본주를 산정하시오.

품목	실제결과주수	고사주수	미보상주수	수확불능주수	적정표본주수
배	400	20	10	10	(①)
오디	300	10	15	5	(②)
참다래	550	15	25	-	(③)
무화과	500	25	15	10	(④)
살구	400	10	20	10	(⑤)

문제 4 다음 각각 품목의 조사내용을 참조하여 적정 최소 표본주를 산정하시오.

품목	실제결과주수	피해대상주수	미보상주수	일부피해주수	적정표본주수
사과	650	70	20	10	(①)
오디	500	50	10	5	(②)
매실	450	50	15	5	(③)
유자	400	60	20	10	(④)
대추	330	60	10	15	(⑤)

문제 5 다음 각각 품목의 조사내용을 참조하여 적정 최소 표본구간을 산정하시오.

품목	실제경작면적	고사면적	미보상면적	기수확면적	적정표본 구간
벼	6,000m²	500m²	300m²	-	(①)
옥수수	5,000m²	300m²	-	500m²	(②)
콩	3,000m²	-	300m²	-	(③)
고구마	3,000m²	200m²	300m²	-	(④)
차	10,000m²	1,000m²	-	500m²	(⑤)

문제 6 다음 각각 품목의 조사내용을 참조하여 적정 최소 표본구간(수)을 산정하시오.

품목	면적조사	적정표본 수
고추	재배면적: 5,000m², 피해면적: 1,500m²	(①)
메밀	도복피해면적: 3,000m², 도복이외 피해면적: 3,500m²	(②)
브로콜리	실제경작면적: 7,500m², 피해면적: 3,300m²	(③)
당근	실제재배면적: 4,500m², 피해면적: 2,000m²	(④)
표고버섯	재배원목수: 5,000본, 피해원목수: 2,024본	(⑤)

정답 및 해설

01 | 정답

(가) 3주 이상　　(나) 2주 이상　　(다) 2주 이상

02 | 정답

(가) 1주이상 (나) 1주이상 (다) 조사대상주수에 의한 표본주 산정 (라) 표본주 산정

03 | 정답

① 10　　② 9　　③ 9　　④ 11　　⑤ 9

04 | 정답

① 12　　② 11　　③ 9　　④ 8　　⑤ 7

05 | 정답

(① 조사대상면적): 7구간, (② 조사대상면적): 6구간,
(③ 조사대상면적): 5구간, (④ 조사대상면적): 5구간,
(⑤ 조사대상면적): 7구간

06 | 정답

(① 피해면적): 4이랑, (② 도복이외 피해면적): 6구간,
(③ 실제경작면적): 8구간, (④ 피해면적): 4구간,
(⑤ 피해원목수): 24본

14

비용 손해 보험금

비용 손해 보험금

구분	보상내용
잔존물제거비용 (시설물)	보험목적물에 손해가 발생한 경우 사고현장에서 잔존물의 해체비용, 청소비용, 차에 싣는 비용(**해체비용, 청소비용, 상차비용**)은 보상 **오염물질제거비용, 폐기물처리비용은 보상하지 않는다.**
잔존물처리비용 (가축 폐사)	보험목적물이 폐사한 경우 사고현장에서 잔존물의 견인비용, 차에 싣는 비용(**견인비용, 상차비용, 적법한 시설내에서의 랜더링비용**)은 보상하고 있다. **오염물질제거비용, 매몰비용, 폐기물처리비용은 보상하지 않는다.**
손해방지비용	보험사고 발생시 손해의 방지와 경감을 위하여 지출한 필요 또는 유익한 비용을 말한다. * 보험목적 관리의무에 소요되는 비용은 제외한다. **(사육관리보호, 예방접종, 정기검진, 기생충구제, 질병. 부상치료)**
대위권보전비용	재해보험사업자가 보험사고로 인한 피보험자의 손실을 보상해 주고 피보험자의 보험사고와 관련하여 제3자에 대하여 가지는 권리가 있는 경우 보험금을 지급한 보험자는 지급한 금액의 한도에서 그 권리를 취득하게 되며 이와 같이 보험사고와 관련하여 제3자로부터 손해의 배상을 받을 수 있는 경우에는 그 권리를 지키거나 행사하기 위하여 지출한 필요 또는 유익한 비용을 말한다.
잔존물보전비용	보험사고로 인해 멸실된 보험목적물의 잔존물을 보전하기 위하여 지출한 필요 또는 유익한 비용을 말한다. **재해보험사업자의 잔존물취득의사 표시를 하는 경우**에 지급대상
기타협력비용	재해보험사업자의 요구에 따라 지출한 필요 또는 유익한 비용을 말한다.

*농작물에서 비용 손해

잔존물제거비용	-100% 인정하지 않는다.
손해방지비용	-이론서의 보험금 지급규정에 따라 20만원 한도 적용
대위권보전비용	-이론서의 보험금 지급규정에 따라 적용
잔존물보전비용	-이론서의 보험금 지급규정에 따라 적용

구분	비가림시설	원예시설, 버섯재배사
보험가입금액	- 재조달가액의 80%~130%	- 재조달가액의 90%~130%
피해액	**(피해면적)x(m^2당 시설비)**	- 시설물과 부대시설 피해액 산정
손해액	**- 재조달가액과 감가상각율 적용**	**- 재조달가액과 감가상각율 적용**
비례보상	- 비례보상(X)	- 비례보상(X)
자기부담금액	- **자기부담금**: 손해액의10% (30만~100만원)한도 피복재 단독사고(10만~30만원)한도	-**자기부담금**: 손해액의10% (30만~100만원)한도 피복재 단독사고(10만~30만원)한도
잔존물제거비용	- **잔존물제거비용** = Min{**손해액x0.1**,잔존물제거비용} - 자기부담금(O),	- **잔존물제거비용** = Min{**손해액x0.1**,잔존물제거비용} - 자기부담금(O),
손해방지비용	- 자기부담금(O),	- 자기부담금(X),
대위권보전비용	- 자기부담금(O),	- 자기부담금(X),
잔존물보전비용	- 자기부담금(O),	- 자기부담금(X),
기타협력비용	- 100% 지급	- 100% 지급

예제 1 **(비가림시설) 보험가입금액: 1,000만원, 잔존물제거비용: 50만원, 피해액(손해액)=900만원, 손해방지비용: 30만원, 대위권보전비용: 20만원,**

풀이 1

(손해액+잔존물제거비용)=950만원, 자기부담금액=95만원(5만원 추가 차감 가능)
(손+잔) 보험금=Min{(950만원-95만원), 1,000만원}=8,550,000원
(손해방지비용+대위권보전비용)의 보험금=(30만원+20만원)-5만원=45만원
총 지급보험금=8,550,000원+45만원=9,000,000원

예제 2 **(원예시설물) 보험가입금액: 1,000만원, 잔존물제거비용: 50만원, 피해액(손해액)=900만원, 손해방지비용: 30만원, 대위권보전비용: 20만원,**

풀이 2

(손해액+잔존물제거비용)=950만원, 자기부담금액=95만원
(손+잔) 보험금=Min{(950만원-95만원), 1,000만원}=8,550,000원
(손해방지비용+대위권보전비용)의 보험금=(30만원+20만원)-0원=50만원
총 지급보험금=8,550,000원+50만원=9,050,000원

구분	가축	원예. 시설작물
보험가입금액	- 이론서에 언급(X)	- (가입면적)x(보장생산비)의 50%~100%
손해액과 자기부담금액	- **손해액 산정**, (손해액)=(보험가액) **(손해액)=보험가액-(이용물처분액)** - **비례보상(O), 보험가입금액/보험가액** - 자기부담금액: 자기부담비율에 따른 금액	- 수확기 이전과 수확기 이후 **경과비율, 피해율** - **가입면적과 실제 재배면적에 대한 비례보상(O)** - **자기부담금(X), (소손해면책: 10만원)**
잔존물처리비용	- **잔존물처리비용** = Min{손해액x0.1, 잔존물처리비용} - 자기부담금(O) - **비례보상(O), 보험가입금액/보험가액**	- **잔존물제거비용=0원** - 모든 농작물, 과수에 대한 잔존물 제거비용은 지급하지 않는다.
손해방지비용	- 자기부담금(X), **비례보상(O)**	- 자기부담금(X) - **한도(O)=20만원, 비례보상(O)** - 농작물은 20만원 후한도
대위권보전비용	- 자기부담금(X), **비례보상(O)**	- 자기부담금(X), **비례보상(O)**
잔존물보전비용	- 자기부담금(X), **비례보상(O)**	- 자기부담금(X), **비례보상(O)**
기타협력비용	- 100% 지급	- 100% 지급

예제 1 (축사 화재) 보험가입금액: 1,600만원, 보험가액: 2,500만원, 자기부담비율: 10%
잔존물제거비용: 100만원, 피해액(손해액)=1,500만원,

풀이 1

보험가액의 80%=2,000만원, 비례보상=80%
(손해액+잔존물제거비용)=1,600만원,
(손+잔) 보험금=Min{1,600만원x0.8x(1-0.1), 1,600만원}=11,520,000원

예제 2 (가축 폐사) 보험가입금액: 600만원, 보험가액: 800만원, 자기부담비율: 20%
피해액(손해액)=800만원, 잔존물처리비용: 60만원, 손해방지비용: 30만원,
(손해액+잔존물제거비용)=860만원, 비례보상=75%

풀이 2

(손+잔) 보험금=Min{860만원x0.75x(1-0.2), 600만원}=5,160,000원
(손해방지비용)의 보험금=30만원x0.75=225,000원
총 지급보험금=5,160,000원+225,000원=5,385,000원

문제 1 (비가림과수 참다래)

보험가입금액: 1,000만원, 자기부담비율: 20%, 평년수확량: 3,000kg

조사수확량: 1,800kg, 미보상비율: 10%,

잔존물제거비용: 60만원, 손해방지비용: 50만원,

문제 2 (비가림과수 포도)

보험가입금액: 2,500만원, 자기부담비율: 10%, 평년수확량: 5,000kg

조사수확량: 1,200kg, 미보상비율: 10%,

잔존물제거비용: 60만원, 손해방지비용: 50만원,

문제 3 가축재해보험에 가입한 A농가에서 한우 1마리가 인근농장 주인 B의 과실(보상하는 손해)로 폐사하여 보험회사에 사고보험금을 청구하였다. 다음 내용을 참조하여 A농가에서 청구한 지급보험금액을 구하시오.

A농가의 보험청구 항목		보험회사의 조사내용
보험금	소(한우 수컷)	폐사 시점의 한우 보험가액은 800만원이고 보험가입금액은 640만원으로 일부보험에 해당됨. -자기부담비율: 20%
기타 비용	잔존물처리비용	사고현장에서 잔존물을 해체하여 견인하여 차에 싣는 비용이 60만원 지출된 것으로 확인됨.
	손해방지비용	A농가에서 보험목적물의 관리(예방접종, 정기검진등)를 위해 지출한 유익한 비용이 50만원으로 확인됨.
	대위권보전비용	A농가에서 B에게 손해배상을 받을 수 있는 권리를 행사하기 위해 지출한 유익한 비용이 30만원으로 확인됨.
	기타협력비용	A농가에서 보험회사의 요구 또는 협의 없이 단독으로 지출한 비용이 10만원으로 확인됨

문제 2 보상하는 재해(지진)로 인하여 축사에 피해가 발생하였다. 다음 조사내용을 참조하여 계약 농가의 보험금의 계산과정과 값(원)을 쓰시오.

보험 가입금액	재해	사고조사 내용		
		구조	재조달가격	잔가율
2,240만원	지진	보온덮개, 쇠파이프 조인 구조	8,000만원	최댓값
손해액 산정	- 지진피해로 인해 지붕틀 1개 수리비용: 150만원			
	- 지진피해로 인해 지붕재 30m² 수리비용: 450만원			
	- 지진피해로 인해 기둥과 벽에 생긴 균열 20m 수리비용: 200만원			
	- 지진피해로 인해 긴급피난 5일째 발생한 손해비용: 250만원			
잔존물 제거비용	- 잔존물 청소비용: 25만원			
	- 잔존물 해체비용: 40만원			
	- 잔존물을 폐기물로 처리하는 비용: 55만원			
	- 잔존물을 차에 싣는 비용: 35만원			
- 자기부담비율: 10%, 손해방지비용: 40만원 - 보험목적물이 지속적인 개.보수가 이루어져 보험목적물의 가치증대가 인정된 경우				

정답 및 해설

01 | 풀이

미보상감수량=(3,000-1,800)x0.1=120kg,

피해율=(3,000-1,800-120)/3,000=0.36, 36%

수확감소보험금=1,000만원x(0.36-0.2)=1,600,000원

잔존물제거비용의 보험금=0원

(손해방지비용)의 보험금=Min{50만원x(0.36-0.2), 20만원}=80,000원

총 지급보험금=160만원+8만원=1,680,000원

02 | 풀이

미보상감수량=(5,000-1,200)x0.1=380kg,

피해율=(5,000-1,200-380)/5,000=0.684, 68.4%

수확감소보험금=2,500만원x(0.684-0.1)=14,600,000원

잔존물제거비용의 보험금=0원

(손해방지비용)의 보험금=Min{50만원x(0.684-0.1), 20만원}=200,000원

총 지급보험금=1,460만원+20만원=14,800,000원

03 | 풀이

한우, 폐사인 경우 (손해액)=(보험가액)=8,000,000원,

보험가입금액=640만원, 비례보상=640만/800만=80%

잔존물처리비용으로 인정됨, 잔존물처리비용=Min{800만x0.1, 60만}=60만원

(손해액+잔존물처리비용)=860만원

(목적물+잔존물처리비용) 보험금=Min{860만원x0.8x(1-0.2), 640만}=5,504,000원

손해방지비용은 손해의 경감을 위해 지출한 비용이므로 보험목적물의 관리를 위한 경비는

손해방지비용으로 인정되지 않는다. 손해방지비용=0원

A농가에서 B에게 손해배상을 받을 수 있는 권리를 행사하기 위해 지출한 유익한 비용이 20만원은

자기부담비율이 적용되지 않고 비례보상 적용, 대위권보전비용=30만원x0.8=24만원

기타협력비용을 보상 받기 위해서는 회사의 요구 또는 협의가 있어야 하므로 지급불가에 해당됨.

(최종 지급 보험금)=5,504,000원+24만원=5,744,000원

04 | 풀이

보험가액=8,000만원x0.5=4,000만원, 보험가액의 80%=3,200만원

보험가입금액=2,240만원, 비례보상=70%

손해액=450만원+200만원+250만원=900만원

잔존물제거비용=25만원+40만원+35만원=100만원

손해액+잔존물제거비용=990만원

자기부담금액=Max{990만원x0.7x0.1, 50만원}=693,000원

(목적물+잔존물제거비용) 보험금=Min{990만원x0.7-693,000원, 2,240만원}=6,237,000원

손해방지비용=40만원x0.7=28만원

총 지급 보험금=6,237,000원+28만원=6,517,000원

15

비례보상

15 비례보상

(비례보상) ⇨ 일부보험일 때 비례보상 적용

***초과보험, 전부보험, 일부보험** ⇨ 보험가입금액과 보험가액의 관계에 의한 분류

(1) 보험가입금액=보험가액 ⇨ 전부보험

(2) 보험가입금액>보험가액 ⇨ 초과보험

① 보험 금액이 보험계약의 목적의 가액을 현저하게 초과한 때에는 보험자 또는 보험계약자는 보험료와 보험금액의 감액을 청구할 수 있다. 그러나 보험료의 감액은 장래에 대해서만 그 효력이 있다.
② ①의 가액은 계약 당시의 가액에 의하여 정한다.
③ 보험가액이 보험기간 중에 현저하게 감소된 때에도 ①과 같다.
④ ①의 경우에 계약이 보험계약자의 사기로 인하여 체결된 때에는 그 계약은 무효로 한다. 그러나 보험자는 그 사실을 안 때까지의 보험료를 청구할 수 있다.

예제 1 보험가액: 2,000만원, 보험가입금액: 2,500만원 ⇨ 초과보험,
피해액(손해액)=2,000만원, 자기부담금액=100만원(손해액의 10% 100만원 한도)
지급 보험금=Min{(2,000만원-100만원), 2,000만원}=19,000,000원
초과보험 지급 보험금=Min{손해액-자기부담금액, 보험가액}

(3) 보험가입금액<보험가액 ⇨ 일부보험(비례보상)

보험가액의 일부를 보험에 붙이는 경우에는 보험자는 **보험가입금액의 보험가액에 대한 비율**에 따라 보상할 책임을 진다. 그러나 당사자 간에 다른 약정이 있은 때에는 보험자는 보험가입금액의 한도 내에서 그 손해를 보상할 책임을 진다.
일부보험 지급 보험금=Min{손해액x비례보상, 보험가입금액}
보험금=Min{(손해액-자기부담금액)x비례보상, 보험가입금액} 또는
보험금=Min{손해액x비례보상-자기부담금액, 보험가입금액}

***일부보험(보험가입금액<보험가액)**

- 계약당시 보험료의 절약하기 위해 의도적으로 보험가액의 일부만 가입하는 경우

 ⇨ 보험가입금액의 보험가액에 대한 비율로 비례보상을 한다.

 비례보상=(보험가입금액)/(보험가액), (약정이 있으면 약정에 따름)

 (*비례보상 적용 품목: 해가림시설, 축사, 가축, 원예시설작물. 버섯작물)

예제 1 보험가액: 1,000만원, 보험가입금액: 800만원 ⇨ 일부보험

피해액(손해액)=1,000만원 발생하였을 때 보험자는 1,000만원을 배상하는 것이 아니라

보험가입금액의 보험가액에 대한 비율로 비례보상을 한다.

지급 보험금=1,000만원x(800만원/1,000만원)=800만원

① 해가림시설(일부보험)

 지급 보험금=**Min{(손해액-자기부담금액)x비례보상, 보험가입금액}**

예제 1 보험가액: 1,000만원, 보험가입금액: 800만원 ⇨ 일부보험, 비례보상=80%

피해액(손해액)= 500만원, 자기부담금액=50만원(손해액의 10%)

지급 보험금=Min{(500만원-50만원)x80%, 800만원}=3,600,000원

예제 2 보험가액: 1,500만원, 보험가입금액: 1,200만원 ⇨ 일부보험, 비례보상=80%

피해액(손해액)= 500만원, 잔존물제거비용=100만원, 손해방지비용=50만원

(손해액+잔존물제거비용)=550만원, 자기부담금액=55만원

손해방지비용=(20만원-2만원)x**0.8**=144,000원

(목적물+잔존물)보험금=Min{(550만원-55만원)x**0.8**, 1,200만원}=3,960,000원

총지급 보험금=3,960,000원+144,000원=4,104,000원

② **시설원예작물과 버섯작물**

보험가입금액<(재배면적)x(m²당 보장생산비)=보험가액 ⇨ 일부보험(비례보상)

(재배면적)x(보장생산비)=(보험가액)

지급 보험금=(보험가액)x(경과비율)x(피해율)x{(보험가입금액)/(보험가액)}

예제 1 가입면적: 1,000m², m²당 보장생산비=9,000원, 보험가입금액(최저): 450만원

재배면적: 800m², 보험가액=800x9,000원=720만원, 비례보상=450만/720만=0.625

경과비율=0.678, 피해율=0.324라고 하면

지급 보험금=720만원x0.678x0.324x(450만/720만)=988,524원

③ **축사(부보비율조건부실손보상)**

⇨ 보험가입금액<**보험가액의 80% ⇨ 일부보험(비례보상, 보험가입금액 한도)**

축사 지급 보험금(중복사고: 잔존보험가입금액 적용)

㉠ 풍재·수재·설해·지진=Min{(손해액+잔존물)x비례보상-자기부담금액, 보험가입금액}

㉡ 화재=Min{(손해액+잔존물)x비례보상x(1-자기부담비율), 보험가입금액}

예제 1 보험가액: 5,000만원, 보험가입금액: 3,000만원, 자기부담비율: 10%

⇨ 보험가액의 80%=4,000만원, 일부보험, 비례보상=3,000만/4,000만=75%

화재 피해액(손해액)=5,000만원(전체소실),

지급 보험금=Min{5,000만원x75%x(1-0.1), 3,000만원}=30,000,000원

예제 2 보험가액: 5,000만원, 보험가입금액: 2,400만원, 자기부담비율: 10%

⇨ 보험가액의 80%=4,000만원, 일부보험, 비례보상=2,400만/4,000만=60%

피해액(손해액)=1,500만원, 잔존물제거비용=100만원

(손해액+잔존물제거비용)=1,600만원

풍수설지, 자기부담금액=Max{1,600만원x0.6x0.1, 50만원}=96만원

지급 보험금=Min{(1,600만원x60%-96만원), 2,400만원}=8,640,000원

④ 가축

⇨ 보험가입금액<**보험가액** ⇨ **일부보험(비례보상, 보험가입금액 한도)**

지급 보험금=Min{(손해액+잔존물)x비례보상x(1-자기부담비율), 보험가입금액}

예제 1 보험가액: 800만원, 보험가입금액: 720만원 ⇨ 일부보험, 비례보상=90%

피해액(손해액)= 800만원, 자기부담비율=20%, 잔존물처리비용=60만원

(손해액+잔존물처리비용)=860만원

지급 보험금=Min{860만원x90%x(1-0.2), 720만원}=6,192,000원

예제 2 보험가액: 800만원, 보험가입금액: 560만원 ⇨ 일부보험, 비례보상=70%

긴급도축, 이용물처분액=300만원, 자기부담비율=20%

손해액=800만원-300만원=500만원, 긴급도축은 잔존물처리비용이 없음

(손해액+잔존물처리비용)=500만원

지급 보험금=Min{500만원x70%x(1-0.2), 560만원}=2,800,000원

16

표본구간 수확량

16 표본구간 수확량

1. 표본구간 m^2당 유효중량(수확량)

표본구간 m^2당 유효중량(수확량)	
벼, 보리, 밀, 귀리	*(표본구간 유효중량), (Loss율=7%) =(표본구간 작물중량의 합)x(1-0.07)x{(1-함수율)/(1-기준함수율)} *표본구간 m^2 당 유효중량=(표본구간 유효중량)÷(표본구간면적) 기준함수율 ⇨ (찰벼: 13%, 메벼: 15%, 밀.보리.귀리: 13%, 분질미.콩.팥: 14%)
콩, 팥	*(표본구간 수확량)=(표본구간 종실중량의 합)x{(1-함수율)÷(1-0.14)} *표본구간 m^2 당 수확량=(표본구간 수확량)÷(표본구간면적)
감자	*(표본구간 수확량)=(표본구간 정상중량)+(병충해 피해 중량) +(최대 지름이 5cm 미만 또는 50% 이상 피해인 중량)x0.5 *표본구간 m^2 당 수확량=(표본구간 수확량)÷(표본구간면적)
마늘	*(표본구간 수확량)={(정상중량)+(80%피해 중량)X0.2}x(환산계수) x(1+비대추정지수) *표본구간 m^2 당 수확량=(표본구간 수확량)÷(표본구간면적)
양파	*(표본구간 수확량={(정상중량)+(80%피해 중량)X0.2}x(1+비대추정지수) *표본구간 m^2 당 수확량=(표본구간 수확량)÷(표본구간면적)
고구마	*(표본구간 수확량)=(정상중량)+(50%피해 중량x0.5)+(80%피해 중량)x0.2 *표본구간 m^2 당 수확량=(표본구간 수확량)÷(표본구간면적)
양배추	*(표본구간 수확량)=(정상중량)+(80%피해 중량)x0.2 *표본구간 m^2 당 수확량=(표본구간 수확량)÷(표본구간면적)
차	*(표본구간 수확량)={(금차수확한 새싹무게)÷(금차수확한 새싹수)} x(기수확 새싹수)x(기수확지수)+(금차수확한 새싹무게) *표본구간 m^2 당 수확량={(표본구간수확량)÷(표본구간면적)}x(수확면적율)
옥수수	*(표본구간 피해수확량)={(하품 이하 개수)+(중품 개수)x0.5}x(표준중량) x(재식시기지수)x(재식밀도지수) *표본구간 m^2 당 피해수확량=(표본구간 피해수확량)÷(표본구간면적)
인삼	*(m^2당 조사수확량)=(표본구간의 수확량의 합)÷(표본구간면적)
참다래	*(표본구간 m^2당 착과수)=(표본구간 총착과수)÷{(표본주수)x(표본면적)}

2. 표본구간 전체면적

표본구간 전체면적	
벼,보리, 밀,귀리	(표본구간의 전체면적)=(표본구간수)x(4포기길이)x(포기당간격) **밀,보리,귀리 ⇨ 산파:** 0.5x0.5=0.25㎡**(표본 1구간 면적)** (조사대상면적을 기준으로 적정표본구간수 산정) 2,000m², 3,000m², 4,000m², 5,000m², 6,000m² 이상(앞자리+2)
콩,팥	**(표본구간의 전체면적)=(표본구간수)x(이랑폭)x(이랑길이)** 또는 **(표본구간수)x**(산파 원형 1m²) (조사대상면적을 기준으로 적정표본구간수 산정) 2,500m², 5,000m², 7,500m², 10,000m² 이상을 기준
감자	**(표본구간의 전체면적)=(표본구간수)x(이랑폭)x(이랑길이)** (조사대상면적을 기준으로 적정표본구간수 산정) 2,500m², 5,000m², 7,500m², 10,000m² 이상을 기준
마늘,양파	**(표본구간의 전체면적)=(표본구간수)x(이랑폭)x(이랑길이)** (조사대상면적을 기준으로 적정표본구간수 산정) 1,500m², 3,000m², 4,500m² 이상을 기준
고구마	**(표본구간의 전체면적)=(표본구간수)x(이랑폭)x(이랑길이)** (조사대상면적을 기준으로 적정표본구간수 산정) 1,500m², 3,000m², 4,500m² 이상을 기준
양배추	**(표본구간의 전체면적)=(표본구간수)x(이랑폭)x(이랑길이)** (조사대상면적을 기준으로 적정표본구간수 산정) 1,500m², 3,000m², 4,500m² 이상을 기준
차	**(표본구간의 전체면적)=(표본구간수)x**0.2x0.2x2**=(표본구간수)x0.08** (조사대상면적을 기준으로 적정표본구간수 산정) 2,500m², 5,000m², 7,500m², 10,000m² 이상을 기준
옥수수	**(표본구간의 전체면적)=(표본구간수)x(이랑폭)x(이랑길이)** (조사대상면적을 기준으로 적정표본구간수 산정) 1,500m², 3,000m², 4,500m² 이상을 기준
인삼	**(표본구간의 전체면적)=(표본칸수)x(칸넓이)** (피해칸수를 기준으로 적정표본칸수 산정) 300칸 ,500칸, 700칸, 900칸, 1,200칸, 1,500칸, 1,800칸 이상을 기준
참다래	**(표본구간의 전체면적)=(표본주수)x(표본1구간면적),** ***(표본1구간면적)=사다리꼴면적**

표본구간 m^2당 유효중량(수확량)	
벼, 보리, 밀, 귀리	*(표본구간 유효중량), (Loss율=7%) =(표본구간 작물중량의 합)x(1-0.07)x{(1-함수율)/(1-기준함수율)} ***표본구간 m^2 당 유효중량=(표본구간 유효중량)÷(표본구간면적)** **기준함수율 ⇨ (찰벼: 13%, 메벼: 15%, 밀.보리.귀리: 13%, 분질미.콩.팥: 14%)**
콩, 팥	*(표본구간 수확량)=(표본구간 종실중량의 합)x{(1-함수율)÷(1-0.14)} ***표본구간 m^2 당 수확량=(표본구간 수확량)÷(표본구간면적)**
감자	*(표본구간 수확량)=(표본구간 정상중량)+(병충해 피해 중량) +(최대 지름이 5cm 미만 또는 50% 이상 피해인 중량)x0.5 ***표본구간 m^2 당 수확량=(표본구간 수확량)÷(표본구간면적)**
마늘	*(표본구간 수확량)={(정상중량)+(80%피해 중량)X0.2}x(환산계수)x(1+비대추정지수) ***표본구간 m^2 당 수확량=(표본구간 수확량)÷(표본구간면적)**
양파	*(표본구간 수확량={(정상중량)+(80%피해 중량)X0.2}x(1+비대추정지수) ***표본구간 m^2 당 수확량=(표본구간 수확량)÷(표본구간면적)**
고구마	*(표본구간 수확량)=(정상중량)+(50%피해 중량x0.5)+(80%피해 중량)x0.2 ***표본구간 m^2 당 수확량=(표본구간 수확량)÷(표본구간면적)**
양배추	*(표본구간 수확량)=(정상중량)+(80%피해 중량)x0.2 ***표본구간 m^2 당 수확량=(표본구간 수확량)÷(표본구간면적)**
차	*(표본구간 수확량)={(금차수확한 새싹무게)÷(금차수확한 새싹수)} x(기수확 새싹수)x(기수확지수)+(금차수확한 새싹무게) ***표본구간 m^2 당 수확량={(표본구간수확량)÷(표본구간면적)}x(수확면적율)**
옥수수	*(표본구간 피해수확량)={(하품 이하 개수)+(중품 개수)x0.5}x(표준중량) x(재식시기지수)x(재식밀도지수) ***표본구간 m^2 당 피해수확량=(표본구간 피해수확량)÷(표본구간면적)**
인삼	***(m^2당 조사수확량)=(표본구간의 수확량의 합)÷(표본구간면적)**
참다래	***(표본구간 m^2당 착과수)=(표본구간 총착과수)÷{(표본주수)x(표본면적)}**

예제 1 *벼(찰벼)-조사내용(표본조사)

실제경작면적	고사면적	기수확 면적	표본구간 작물중량	조사 함수율(3회)
5,000m²	400m²	600m²	1.5kg	21.7%

- 4포기 길이(공통): 0.8m, 포기당 간격: 0.3m

풀이 1

조사대상면적=5,000-400-600=4,000m²이므로 표본구간수=6구간, 표본구간면적=6x0.8x0.3=1.44m²,
표본구간 유효중량=1.5x0.93x(1-0.217)/(1-0.13)=1.2555kg
표본구간 m²당 유효중량=1.2555/1.44=0.871875kg

예제 2 *귀리-조사내용(표본조사)

실제경작 면적	기수확 면적	미보상 면적	표본구간작물중량	조사 함수율
2,500m²	200m²	300m²	1,2kg	21.7%

- 4포기 길이(공통): 0.8m, 포기당 간격: 0.5m

풀이 2

조사대상면적=2,500-200-300=2,000m², 표본구간수=4구간, 표본구간면적=4x0.8x0.5=1.6m²,
표본구간 유효중량=1.2x0.93x(1-0.217/1-0.13)=1,0044kg,
표본구간 m²당 유효중량=1.0044/1.6=0.62775kg

예제 3 *콩-조사내용(표본조사: 산파농지로서 규격의 원형 1m²를 이용하여 표본조사)

실제경작면적	고사면적	타작물 및 기수확면적	표본구간	
			수확량합계	함수율(3회평균)
6,000m²	300m²	700m²	2,400g	22.6%

풀이 3

조사대상면적=6,000-300-700=5,000m²이므로 표본구간수=6구간, 표본구간면적=6x1=6m²,
표본구간 수확량의 합=2.4x(1-0.226)/0.86=2.16kg
표본구간 m²당 수확량=2.16/6=0.36kg

예제 4 *감자 -조사내용(표본조사),

실제 경작면적	고사면	타작물 및 미보상면적	표본구간 무게 합계				
			표본 구간수	정상	최대지름 5cm미만	50%이상 피해감자	병충해
5,000m²	500m²	500m²	(가)	10kg	5kg	7kg	6kg

- 표본구간 면적조사(공통): 이랑폭: 0.8m, 이랑길이: 2.5m,

풀이 4

조사대상면적=4,000m²이므로 표본구간수=5구간, 표본구간면적=5x0.8x2.5=10m²,
표본구간 m²당 수확량=(10+12x0.5+6)/10=2.2kg

예제 5 *계약내용 및 조사내용(난지형 마늘, 평년수확량: 4,000kg)

실제 경작면적	고사 면적	타작물 및 미보상면적	표본구간(공통)			표본구간 무게 합계		
			표본 구간수	이랑폭	이랑길이	80%피해	100%피해	정상
2,000m²	100m²	200m²	(가)	0.8m	2.5m	10kg	5kg	8kg

- 미보상비율: 10%, -일일 비대추정지수: 0.8%, 잔여일수: 10일

풀이 5

조사대상면적=2,000-100-200=1,700m²이므로 표본구간수=5구간, 표본구간면적=5x0.8x2.5=10m²
표본구간 m²당 수확량=(8+10x0.2)x0.72x(1+0.08)÷10=0.7776kg

예제 6 *고구마 -조사내용(표본조사)

실제 경작면적	타작물 면적	기수확 면적	표본구간 무게 합계				
			표본구간수	50%피해	80%피해	100%피해	정상
3,000m²	500m²	500m²	(가)	6kg	5kg	4kg	5kg

- 미보상비율: 20%, 표본구간 조사(공통), 이랑폭: 0.8m, 이랑길이: 2.5m

풀이 6

조사대상면적=3,000-500-500=2,000m²이므로 표본구간수=5구간, 표본구간 면적=5x0.8x2.5=10m²,
표본구간 수확량=5+6x0.5+5x0.2=9kg, 표본구간 m²당 수확량=9/10=0.9kg

예제 7 *차(茶)-조사내용(표본조사)

면적확인				표본조사		
실제경작 면적	고사 면적	미보상 면적	기수확 면적	기수확 새싹수	수확한 새싹수	수확한 새싹무게
4,000m²	1,000m²	500m²	500m²	100개	100개	100g

- 미보상비율: 10%, -수확면적율: 80%, -기수확지수: 0.958

풀이 7

조사대상 면적=2,000m²이면 표본구간수=4, 표본구간면적=4x0.08=0.32m²

표본구간 m²당 수확량={(0.1/100)x100x0.958+0.1}x0.8/4x0.08=0.4895=0.49kg

예제 8 *인삼 -조사내용(표본조사)

조사방법	피해칸수	표본조사		칸넓이 조사(1칸넓이)		
		표본칸수	표본구간수확량의 합	지주목간격	두둑폭	고랑폭
표본조사	300칸	(가)	4.0kg	2.5m	1.5m	0.5m

- 가입당시 3년근 인삼, -연근별 기준수확량(kg/m²), 3년근=0.7kg, 4년근=0.78kg

풀이 8

가입당시 3년근이므로 연근별 기준수확량=0.7kg

피해칸수가 300칸이면 표본칸수는 4칸이다. (가)=4칸

칸넓이=2.5x(1.5+0.5)=5m², 표본구간 m²당 조사수확량=4÷4x5=0.2kg

예제 9 *참다래 -계약내용 및 수확개시 이전 조사내용

실제결과 주수	미보상 주수	고사 주수	표본조사(7주)		피해구성율		미보상율
			착과수합계	낙과수합계	착과	낙과	
200주	20주	10주	420개	-	20%	-	10%

-표본구간면적: 윗변:1.2m, 아랫변:1.8m, 높이:2m
-주간거리: 5m, 열간거리: 4m

풀이 9

재식면적=4x5=20m², 표본구간면적=(1.2+1.8)x2/2=3m²,
조사대상주수=200-20-10=170주, 표본주수는 7주,
표본구간 m²당 착과수=420/7x3=20개

MEMO

17

수확량 산정 [과수]

17 수확량 산정(과수)

<수확량 산정 방법>

종합위험 수확감소보장 수확량	
참다래	*(수확개시 이전 수확량)=(조사대상면적)x(m^2당 착과수)x(과중) x(1-착과피해구성율)+(미보상면적)x(m^2당 평년수확량)=S *(금차수확량)=(조사대상주수)x(재식면적)x(m^2당 착과수)x(과중) x{1-(착과피해구성율-maxA)}+(조사대상주수)x(재식면적) x(m^2당 낙과수)x(과중)x{1-(낙과피해구성율-maxA)} +(누적미보상면적)x(m^2당 평년수확량)=A *(금차감수량)=B, (기수확량)=C *S >A+B+C이면 (오류검증 필요없음) *수확량=S-B
유자	*수확량=(조사대상주수)x(표본주 1주당 착과수)x(과중)x(1-착과피해구성율) +(미보상주수)x(1주당 평년수확량)=S
매실 대추 살구	*(수확개시 이전 수확량)=(조사대상주수)x(표본주 1주당 착과량) x(1-착과피해구성율)+(미보상주수)x(1주당 평년수확량)=S (금차수확량)=(조사대상주수)x(표본주 1주당 착과량) x{1-(착과피해구성율-maxA)}+(조사대상주수)x(표본주 1주당 낙과량) x{1-(낙과피해구성율-maxA)}+(미보상주수)x(1주당 평년수확량)=A (금차감수량)=B, (기수확량)=C *S >A+B+C이면 (오류검증 필요없음) *수확량=S-B
오미자	(수확개시이전 수확량)=(조사대상길이)x(m당 착과량)(1-착과피해구성율) +(미보상길이)x(m당 평년수확량) (금차수확량)=(조사대상길이)x(표본구간 m당 착과량) x{1-(착과피해구성율-maxA)}+(조사대상길이)x(표본구간 m당 낙과량) x{1-(낙과피해구성율-maxA)}+(미보상길이)x(m당 평년수확량)=A (금차감수량)=B, (기수확량)=C *S >A+B+C이면 (오류검증 필요없음) *수확량=S-B

종합위험 수확감소보장 수확량	
포도 자두 만감류	***(착과량)=(조사대상주수)x(표본주 1주당 착과수)x(과중) +(미보상주수)x(1주당 평년수확량)** **-착과피해감수량**=(조사대상주수)x(표본주 1주당 착과수)x(과중) x(착과피해구성율-maxA) **-낙과피해감수량**=(조사대상주수)x(표본주 1주당 낙과수)x(과중) x(낙과피해구성율-maxA) **-고사나무피해감수량**=(금차고사주수)x(표본주1주당착과수+낙과수) x(과중)x(1-~~maxA~~) * 착과피해감수량+낙과피해감수량+고사나무피해감수량=**A(감수량의 총합)** ***수확량=(착과량)-A, 수확량=Max(착과량, 평년수확량)-A**
복숭아	***(병충해 착과피해감수량)**=(조사대상주수)x(표본주 1주당 착과수)x(과중) x(병충해과실수)x(0.5)/(표본의 총개수=60) ***(병충해 낙과피해감수량)**=(조사대상주수)x(표본주 1주당 낙과수)x(과중) x(병충해과실수)x(0.5)/(표본의 총개수=60)
밤 호두	(수확개시이전 수확량) =(조사대상주수)x(표본주 1주당 착과수)x(과중)x(1-착과피해구성율) **+(조사대상주수)x(표본주 1주당 낙과수)x(과중)x(1-낙과피해구성율)** **+(미보상주수)x(1주당 평년수확량)**=S **(금차수확량)=A** =(조사대상주수)x(표본1주당 착과수)x(과중)x**{1-(착과피해구성율-maxA)}** +(조사대상주수)x(표본 1주당 낙과수)x(과중)x**{1-(낙과피해구성율-maxA)}** +**(누적 미보상주수)**x(1주당 평년수확량)— ① **(금차감수량)=B** =(조사대상주수)x(표본 1주당 착과수)x(과중)x(착과피해구성율-maxA) +(조사대상주수)x(표본 1주당 낙과수)x(과중)x(낙과피해구성율-maxA) **+(금차고사주수)x(1주당착과수+1주당낙과수)**x(과중)x(1-maxA)— ② **(기수확량)=C**— ③, S >①+②+③이면 (오류검증 필요없음) *수확량=S-②=S-B

예제 1 종합위험 수확감소보장방식 비가림과수 포도 품목에 보상하는 재해로 피해가 발생하였다. 다음 계약내용 및 조사내용을 참조하여 물음에 답하시오.
(단, 피해율은 % 단위로 소수점 아래 셋째자리에서 반올림)

***계약내용**

품목	보험가입금액	평년수확량	가입주수	자기부담비율
포도	1,500만원	4,200kg	300주	10%

***수확개시 이전 착과수 및 과중 조사내용(착과수조사 이전 사고의 피해사실이 인정된 경우)**

실제결과 주수	미보상 주수	고사 주수	표본조사		과중조사	
			적정표본주수	착과수 합계	표본과실수	표본과실중량
300주	20주	10주	(가)	315개	30개	12kg

***수확개시 이후 착과피해 및 낙과피해 조사내용**

기수확 주수	미보상 주수(누적)	고사 주수(누적)	표본조사		피해구성율		미보상 비율
			착과수합계	낙과수합계	착과	낙과	
10주	20주	20주	225개	45개	30%	50%	20%

물음 1 수확량(kg)을 구하시오.

물음 2 수확감소 보험금의 계산과정과 값(원)을 쓰시오.

풀이 1

(1) 1주당 평년수확량=14kg, 조사대상주수=300-20-10=270주이므로 적정표본주수는 9주
표본주 1주당 착과수=35개, 과중=0.4kg, 착과량=270x35x0.4+20x14=4,060kg
감수량 계산, maxA=0, 조사대상주수=300-10-20-20=250주이므로 적정 표본주수는 9주
표본주수 1주당 착과수=25개(20%), 1주당 낙과수=5개(50%), 금차고사주수=10주
착과피해감수량=250x25x0.4x(0.3-0)=750kg
낙과피해감수량=250x5x0.4x(0.5-0)=250kg
고사나무피해감수량=10x(25+5)x0.4x(1-0)=120kg
감수량의 총합=750+250+120=1,120kg,
수확량=4,060-1,120=2,940kg

(2) 미보상감수량=(4,200-2,940)x0.2=252kg
피해율=(4,200-2,940-252)/4,200=0.24, 24%
수확감소 보험금=1,500만원x(0.24-0.1)=2,100,000원

예제 2 종합위험 수확감소보장방식 호두 품목에 보상하는 재해로 피해가 발생하였다.
다음 계약내용 및 조사내용을 참조하여 물음에 답하시오.
(단, 피해율은 % 단위로 소수점 아래 셋째자리에서 반올림)

***계약내용**

품목	보험가입금액	평년수확량	가입주수	자기부담비율
호두	1,000만원	4,000kg	200주	최저비율적용

***수확개시이전 조사내용**

실제 결과주수	미보상 주수	고사 주수	표본조사		피해구성율		미보상비율
			착과수합계	낙과수합계	착과	낙과	
200주	10주	10주	1,200개	640개	20%	50%	10%

-조사대상주수에 따른 적정표본주수 선정
-과중조사, 1차조사:100g, 2차조사: 120g

***수확개시이후 조사내용**

시기	금차수확량	금차감수량	기수확량	미보상비율
1차	1,800kg	800kg	300kg	20%

물음 1 수확량(kg)을 구하시오.

물음 2 수확감소 보험금의 계산과정과 값(원)을 쓰시오.

풀이 2

호두의 최저 자기부담비율은 20%

(1) 1주당 평년수확량=20kg, 과중=1차조사=0.1kg
(수확개시 이전 수확량조사) 조사대상주수=200-10-10=180주이므로 적정표본주수는 8주
표본주 1주당 착과수=150개(20%), 1주당 낙과수=80개(50%), 미보상주수=10주
(수확개시 이전 수확량)=180x150x0.1x(1-0.2)+180x80x0.1x(1-0.5)+10x20=3,080kg
1차사고 산출량의 총합=1,500+1,000+500=3,000kg
(오류검증) 3,080>1,800+800+300이므로 오류검증 필요 없음
수확량=3,080-800=2,280kg

(2) 미보상감수량=(4,000-2,280)x0.2=344kg
피해율=(4,000-2,280-344)/4,000=0.344, 34.4%
수확감소 보험금=1,000만원x(0.344-0.2)=1,440,000원

예제 3 종합위험보장 비가림과수 참다래 품목에 보상하는 재해로 피해가 발생하였다. 다음 계약내용 및 조사내용을 참조하여 수확감소 보험금(원)을 구하시오. (단, 피해율은 % 단위로 소수점 아래 셋째자리에서 반올림)

*계약내용

품목	보험가입금액	평년수확량	가입주수	재식면적		자기부담비율
				주간거리	열간거리	
참다래	1,500만원	5,000kg	200주	2.5m	4m	20%

-주어진 조건이외는 고려하지 않음

*수확개시 후 조사내용(수확개시 이전 조사 없음)

실제결과 주수	미보상 주수	고사 주수	표본조사		피해구성율		기수확량
			착과수합계	낙과수합계	착과	낙과	
200주	10주	10주	840개	210개	40%	60%	-

-표본구간면적: 윗변:1.5m, 아랫변:2.5m, 높이:1.5m
-과중조사(60개): 50g초과(2.3kg), 50g이하(1.0kg) -미보상율: 20%,

풀이 3

1주당 평년수확량=25kg, 과중=0.05kg, 표본 1구간면적=3m^2, 재식면적=10m^2
(1차사고) 조사대상주수=200-10-10=180주이므로 적정표본주수는 7주
표본구간 m^{2}당 착과수=840/7x3=40개(40%), 표본구간 m^{2}당 낙과수=210/7x3=10개(60%)
(금차수확량)=180x10x40x0.05x(1-0.4)+180x10x10x0.05x(1-0.6)+10x25=2,770kg
(금차감수량)=180x10x40x0.05x(0.4-0)+180x10x10x0.05x(0.6-0)+10x25=2,230kg
(기수확량)=0kg,
(평년수확량)=5,000≥(산출량의 총합)=2,770+2,230+0=5,000 (오류검증 필요 없음)
(수확량)=5,000-2,230=2,770kg, 미보상감수량=(5,000-2,770)x0.2=446kg
피해율=(5,000-2,230-446)/5,000=0.4648, 46.48%
수확감소 보험금=1,500만원x(0.4648-0.2)=3,972,000원

예제 4 종합위험 수확감소보장방식 비가림과수 대추 품목에 보상하는 재해로 피해가 발생하였다. 다음 계약내용 및 조사내용을 참조하여 물음에 답하시오.
(단, 피해율은 % 단위로 소수점 아래 셋째자리에서 반올림)

***계약내용**

품목	보험가입금액	평년수확량	가입주수	자기부담비율
대추	1,200만원	5,000kg	200주	20%

***조사내용(수확개시 이전 조사)**

나무조사			표본주 조사		
실제결과주수	고사주수	미보상주수	표본주수	수확과실 무게	착과피해구성율
200	10	10	(가)	140kg	20%

-미보상비율: 10%

***수확개시 이후 1차, 2차사고 조사내용**

시기	금차수확량	금차감수량	기수확량	미보상비율
1차(집중호우)	2,300kg	500kg	300kg	15%
2차(태풍)	1,800kg	300kg	200kg	20%

물음 1 수확량(kg)을 구하시오.
(단, 수확량과 미보상감수량은 kg 단위로 소수점 아래 첫째자리에서 반올림)

물음 2 수확감소 보험금의 계산과정과 값(원)을 쓰시오.

풀이 4

조사대상주수, 200-10-10=180이므로 적정표본주수는 7주
1주당 평년수확량=25kg, 표본주 1주당 착과량=140/7=20kg,
수확개시이전 수확량=180x20x(1-0.2)+10x25=3,130kg,
(1차) 3,130>2,300+500+300=3,100이므로 오류검증 필요없음
(2차) 2,300+300>1,800+300+200=2,300이므로 오류검증 필요없음

수확량=3,130-(500+300)=2,330kg
미보상감수량=(5,000-2,330)x0.2=534kg
피해율=(5,000-2,330-534)/5,000=0.4272, 42.72%
수확감소 보험금=1,200만원x(0.4272-0.2)=2,726,400원

18

수확량 산정 (논.발작물)

수확량 산정(논. 밭작물)

<수확량 산정 방법>

종합위험 수확감소보장 수확량	
벼	(수량요소조사), 수확량=(표준수확량)x(조사수확비율)x(피해면적보정계수) (표본조사), 수확량=(표본구간 m^2당 유효중량)x(조사대상면적) +(m^2당 평년수확량)x(타작물 및 미보상면적+기수확면적) (전수조사), 수확량=(조사대상 면적 수확량)x{(1-함수율)÷(1-기준함수율)} +(m^2당 평년수확량)x(타작물 및 미보상면적+기수확면적)
밀,보리, 귀리	(표본조사), 수확량=(표본구간 m^2당 유효중량)x(조사대상면적) +(m^2당 평년수확량)x(타작물 및 미보상면적+기수확면적) (전수조사), 수확량=(조사대상 면적 수확량)x{(1-함수율)÷(1-0.13)} +(m^2당 평년수확량)x(타작물 및 미보상면적+기수확면적)
콩,팥	(표본조사),수확량=(표본구간 m^2 당 수확량)x(조사대상면적) +(m^2 당 평년수확량)x(타작물 및 기수확면적+미보상면적) (전수조사),수확량=(전수조사 수확량)x{(1-함수율)÷0.86} +(m^2 당 평년수확량)x(타작물 및 기수확면적+미보상면적)
감자, 고구마, 양배추, 마늘,양파	(표본조사),수확량=(표본구간 m^2 당 수확량)x(조사대상면적) +(m^2 당 평년수확량)x(타작물 및 기수확면적+미보상면적)
옥수수	(1과목), 피해수확량=(피해주수)x(표준중량)x(재식시기지수)x(재식밀도지수) (2과목), 피해수확량=(표본구간 m^2 당 피해수확량)x(조사대상면적) +(m^2 당 표준수확량)x(고사면적)
차	(표본조사),수확량=(표본구간 m^2 당 수확량)x(조사대상면적) +(m^2 당 평년수확량)x(타작물 및 기수확면적+미보상면적)
인삼	(수확량)=(m^2당 조사수확량)+(m^2당 미보상감수량)

예제 1 다음은 종합위험 수확감소보장방식에 가입한 벼(찰벼) 품목에 관한 내용이다.
계약사항 및 조사내용을 참조하여 수확감소보험금의 계산과정과 값(원)을 쓰시오.
(단, 수확량과 미보상감수량은 kg단위로 소수점 아래 첫째자리에서 반올림하고 피해율은 % 단위로 소수점 아래 셋째자리에서 반올림하시오.)

***계약내용**

품목	보험가입금액	평년수확량	표준수확량	가입면적	자기부담비율
벼(찰벼)	800만원	3,600kg	3,200kg	4,000m²	10%

***조사내용(수량요소조사)**

실제경작 면적	피해 면적	포기당 이삭수(4포기)				이삭당 완전낟알수			
		1번 포기	2번 포기	3번 포기	4번 포기	1번 이삭	2번 이삭	3번 이삭	4번 이삭
4,000m²	400m²	14개	15개	16개	17개	61개	51개	50개	75개

- 미보상비율: 20%
- 조사수확비율: 해당구간의 최댓값 적용
  (14점~15점: 51%~60%, 16점~18점: 61%~70%, 19점~21점: 71%~80%)

풀이 1

포기당 이삭수(4포기)의 점수=1+1+2+2=6점(16개 이상은 2점)
이삭당 완전낟알수의 점수=3+2+1+4=10점
점수의 총합=16점이므로 조사수확비율 구간의 최댓값=0.7
피해율=400/4,000=0.1, 10%이므로 피해면적보정계수=1.1
수확량=3,200x0.7x1.1=2,464kg
미보상감수량=(3,600-2,464)x0.2=227.2=227kg
피해율=(3,600-2,464-227)/3,600=0.2525, 25.25%,
수확감소 지급보험금=800만원x(0.2525-0.1)=1,220,000원

예제 2 다음은 종합위험방식 수확감소보장보험에 가입한 귀리 품목에 관한 내용이다. 계약사항 및 조사내용을 참조하여 물음에 답하시오.
(단, 피해율은 % 단위로 소수점 셋째자리에서 반올림)

***계약내용(귀리 품목은 2024년도 신규상품이고 신규가입)**

품목	보험가입금액	가입가격	표준수확량	가입면적	자기부담비율
귀리	최대가입금액	1,200원/kg	4,000kg	5,000m^2	최저비율적용

***조사내용(표본조사)**

실제경작면적	고사면적	미보상면적	표본구간(6구간) 작물중량합계	조사 함수율 (3회 평균)
5,000m^2	400m^2	800m^2	500g	21.7%

- 산파농지이며 표본구간 면적조사 -미보상비율: 10%
- 주어진 조건 이외 다른 조건은 고려하지 않음.

물음 1 표본구간 m^{2}당 유효중량(g)을 산정하시오.
(단, 표본구간 m^{2}당 유효중량은 g 단위로 소수점 아래 첫째자리에서 반올림)

물음 2 수확감소 보험금의 계산과정과 값(원)을 쓰시오.
(단, 수확량과 미보상감수량은 kg 단위로 소수점 아래 첫째자리에서 반올림)

풀이 2

보험가입금액=4,000x1,200=480만원
m^{2}당 평년수확량=0.8kg, 조사대상면적=3,800m^{2}이므로 표본구간수=5구간
산파농지의 표본1구간의 면적=0.5x0.5=0.25m^2, 표본구간의 면적=6x0.25=1.5m^2
표본구간 m^{2}당 유효중량=500x0.93x{(1-0.217)/(1-0.13)}/1.5=279g
수확량=0.279x3,800+0.8x800=1,700.2=1,700kg,
미보상감수량=(4,000-1,700)x0.1=230kg,
피해율=(4,000-1,700-230)/4,000=0.5175, 51.75%
수확감소 보험금=480만원x(0.5175-0.2)=1,524,000원

예제 3 다음은 종합위험보장방식의 수확감소보장 고구마 품목이 보상하는 재해로 인하여 피해가 발생하였다. 다음의 계약내용과 조사내용을 참조하여 물음에 답하시오.
(단, 피해율은 %단위로 소수점 아래 셋째자리에서 반올림)

***계약내용**

품목	가입면적	보험가입금액	평년수확량	자기부담비율
고구마	5,000m²	800만원	8,000kg	20%

***조사내용(수확량 조사-표본조사)**

실제경작면적	타작물면적	기수확면적	표본구간 수확량 조사			
			정상	50%피해	80%피해	100%피해
5,000m²	500m²	1,000m²	6.2kg	2kg	6kg	3kg

- 표본구간 면적(공통) 이랑폭: 0.8m, 이랑길이: 2.5m -미보상비율: 10%
- 주어진 조건 이외 다른 조건은 고려하지 않음.

물음 1 수확량의 계산과정과 값(kg)을 쓰시오.

물음 2 수확감소보험금의 계산과정과 값(원)을 쓰시오.

풀이 3

m²당 평년수확량=1.6kg
조사대상면적, 3,500m²이면 표본구간=6구간,
표본구간 면적=6x0.8x2.5=12m², 표본구간 수확량=6.2+2x0.5+6x0.2=8.4kg
표본구간 m²당 수확량=(6.2+1+1.2)÷12=0.7kg
수확량=0.7x3,500+1.6x(1,000+500)=4,850kg
미보상감수량=(8,000-4,850)x0.1=315kg
피해율=(8,000-4,850-315)÷8,000=0.354375, 35.44%
수확감소 보험금=800만원x(0.3544-0.2)=1,235,200원

예제 4 종합위험 수확감소보장방식 보험에 가입한 마늘(한지형)품목에 관한 내용이다. 계약사항 및 조사내용을 참조하여 물음에 답하시오.
(단, 피해율은 % 단위로 소수점 아래 셋째자리에서 반올림)

*계약내용

품목	보험가입금액	평년수확량	가입면적	표준수확량	자기부담비율
마늘(한지형)	800만원	4,000kg	2,000m²	3,600kg	20%

* 조사내용

실제 경작면적	고사면적	타작물 및 미보상 면적	표본구간수	표본구간 무게 합계		
				80%피해	100%피해	정상
2,000m²	100m²	400m²	(가)	10kg	2kg	8kg

- 미보상비율: 20%, -일일 비대추정지수: 0.8%, 잔여일수: 10일
- 표본구간(공통), 이랑폭: 0.8m, 이랑길이: 2.5m

물음 1 (가)에 들어갈 숫자와 수확량을 산정하시오.

물음 2 수확감소 보험금의 계산과정과 값(원)을 쓰시오.

풀이 4

조사대상면적=1,500m²이므로 표본구간수=5구간, 표본구간면적=5x0.8x2.5=10m²,
조사대상면적=2,000-100-400=1,500m², m²당 평년수확량=2kg
표본구간 단위면적당 수확량=(8+10x0.2)x0.7x(1+0.08)÷10=0.756kg
수확량=0.756x1,500+2x400=1,934kg
미보상감수량=(4,000-1,934)x0.2=413.2kg
피해율=(4,000-1,934-413.2)÷4,000=0.4132, 41.32%
수확감소 보험금=800만원x(0.4132-0.2)=1,705,600원

예제 5 종합위험보장방식의 수확감소보장 양파 품목이 보상하는 재해로 인하여 피해가 발생하였다. 다음의 계약내용과 조사내용을 참조하여 물음에 답하시오.
(단, 피해율은 %단위로 소수점 아래 셋째자리에서 반올림)

*계약내용 및 조사내용

품목	가입면적	보험가입금액	평년수확량	자기부담비율
양파	2,500m²	1,500만원	10,000kg	20%

실제경작면적	타작물면적	미보상면적	표본구간 수확량 조사			일수별 비대추정지수
			정상	80%피해	100%피해	
2,500m²	300m²	200m²	11kg	5kg	5kg	2.2%

- 표본구간(공통), 이랑폭: 1.5m, 이랑길이: 2m -미보상비율: 10%
- 수확적기까지 잔여일수: 20일

물음 1 표본구간 m²당 수확량을 산정하시오.

물음 2 수확감소 보험금의 계산과정과 값(원)을 쓰시오.

풀이 5

조사대상면적=2,500-300-200=2,000m²이면 표본구간=5구간
표본구간면적=5x1.5x2=15m², m²당 평년수확량=4kg
표본구간 m²당 수확량=(11+5x0.2)x1.44÷15=1.152kg
수확량=1.152x2,000+4x500=4,304kg
미보상 감수량=(10,000-4,304)x0.1=569.6kg
피해율=(10,000-4,304-569.6)÷10,000=0.51264, 51.26%
수확감소 보험금=1,500만원x(0.5126-0.2)=4,689,000원

예제 6 다음은 종합위험방식 수확감소보장보험에 가입한 옥수수 품목에 관한 내용이다. 계약사항 및 조사내용을 참조하여 물음에 답하시오.

***계약내용**

품목	보험가입금액	표준수확량	표준가격	가입면적	자기부담비율
옥수수 (미백2호)	800만원	4,000kg	2,000원/kg	5,000m²	20%

***조사내용(표본조사)**

실제경작 면적	고사 면적	미보상 면적	표본구간 면적합계	표본구간내 수확한 작물 착립장의 개수			
				13cm	15cm	17cm	19cm
5,000m²	1,000m²	500m²	8m²	20개	8개	5개	7개

- 재식밀도지수: 0.9, 재식시기지수: 1 -미보상비율: 20%
- 표준중량: 연농2호=0.16kg, 미백2호=0.18kg, 미흑찰=0.19kg

물음 1 표본구간 m²당 피해수확량의 계산과정과 값(kg)을 쓰시오.
(단, 표본구간 m²당 피해수확량은 kg 단위로 소수점 셋째자리에서 반올림)

물음 1 수확감소 보험금의 계산과정과 값(원)을 쓰시오.

풀이 6

m²당 표준수확량=0.8kg, 표준중량, 미백2호=0.18

표본구간 m²당 피해수확량={(20+8x0.5)x0.18x0.9x1}÷8=0.486=0.49kg

피해수확량=0.49x3,500+0.8x1,000=2,515kg

손해액=2,515x(1-0.2)x2,000원=4,024,000원

자기부담금액=800만원x0.2=160만원

수확감소 보험금=Min{4,024,000, 800만원}-160만원=2,424,000원

19

피해율 공식

피해율 공식

1. 피해율 공식

품목	피해율
수확감소보장 과수 논, 밭작물	(피해율)=(평년수확량-수확량-미보상감수량)÷(평년수확량) ※(미보상감수량)=(평년수확량-수확량)x(미보상비율)
수확감소보장 복숭아. 감자	(평년수확량-수확량-미보상감수량+병충해감수량)÷(평년수확량) ※(복숭아, 병충해)=(병충해과실 무게)x0.5 ※(감자, 병충해)=(병충해 무게)x(손해정도비율)x(등급인정계수)
무화과	(피해율)=(종합위험 과실손해 피해율)+(특정위험 과실손해 피해율) ※(종합위험 피해율)=(평년수확량-수확량-미보상감수량)÷(평년수확량) ※(특정위험 피해율)=(1-수확전 피해율)x(잔여수확량비율)x(결과지피해율) ※결과지피해율 ={(보상고사결과지수)+(정상결과지수)x(착과피해율)}÷(기준결과지수)
인삼	(표본조사 피해율)={1-(수확량/기준수확량)}x(피해면적/재배면적) (전수조사 피해율)={1-(수확량/기준수확량)}x(금차수확면적/재배면적)
오디	(피해율)=(평년결실수-조사결실수-미보상감수결실수)÷(평년결실수)
복분자	(피해율)=(고사결과모지수)÷(평년결과모지수) (고사결과모지수)=(종합위험 고사결과모지수)+(특정위험 고사결과모지수)
감귤	**(수확전 피해율)**=(100% 피해과실과 보상하는 낙과피해 과실수로 산정) **={(100%피해+보상하는 낙과과실수)/(기준과실수)}x(1-미보상비율)** **(과실손해 피해율)**=(등급내 과실과 등급외 과실로 산정) **(주계약피해율)=[①/(1-②)+{1-①/(1-②)}x{③/(1-④)}]x{1-Max(②, ④)}** **(동상해 피해율)**=(기수확과실수, 80%피해, 100%피해, 정상과실수) **=(1x100%피해개수+0.8x80%피해개수)÷(기준과실수-기수확과실수)** (기사고피해율)={(주계약 피해율)÷(1-주계약 미보상비율)}+(이전 동상해피해율)
나무	(고사나무 피해율)=(고사주수)÷(실제결과주수)
농업수입감소	(피해율)=(기준수입-실제수입)÷(기준수입)

품목	피해율
고추	(피해율)=(피해비율)x(손해정도비율)x(1-미보상비율) ※(피해비율)=(피해면적)÷(재배면적) ※(손해정도비율)=(20%, 40%, 60%, 80%, 100%)피해형 분류 조사
브로콜리	(피해율)=(피해비율)x(작물피해율)x(1-미보상비율) ※(피해비율)=(피해면적)÷(재배면적) ※(작물피해율)=(50%, 80%, 100%)피해형 분류 조사
메밀	(피해율)=(피해면적)÷(재배면적)x(1-미보상비율) ※(피해면적)=(도복피해면적)x70%+(도복이외 피해면적)x(손해정도비율) ※(손해정도비율)=(20%, 40%, 60%, 80%, 100%)피해형 분류 조사
생산비보장 (배무당단파시양)	(피해율)=(피해비율)x(손해정도비율)x(1-미보상비율) ※(피해비율)=(피해면적)÷(재배면적) ※(손해정도비율)=(20%, 40%, 60%, 80%, 100%)피해형 분류 조사
시설작물	(피해율)=(피해비율)x(손해정도비율)x(1-미보상비율) ※(피해비율)=(피해면적)÷(재배면적) ※(손해정도비율)=(20%, 40%, 60%, 80%, 100%)피해형 분류 조사
표고버섯 (원목재배)	(피해율)=(피해비율)x(손해정도비율)x(1-미보상비율) ※(피해비율)=(피해원목수)÷(재배원목수) ※(손해정도비율)=(표본원목의 피해면적)÷(표본원목의 전체면적)
표고버섯 (톱밥배지)	(피해율)=(피해비율)x(손해정도비율)x(1-미보상비율) ※(피해비율)=(피해 배지수)÷(재배 배지수) ※(손해정도비율)=(50%, 100%)피해형 분류 조사
버섯작물	(피해율)=(피해비율)x(손해정도비율)x(1-미보상비율) ※균상재배(피해비율)=(피해면적)÷(재배면적) ※병재배(피해비율)=(피해병수)÷(재배병수), ※(손해정도비율)=(20%, 40%, 60%, 80%, 100%)피해형 분류 조사

<고추 손해정도에 따른 손해정도비율>

손해정도	1~20%	21~40%	41~60%	61~80%	81~100%
손해정도비율	20%	40%	60%	80%	100%

<브로콜리 피해정도에 따른 피해인정계수>

구분	정상	50%형피해	80%형피해	100%형피해
피해인정계수	0	0.5	0.8	1

2. 경과비율 공식

품목	경과비율	
고추 브로콜리	수확기 이전	※ (경과비율)= $\alpha+(1-\alpha)\times\frac{(생장일수)}{(표준생장일수)}$ (단, α는 준비기생산비계수) ⇨ (고추: 49.5%, 브로콜리: 49.2%) ※ 표준생장일수 ⇨ (고추: 100일, 브로콜리: 130일)
	수확기 중	※(경과비율)= $1-\frac{(수확일수)}{(표준수확일수)}$ ※표준수확일수 ⇨ (고추: 50일, 브로콜리: 30일)
시설작물	수확기 이전	※(경과비율)= $\alpha+(1-\alpha)\times\frac{(생장일수)}{(표준생장일수)}$ (단, α는 준비기생산비계수) ⇨ (무.시금치.쪽파.쑥갓: 10%) (국화.카네이션 재절화: 20%), (나머지 품목: 40%) ※표준생장일수 ⇨ (쑥갓: 50일, 백수파멜: 100일, 배추: 70일)
	수확기 중	※(경과비율)= $1-\frac{(수확일수)}{(표준수확일수)}$, (단, 국화.수박.멜론=1) ※표준수확일수 ⇨ (시금치: 30일, 무:28일, 배추: 50일) ※최저 10% 적용(단, 풋오호상토는 예외)
버섯작물	수확기 이전	※(경과비율)= $\alpha+(1-\alpha)\times\frac{(생장일수)}{(표준생장일수)}$ (단, α는 준비기생산비계수) ⇨ (표고버섯(배지)= 66.3%) (느타리버섯(균상)= 67.6%), (양송이버섯(균상)= 75.3%) ※표준생장일수 ⇨ (표고버섯: 90일, 느타리버섯: 28일, 양송이버섯: 30일)
	수확기 중	※(경과비율)= $1-\frac{(수확일수)}{(표준수확일수)}$ ※표준수확일수 ⇨ 수확개시일~수확종료일
	병재배	※(경과비율)=수확기 이전, 이후 관계없이 일정 (느타리버섯(병)= 88.7%), (새송이버섯(병)= 91.7%)
사고발생 일자	연속된 재해	※ 고추. 브로콜리(가뭄.폭염.병충해) ⇨ (수확기 이전.이후)재해가 끝나는 날 (가뭄: 강우일의 전날, 재해가 끝나기 전에 조사가 이루어진 날) ※ 시설작물(폭염.냉해) ⇨ (수확기 이전): 기상특보 발령일자 (수확기 중): 최종출하일자

<표준생장일수와 표준수확일수>

품목		표준생장일수	표준수확일수
딸기		90일	182일
오이		45일(75일)	-
토마토		80일(120일)	-
참외		90일	224일
풋고추		55일	-
호박		40일	-
수박		**100일**	-
멜론		**100일**	-
파프리카		**100일**	223일
상추		30일	-
시금치		40일	30일
국화	스탠다드형	120일	-
	스프레이형	90일	-
가지		50일	262일
배추		**70일**	50일
파	대파	120일	64일
	쪽파	60일	19일
무	일반	80일	28일
	기타	50일	28일
백합		**100일**	23일
카네이션		150일	224일
미나리		130일	88일
쑥갓		50일	51일

<버섯작물별 표준생장일수>

품목	품종	표준생장일수
표고버섯(톱밥배지재배)	전체	90일
느타리버섯(균상재배)	전체	28일
양송이버섯(균상재배)	전체	30일

<버섯작물별 보장생산비 및 준비기 생산비 계수>

품목		보장생산비	준비기 생산비 계수	비고
표고버섯(원목재배)	1년차	8,300원/본	88.3%	본 기준
	2년차	6,400원/본		
	3년차	3,200원/본		
	4년차	700원/본		
표고버섯(톱밥배지재배)		2,400원/봉	66.3%	봉 기준
느타리버섯(균상재배)		16,900/㎡	67.6%	㎡ 기준
느타리버섯(병재배)		480/병	**77.5%** (88.7%)	병 기준
새송이버섯(병재배)		460/병	**82.7%** (91.7%)	병 기준
양송이버섯(균상재배)		20,500/㎡	75.3%	㎡ 기준

예제 1 (시설A) 수박(시설재배)-미보상비율: 10%,(단, 원단위 미만은 절사)

보험 가입금액	가입면적	보장 생산비	재배면적	사고 발생시기	피해면적	손해정도
1,100만원	2,000m^2	5,500원/m^2	2,000m^2	수확기 이전	1,200m^2	35%

-표준생장일수: 100일, 생장일수: 정식일(3월 11일), 사고발생일자: 4월 29일

풀이 1

(전부보험)

(A풀이) 수박 수확기이전 경과비율=0.4+(1-0.4)x(49/100)=0.694, (생장일수=20+29=49일)

피해율=0.6x0.4x(1-0.1)=0.216,

예제 2 (시설B) 부추(시설재배) (단, 원단위 미만은 절사)

보험 가입금액	가입면적	보장 생산비	재배면적	사고 발생시기	피해면적	손해정도
354만원	1,000m²	5,900원/m²	800m²	수확기 이전	600m²	55%

- 표준생장일수: 200일, 생장일수: 60일, -미보상비율: 10%

풀이 2

부추 ⇨ 경과비율(x), (일부보험)

(A풀이) 보험가액(가입당시)=1,000x5,900원=590만원, 보험가입금액=354만원 (비례보상)

보험가액(사고당시)=800x5,900원=472만원, **피해율=(600/800)x0.6x(1-0.1)=0.405,**

예제 3 (시설C) 수박(시설재배) (단, 원단위 미만은 절사)

보험 가입금액	가입면적	보장 생산비	재배면적	사고 발생시기	피해면적	손해정도
1,155만원	3,000m²	5,500원/m²	2,600m²	수확기 중	1,560m²	40%

- 표준생장일수: 30일, 생장일수: 15일, -미보상비율: 10%

풀이 3

(일부보험)

(A풀이) 수박: 수확기 중 경과비율=1, **피해율=(1,560/2,600)x0.4x(1-0.1)=0.216,**

보험가액(가입당시)=3,000x5,500원=1,650만원, 보험가입금액=1,155만원 (비례보상)

예제 4 (시설D) 배추(시설재배) (단, 원단위 미만은 절사)

보험 가입금액	가입면적	보장 생산비	재배면적	사고 발생시기	피해면적	손해정도
1,550만원	10,000m^2	3,100원/m^2	8,000m^2	수확기 중	6,400m^2	55%
-표준수확일수: 50일, 수확일수: 46일, -미보상비율: 10%						

풀이 4

(일부보험)

배추: 수확기 중 경과비율=1-46/50=0.08, 8%, 최저=10%,

피해율=(6,400/8,000)x0.6x(1-0.1)=0.432,

예제 5 (시설A) 느타리버섯(병재배)-미보상비율: 10%, (단, 원단위 미만은 절사)

보험 가입금액	가입병수	보장 생산비	재배병수	사고 발생시기	피해병수	손해정도
240만원	5,000병	480원/병	5,000병	수확기 중	3,000병	30%

풀이 5

느타리버섯 병재배 경과비율=0.887,(병재배는 수확기에 상관없이 경과비율=0.887)

피해율=0.6x0.4x(1-0.1)=0.216,

예제 6 (시설B) 느타리버섯(균상재배)-미보상비율: 10%, (단, 원단위 미만은 절사)

보험 가입금액	가입면적 재배면적	보장 생산비	피해면적	사고 발생시기	생장일수	손해정도
3,380만원	2,000m²	16,900원/m²	1,000m²	수확기이전	14일	50%

풀이 6

느타리버섯 균상재배 준비기생산비계수=0.676,
경과비율=0.676+(1-0.676)x(14/28)=0.838, **피해율=0.5x0.6x(1-0.1)=0.27,**
생산비보장방식 보험금=3,380만x0.838x0.27=7,647,588원

예제 7 (시설C) 양송이버섯(균상재배)-미보상비율: 10%, (단, 원단위 미만은 절사)

보험 가입금액	가입면적 재배면적	보장 생산비	피해면적	사고 발생시기	생장일수	손해정도
2,050만원	1,000m²	20,500원/m²	500m²	수확기이전	15일	35%

풀이 7

양송이버섯 균상재배 준비기생산비계수=0.753,
경과비율=0.753+(1-0.753)x(15/30)=0.8765, **피해율=0.5x0.4x(1-0.1)=0.18,**
생산비보장방식 보험금=2,050만x0.8765x0.18=3,234,285원

MEMO

20

보험금 공식

1. 적과전 종합위험방식 보험금 산정 공식

적과전 종합위험방식	
착과감소 보험금	(착과감수과실수-미보상감수과실수-자기부담감수과실수)x(과중) x(kg당 가입가격)x(보장수준)
과실손해 보험금	(누적감수과실수-자기부담감수과실수)x(과중)x(kg당 가입가격)
나무손해 보험금	(보험가입금액)x(피해율-자기부담비율, 5%)

***과실손해보험금의 부보비율에 따른 보험금 산정**

⇨ 가입수확량<기준수확량의 80%, **(평년착과수가 기준착과수의 80% 미만인 경우)**

착과감소, 과실손해보험금=(지급보험금)x(평년착과수/기준착과수의 80%)

***과실손해보험금의 한도 적용**

⇨ Min{과실손해보험금, 보험가입금액x(1-자기부담비율)}

2. 논.밭작물 보험금 산정 공식

경작불능 보험금	
수확감소(논.밭작물)	(보험가입금액)x(일정비율) (45%, 42%, 40%, 35%, 30%) 일정비율: 자기부담비율에 따른 일정비율
생산비보장(밭작물)	(보험가입금액)x(일정비율) (45%, 42%, 40%, 35%, 30%)
복분자	(보험가입금액)x(일정비율) (45%, 42%, 40%, 35%, 30%)
조사료용벼 사료용옥수수	(보험가입금액)x(일정비율)x(경과비율) 조사료용벼 경과비율(5월:80, 6월:85, 7월:90, 8월:100%) 사료용옥수수 경과비율(5월:80, 6월:80, 7월:90, 8월:100%)
조기파종	(보험가입금액)x(일정비율) (32%, 30%, 28%, 25%, 25%)

*자기부담비율에 따른 일정비율 ⇨ **(100-자기부담비율)÷2 (소수점 미만은 절사)**

⇨ **(100-자기부담비율)÷2.8 (마늘 조기파종 특약)**

3. 보험금 산정 공식

수확감소 보험금	(보험가입금액)x(피해율-자기부담비율) 옥수수=Min{손해액, 보험가입금액}-자기부담금액
수확량감소 추가보장	(보험가입금액)x(피해율)x(10%)
과실손해 보험금	오디, 복분자, 무화과=(보험가입금액)x(피해율-자기부담비율) 감귤=Min{손해액-자기부담금액, 보험가입금액}
과실손해추가보장	(보험가입금액)x(주계약피해율)x(10%)
동상해 과실손해	(손해액)-(자기부담금액)
농업수입감소보장	(보험가입금액)x(피해율-자기부담비율)

4. 재이앙. 재파종. 재정식 보험금 산정 공식

<table>
<tr><td>이앙.직파불능</td><td colspan="2">(보험가입금액)x15%</td></tr>
<tr><td>수확불능</td><td colspan="2">(보험가입금액)x(일정비율) (60%, 57%, 55%,50%, 45%)</td></tr>
<tr><td>재이앙. 재직파</td><td colspan="2">(보험가입금액)x25%x(면적피해율)</td></tr>
<tr><td rowspan="3">재파종</td><td>보통약관(마늘)</td><td>(보험가입금액)x35%x(표준출현피해율)</td></tr>
<tr><td>특별약관(마늘)</td><td>(보험가입금액)x25%x(표준출현피해율)</td></tr>
<tr><td>생산비보장 밭작물</td><td>(보험가입금액)x20%x(면적피해율)</td></tr>
<tr><td rowspan="2">재정식</td><td>양배추</td><td>(보험가입금액)x20%x(면적피해율)</td></tr>
<tr><td>생산비보장 밭작물</td><td>(보험가입금액)x20%x(면적피해율)</td></tr>
</table>

*자기부담비율에 따른 일정비율(수확불능보장)

⇨ {(100-자기부담비율)÷2}+15 에서 소수점 미만은 절사

5. 생산비보장방식 밭작물 보험금 산정 공식

생산비보장방식 밭작물	
고추	(잔존보험가입금액)x(경과비율)x(피해율)-(자기부담금액) ※병충해 사고: (병충해등급인정비율) 적용
브로콜리	(잔존보험가입금액)x(경과비율)x(피해율)-(자기부담금액)
배무당단파메시양	(보험가입금액)x(피해율-자기부담비율)
시설작물 버섯작물	(재배면적)x(보장생산비)x(경과비율)x(피해율)=S 비례보상 ⇨ Sx{(보험가입금액)/(재배면적)x(보장생산비)} *부추=(재배면적)x(보장생산비)x0.7x(피해율)=S *장미=(재배면적)x(보장생산비)x(피해율)=S *표고버섯(원목재배)=(재배면적)x(보장생산비)x(피해율)=S

6. 농업용 시설물 보험금 산정 공식

비가림시설	Min{손해액-자기부담금액, 보험가입금액}
해가림시설	Min{(손해액-자기부담금액)x(비례보상), 보험가입금액}
원예시설 버섯재배사 부대시설	Min{손해액-자기부담금액, 보험가입금액}
축사	(풍수설지)=Min{(손해액)x(비례보상)-자기부담금액, 보험가입금액} (화재)=Min{(손해액)x(비례보상)x(1-자기부담비율), 보험가입금액}
가축	Min{(손해액)x(비례보상), 보험가입금액}-자기부담금액 잔존물제거비용=잔존물제거비용x비례보상x(1-자기부담비율) Min{(손해액+잔존물)x(비례보상)x(1-자기부담비율), 보험가입금액}

문제 1 다음 계약내용 및 조사내용을 참조하여 물음에 답하시오.
(단, 과실수는 소수 첫째자리에서 반올림, 피해율은 %단위로 소수 셋째자리에서 반올림)

***계약내용**

보장	품목	평년착과수	실제결과주수	가입과중	가입가격
적과전 종합위험	배	30,000개	200주	0.4kg/개	3,000원/kg

- 자기부담비율: 10% -보장수준: 70%

***적과전과 적과후착과수 조사내용**

구분	재해종류	사고일자/ 조사일자	조사내용			
적과종료 이전 조사	강풍	5월20일/ 5월22일	-강풍피해 있음. -미보상비율: 10%			
적과종료후 착과수 조사	- -	7월10일 7월10일	실제 결과주수	미보상주수	표본주수	착과수의 합계
			200주	20주	8주	800개

***적과종료후 조사내용**

재해종류	사고일자/조사일자	조사내용
일소	8월15일/8월16일	- 총낙과수: 3,000개(낙과피해구성률: 25%) - 착과피해조사(착과피해구성률: 30%)
태풍	8월30일/8월31일	- 총낙과수: 1,000개(낙과피해구성률: 60%) - 나무피해 조사: 고사주수 3주 무피해나무 1주당 평균착과수: 100개

물음 1 착과감소보험금의 계산과정과 값(원)을 쓰시오.

물음 2 과실손해보험금의 계산과정과 값(원)을 쓰시오.

문제 2 종합위험 농업수입감소 보장방식 보험에 가입한 양배추 품목에 관한 내용이다. 계약사항 및 조사내용을 참조하여 물음에 답하시오.

(단, 피해율은 % 단위로 소수점 아래 셋째자리에서 반올림)

***계약사항**

품목	보험가입금액	평년수확량	가입면적	기준가격	자기부담비율
양배추	최소가입금액	8,000kg	4,000m²	2,000원/kg	최저비율적용

***조사내용(수확량 조사, 표본조사)**

실제경작 면적	고사 면적	타작물 및 미보상면적	표본구간수	표본구간 무게 합계		
				80%피해	100%피해	정상
4,000m²	1,000m²	500m²	5	10kg	5kg	10kg

- 미보상비율: 20%, -수확기가격: 1,500원/kg
- 표본구간 면적(공통), 이랑폭: 1.2m, 이랑길이: 2m

물음 1 보상하는 재해로 확인되지 않은 경우 농업수입감소 보험금을 산정하시오.

물음 2 자연재해 피해로 인한 농업수입감소 보험금의 계산과정과 값(원)을 쓰시오.

문제 3 보상하는 재해로 인하여 생산비보장방식 원예시설작물인 장미 품목에 피해가 발생하였다. 다음 계약내용 및 조사내용을 참조하여 생산비보장보험금을 구하시오.

(단, 피해율은 %단위로 소수점 아래 셋째자리에서 반올림)

***계약내용 및 m²당 보장생산비**

시설명	계약사항			m²당 보장생산비	
	수령	가입면적	보험가입금액	나무 생존시	나무 고사시
시설 A	4년생	2,000m²	최저가입금액	6,500원	19,400원

***조사내용-미보상비율: 10%, (단, 원단위 미만은 절사)**

시설명	조사내용(태풍피해)			
	고사나무 여부	재배면적	피해면적	손해정도비율
시설 A	(가)	1,800m²	900m²	60%(100%)

물음 1 장미가 고사했을 때, 생산비보장 보험금의 계산과정과 값(원)을 쓰시오.

물음 2 장미가 고사되지 않은 경우 생산비보장 보험금의 계산과정과 값(원)을 쓰시오.

문제 3 다음은 2024년도 한우 월별산지가격동향표이다. 가축재해보험에 가입한 농가에서 2024년 6월 18일에 보상하는 재해로 피해가 발생하였다. 다음 표를 참조하여 물음에 답하시오.(단, 보험금 산정 시 원단위 미만은 절사)

* 계약사항

축종	보험가입금액	자기부담비율	잔존물처리비용
한우 수컷	393만원	20%	64만원

*조사내용(사고일 6월 18일)

사고당시 월령	도축장 발행 정산자료의 지육금액	사고소 등급에 해당하는 전국평균가격	사고소의 도체중량
28개월	420만원	10,000원/kg	480kg

*농협축산정보센터 한우 전국산지 평균가격

*2024년도 한우 월별 산지가격동향								
구분	한우 (단위 천원)							
	송아지(4~5월령)		송아지(6~7월령)		350kg		600kg	
	암컷	수컷	암컷	수컷	암컷	수컷	암컷	수컷
2월	2,800	3,330	3,200	3,850	4,800	4,700	7,120	6,600
3월	2,850	3,200	2,950	3,670	4,900	4,845	7,050	6,678
4월	3,200	3,400	3,400	3,900	4,950	4,200	7,200	6,600

물음 1 폐사한 경우 지급보험금의 계산과정과 값(원)을 쓰시오.

물음 2 긴급도축시 도축장발행 정산자료가 있는 경우 지급보험금의 계산과정과 값(원)을 쓰시오.

물음 3 긴급도축시 도축장발행 정산자료가 없는 경우 지급보험금의 계산과정과 값(원)을 쓰시오.

정답 및 해설

01 | 풀이

배(종합)이고 적과전 자연재해 피해가 있으므로 착과율과 착과손해감수과실수를 계산해야한다.

적과후 착과수조사, 조사대상주수=200-20=180주, 표본주수=8주, 표본주 1주당 착과수=100개

적과후 착과수=180x100=18,000개,

착과감소개수=30,000-18,000=12,000개, 기준착과수=30,000개, 자기부담감수과실수=3,000개

착과감수과실수=12,000개, 미보상감수과실수=12,000x0.1+20x150=4,200개

착과감소보험금=(12,000-4,200-3,000)x0.4x3,000x0.7=4,032,000원

적과이후 감수과실수

착과율=18,000/30,000=60%, 착과손해감수과실수=18,000x0.05=900개

(1) 8월 15일 일소피해, maxA=0.05

낙과피해감수과실수=3,000x(0.25-0.05)=600개

착과피해감수과실수=15,000x(0.3-0.05)=3,750개

(사고당시착과수=18,000-3,000=15,000개)

600+3,750=4,350개로서 18,000x0.06=1,080개를 초과하므로 감수과실수로 인정한다.

(2) 8월 30일 태풍피해, maxA=0.3

낙과피해감수과실수=1,000x(0.6-0.3)x1.07=321개

나무피해감수과실수=3x100x(1-0.3)=210개

누적감수과실수=900+4,350+531=5,781개

자기부담감수과실수=0개

과실손해보험금=(5,781-0)x0.4x3,000=6,937,200원

02 | 풀이

보험가입금액(최소)=8,000x50%x2,000=800만원, 자기부담비율(최저)=20%

(1) m^2당 평년수확량=8,000÷4,000=2kg

조사대상면적=2,500m^2이므로 표본구간수=5구간, 표본구간면적=5x2x1.2=12m^2

표본구간 m^2당 수확량=(10+10x0.2)÷12=1kg, 수확량=1x2,500+2x500=3,500kg

미보상감수량=(8,000-3,500)x1=4,500kg **(확인되지 않은 재해 미보상비율=100%)**

기준수입=8,000x2,000=1,600만원, 실제수입=(3,500+4,500)x1,500=1,200만원

피해율=(1,600만-1,200만)÷1,600만=0.25, 25%

농업수입감소 보험금=800만원x(0.25-0.2)=400,000원

(2) m^2당 평년수확량=8,000÷4,000=2kg

조사대상면적=2,500m^2이므로 표본구간수=5구간, 표본구간면적=5x2x1.2=12m^2

표본구간 m^2당 수확량=(10+10x0.2)÷12=1kg, 수확량=1x2,500+2x500=3,500kg

미보상감수량=(8,000-3,500)x0.2=900kg **(미보상비율=20%)**

기준수입=8,000x2,000=1,600만원, 실제수입=(3,500+900)x1,500=660만원

피해율=(1,600만-660만)÷1,600만=0.5875, 58.75%

농업수입감소 보험금=800만원(0.5875-0.2)=3,100,000원

03 | 풀이

보험가액=2,000x19,400=3,880만원(보장생산비가 높은 가격 기준)

보험가입금액(최저)=3,880만원x50%=1,940만원,

(물음1) (장미고사) 보험가액(고사)=1,800x19,400=3,492만원,

비례보상=1,940만/3,492만

피해율=0.5x1x(1-0.1)=0.45,

생산비보장방식 보험금=(3,492만)x0.45x(1,940만/3,492만)=8,730,000원,

(물음2) (장미, 생) 보험가액(생)=1,800x6,500=1,170만원, 비례보상=1,940만/3,492만

피해율=0.5x0.6x(1-0.1)=0.27,

생산비보장방식 보험금=1,170만원x0.27x(1,940만/3,492만)=1,755,000원

04 | 풀이

(물음1) 사고전전월=4월, 한우 수컷: Max{420만/350, 660만/600}=12,000원

28개월령 체중=655kg, 보험가액=655xMax{420만/350, 660만/600}=786만원

보험가입금액=393만원, 비례보상=50%, 폐사 손해액=786만원

잔존물처리비용=64만원, 손해액+잔존물처리비용=850만원

지급보험금=Min{850만원x0.5x(1-0.2), 393만원}=3,400,000원

(물음2) 긴급도축시 도축장발행 정산자료가 있는 경우

이용물처분액=420만원x0.75=315만원

손해액=786만원-315만원=471만원

긴급도축인 경우 잔존물처리비용은 없음

지급보험금=Min{471만원x0.5x(1-0.2), 393만원}=1,884,000원

(물음3) 긴급도축시 도축장발행 정산자료가 없는 경우

이용물처분액=480x10,000x0.75=360만원

손해액=786만원-360만원=426만원

긴급도축인 경우 잔존물처리비용은 없음

지급보험금=Min{426만원x0.5x(1-0.2), 393만원}=1,704,000원

21

중복보험

중복보험

1. 중복보험

① **동일한 보험계약의 목적과 동일한 사고**에 관하여 **수개의 보험계약이 동시에 또는 순차로 체결된 경우**에 그 보험 금액의 총액이 보험가액을 초과한 때에는 보험자는 각자의 보험금액의 한도에서 연대책임을 진다. 이 경우에는 각 보험자의 보상책임은 **각자의 보험금액의 비율**에 따른다.
② 동일한 보험계약의 목적과 동일한 사고에 관하여 수개의 보험계약을 체결하는 경우에는 보험계약자는 각 보험자에 대하여 각 보험계약의 내용을 통지하여야 한다.
③ 보험계약자의 사기로 인하여 보험계약이 체결된 때에는 그 계약은 무효로 한다. 그러나 보험자는 그 사실을 안 때까지의 보험료를 청구할 수 있다는 규정은 중복보험 보험계약의 규정에 준용한다.

예제 1 인삼 해가림시설을 A, B 보험회사에 중복으로 가입한 M농가가 태풍으로 인하여 해가림시설에 피해가 발생하였다. 다음 계약내용 및 조사내용을 참조하여 물음에 답하시오.

***해가림시설 계약내용 및 조사내용**

A보험회사	-보험가입금액: 1,500만원 -보험가액: 2,000만원	-피해액: 1,000만원 -감가피해액: 600만원
B보험회사	-보험가입금액: 1,000만원 -보험가액: 2,000만원	

- 주어진 조건 이외 다른 조건은 고려하지 않음.
- A, B 보험회사의 보험금 계산방법이 같음.

물음 1 A회사에만 가입한 경우 A보험회사의 지급보험금의 계산과정과 값(원)을 쓰시오.

물음 2 중복보험으로 A, B회사에 모두 가입한 경우 A보험회사의 지급보험금(원)을 산정하시오.

풀이 1

손해액=Med{피해액, 감가피해액, 보험가액의 20%}
(1) A회사에만 가입한 경우는 중복보험이 아니므로 자기부담금이 적용된다.

손해액=600만원, 자기부담금: 60만원, 비례보상=1,500만/2,000만=75%
보험금= Min{(600만원-60만원)x0.75, 1,500만}=405만원

(2) A보험회사 지급 보험금=(600만원-0원)x(1,500만/2,500만)=360만원
(태풍피해이지만 중복보험이므로 자기부담금액은 0원이다.)

예제 2 인삼 해가림시설을 A, B 보험회사에 중복으로 가입한 M농가가 태풍으로 인하여 해가림시설에 피해가 발생하였다. 다음 계약내용 및 조사내용을 참조하여 물음에 답하시오.

***해가림시설 계약내용 및 조사내용**

구분	계약내용	조사내용
A보험회사	-보험가입금액: 1,500만원 -보험가액: 2,000만원	-피해액: 1,000만원 -감가피해액: 600만원
B보험회사	-보험가입금액: 1,000만원 -보험가액: 2,000만원	

- 주어진 조건 이외 다른 조건은 고려하지 않음.
- A, B 보험회사의 보험금 계산방법이 다름.

물음 1 A회사에만 가입한 경우 A보험회사의 지급보험금의 계산과정과 값(원)을 쓰시오.

물음 2 B회사에만 가입한 경우 A보험회사의 지급보험금의 계산과정과 값(원)을 쓰시오.

물음 3 중복보험으로 A, B회사에 모두 가입한 경우 A보험회사의 지급보험금(원)을 산정하시오.

풀이 2

손해액=Med{피해액, 감가피해액, 보험가액의 20%}
(1) A회사에만 가입한 경우는 중복보험이 아니므로 자기부담금이 적용된다.
손해액=600만원, 자기부담금: 60만원, 비례보상=1,500만/2,000만=75%
보험금= Min{(600만원-60만원)x0.75, 1,500만}=405만원
(2) B회사에만 가입한 경우
손해액=600만원, 자기부담금: 60만원, 비례보상=1,000만/2,000만=50%
보험금= Min{(600만원-60만원)x0.5, 1,000만}=270만원
(3) A보험회사 지급 보험금=600만원x(405만/675만)=360만원
(태풍피해이지만 중복보험이므로 자기부담금액은 0원이다.)

예제 3 가축재해보험 한우 수컷을 A, B 보험회사에 중복으로 가입한 농가가 보상하는 재해로 인하여 한우 수컷 한 마리가 폐사하였다. 다음 계약내용 및 조사내용을 참조하여 물음에 답하시오.

***해가림시설 계약내용 및 조사내용**

A보험회사	-보험가입금액: 600만원, -보험가액: 800만원, -자기부담비율: 20%
B보험회사	-보험가입금액: 400만원, -보험가액: 800만원, -자기부담비율: 30%

- A, B 보험회사의 보험금 계산방법이 같음.

물음 1 A회사에만 가입한 경우 A보험회사의 지급보험금의 계산과정과 값(원)을 쓰시오.

물음 2 B회사에만 가입한 경우 A보험회사의 지급보험금의 계산과정과 값(원)을 쓰시오.

물음 3 중복보험으로 A, B회사에 모두 가입한 경우 A보험회사의 지급보험금(원)을 산정하시오.

물음 4 중복보험으로 A, B회사에 모두 가입한 경우 B보험회사의 지급보험금(원)을 산정하시오.

물음 5 중복보험으로 A, B회사에 모두 가입한 경우 A보험회사의 지급보험금(원)을 산정하시오.(A, B 보험회사의 보험금 계산방법이 다름)

풀이 3

손해액=보험가액=800만원

(1) 보험가입금액=600만원, 보험가액=800만원, 비례보상=600만/800만=75%
  손해액=800만원, 자기부담금=800만원x0.75x0.2=120만원,
  보험금= Min{800만원x0.75, 600만}-120만원=480만원

(2) 보험가입금액=400만원, 보험가액=800만원, 비례보상=400만/800만=50%
  손해액=800만원, 자기부담금=800만원x0.5x0.3=120만원,
  보험금= Min{800만원x0.5, 400만}-120만원=280만원

(3) A보험회사 지급 보험금=(800만원-120만원)x(600만/1,000만)=408만원

(4) B보험회사 지급 보험금=(800만원-120만원)x(400만/1,000만)=272만원

(5) 보험가입금액=600만원, 보험가액=800만원, 비례보상=600만/800만=75%
  손해액=800만원, 자기부담금=800만원x0.75x0.2=120만원,
  보험금=(800만원-120만원)x(480만/760만)=4,294,736.8원

2. 집합보험

예제 1 포도 비가림 시설물에 태풍으로 인하여 비가림시설에 피해가 발생하였다.
다음 계약내용 및 조사내용을 참조하여 물음에 답하시오.
(단, A, B동 보험가입금액을 하나의 금액으로 일괄 가입함)

***비가림시설 계약내용 및 조사내용**

보험목적	보험가입금액	동별 보험가액		손해액
포도 비가림시설 A, B동	2,000만원	A동	2,000만원	1,500만원
		B동	1,200만원	500만원

- 잔존물제거비용: 80만원

물음 1 A동 보험금의 계산과정과 값(원)을 쓰시오.

물음 2 B동 보험금의 계산과정과 값(원)을 쓰시오.

풀이 1

(집합보험)
(보험가입금액을 가중평균으로 각각 구해야 한다.)
A동 보험가입금액=2,000만원x(2,000만/3,200만)=1,250만원
B동 보험가입금액=2,000만원x(1,200만/3,200만)=750만원
손해액의 합=2,000만원, 자기부담금액=100만원
(1) A동 손해액=1,500만원(75%), A동 자기부담금액=100만원x0.75=75만원
A동 잔존물제거비용=80만원x0.75=60만원, 자기부담금액=6만원
A동 보험금액=Min{1,500만원-75만원+54만원, 1,250만원}=1,250만원
(2) B동 손해액=500만원(25%), B동 자기부담금액=100만원x0.25=25만원
B동 잔존물제거비용=80만원x0.25=20만원, 자기부담금액=2만원
B동 보험금액=Min{500만원-25만원+18만원, 750만원}=493만원

3. 타인을 위한 보험

예제 1 포도 비가림시설을 갑이 을에게 임차하여 포도 과수원을 운영하고 있다. 갑은 을을 위한 보험을 A회사에 가입하였고 을은 자신을 위해 B보험회사에 다음과 같은 내용으로 보험을 가입하였다. 갑의 과실로 인해 화재가 발생하여 손해가 발생하였다. 계약내용 및 조사내용을 참조하여 다음 물음에 답하시오.

***비가림시설 계약내용 및 조사내용**

甲계약자	-보험가입금액: 3,500만원 -보험가액: 5,000만원 -피보험자: 乙, 보험회사: A	-손해액: 5,000만원 (甲의 과실로 인한 화재로 전체소실)
乙계약자	-보험가입금액: 5,000만원 -보험가액: 5,000만원 -피보험자: 乙, 보험회사: B	

-甲은 乙 소유의 비가림시설을 임차하여 포도를 재배하면서 乙을 위한 보험으로 A회사에 가입.(타인을 위한 보험 가입)
-甲, 乙 모두 화재위험보장특약에 가입하였고 A, B회사 보험금 지급계산이 방식이 같음.

물음 1 타인을 위한 보험으로 A회사에서 乙에게 지급할 보험금(원)을 산정하시오.

물음 2 자신을 위한 보험으로 B회사에서 乙에게 지급할 보험금(원)을 산정하시오.

풀이 1

갑의 과실로 피보험자 을에게 보험금을 지급, 손해액=5,000만원, 자기부담금(화재)=0원
A회사는 Min{5,000만원-0원, 3,500만원}=3,500만원을 을에게 지급
B회사는 을에게 Min{5,000만원-0원, 5,000만원}=5,000만원을 지급해야 하는데
A회사에서 3,500만원을 지급하였으므로 1,500만원만 지급하면 된다.
그리고 B회사는 1,500만원에 대하여 갑에게 대위권을 행사하면 된다.

22

중복사고

중복사고

<중복사고 시 보험금 산정 요령>

구분	품목
적과전종합위험	착과감소보험금: 적과전 사고발생 마다 조사하여 누적한 다음에 착과감소보험금을 1회 산정한다.
	과실손해보험금: 적과 종료후 사고가 발생할 때마다 감수과실수를 산정하여 누적감수과실수로 과실손해보험금을 1회 지급한다.
수확감소보장 (포복자만)	수확개시 이전 사고조사: 착과량 조사 수확개시 이후 사고조사: 감수량 조사 수확량을 산정하여 피해율을 계산한 다음 수확감소보험금을 1회 지급한다.
수확감소보장 (호밤매대살오참)	수확개시 이전 사고조사: 수확개시이전 수확량 조사 수확개시 이후 사고조사: 금차수확량과 금차감수량 그리고 기수확량을 조사 수확량을 산정하여 피해율을 계산한 다음 수확감소보험금을 1회 지급한다.
수확전 종합위험	무화과: 종합위험 피해율과 특정위험 피해율을 누적하여 과실손해 보험금을 1회 지급한다. 복분자: 종합위험 고사결과모지수와 특정위험 고사결과모지수를 누적하여 피해율을 계산한 다음 과실손해보험금을 1회 지급한다.
종합위험 과실손해	사고가 발생할 때마다 피해율 산정하여 주계약피해율로 손해액을 계산한 다음 과실손해보험금을 1회 지급한다.
수확감소 논작물	사고가 발생할 때마다 사고조사를 하고 수확량 조사 적기에 수확량을 조사하여 피해율을 계산한 다음 수확감소보험금을 1회 지급한다.
수확감소 밭작물	사고가 발생할 때마다 사고조사를 하고 수확량 조사 적기에 수확량을 조사하여 피해율을 계산한 다음 수확감소보험금을 1회 지급한다.
생산비보장 밭작물	고추.브로콜리: 사고가 발생할 때마다 보험금을 지급한다. 2차사고부터는 잔존보험가입금액으로 지급보험금을 산정한다.
	사고가 발생할 때마다 사고조사를 하고 수확개시 직전에 수확량을 조사하여 피해율을 계산한 다음 생산비보장보험금을 1회 지급한다.**(배무당단파메시양)**
생산비보장 시설작물,버섯작물	1차사고 조사를 하여 생산비보장 보험금을 지급하고 2차사고는 1차사고를 감안하여 피해율을 계산한 다음 보험금을 지급한다.
가축과 축사 (돼지.가금.기타가축)	사고가 발생할 때마다 손해액을 산정하여 보험금을 지급한다. 2차사고부터는 잔존보험가입금액으로 지급보험금을 산정한다.

예제 1 특정위험보장방식 보험에 가입한 인삼농지에 보상하는 재해로 피해가 발생하였다. 다음 계약내용 및 조사내용을 참조하여 물음에 답하시오.
(단, 피해율은 % 단위로 소수점 아래 셋째자리에서 반올림)

*계약내용

품목	보험가입금액	가입면적	기준수확량	칸넓이	자기부담비율
인삼	3,000만원	6,400m²	0.64kg	4m²	20%

*조사내용(전수조사)

시기	사고내용	금차수확칸수(누적)	총조사수확량	미보상비율
1차	집중호우	800칸	640kg	10%
2차	태풍	1,000칸	400kg	10%

-같은 해에 발생한 사고이며 2차사고 수확칸수는 누적칸수임.

물음 1 1차 사고의 보험금의 계산과정과 값(원)을 쓰시오.

물음 2 2차 사고의 보험금의 계산과정과 값(원)을 쓰시오.

풀이 1

1차사고 m²당 조사수확량=640/(800x4)=0.2kg
m²당 미보상감수량=(0.64-0.2)x0.1=0.044
조사수확량=0.2+0.044=0.244kg
1차사고 피해율=(1-0.244/0.64)x(3,200/6,400)=0.309375, 30.94%
1차사고 보험금=3,000만x(0.3094-0.2)=3,282,000원

2차사고 m²당 조사수확량=400/(1,000x4)=0.1kg
m²당 미보상감수량=(0.64-0.1)x0.1=0.054
조사수확량=0.1+0.054=0.154kg
2차사고 피해율=(1-0.154/0.64)x(4,000/6,400)=0.4746, 47.46%
2차사고 보험금=3,000만원x(0.4746-0.2)-1차=8,238,000-3,282,000=4,956,000원
2차사고 보험금=3,000만원x(2차피해율-1차피해율)
2차사고 보험금=3,000만원x(0.4746-0.3094)=4,956,000원

예제 2 보상하는 재해로 인하여 종합위험 생산비보장방식 고추 품목에 피해가 발생하였다. 다음 계약내용 및 조사내용을 참조하여 물음에 답하시오.
(단, 피해율은 % 단위로 소수점 아래 셋째자리에서 반올림, 원단위 미만 절사)

***계약내용**

품목	보험가입금액	m^2 당 보장생산비	가입면적	자기부담비율
고추	1,000만원	6,000원	2,000m^2	최저 적용

***조사내용(동일 작기에 발생한 중복사고)**

시기	사고시기	재배면적	피해면적 (누적)	생장일수 수확일수	손해정도	미보상비율
1차(집중호우)	수확기이전	2,000m^2	1,000m^2	80일	58%	10%
2차(태풍)	수확기중	2,000m^2	1,400m^2	25일	75%	20%

- 병충해 피해는 없으며 고추 표준생장일수: 100일, 표준수확일수: 50일

물음 1 1차 사고의 생산비보장보험금의 계산과정과 값(원)을 쓰시오.
(단, 1차 보험금 산정 시 원단위 미만은 절사하시오.)

물음 2 2차 사고의 생산비보장보험금의 계산과정과 값(원)을 쓰시오.
(단, 2차 보험금 산정 시 원단위 미만은 절사하시오.)

풀이 2

(1) 고추 수확기이전 경과비율=0.527+(1-0.527)x(80/100)=0.9054
1차 피해율=(1,000/2,000)x0.6x(1-0.1)=0.27, 27%
자기부담금액=1,000만x0.03=300,000원
1차 생산비보장보험금=1,000만x0.9054x0.27-300,000=2,144,580원

(2) 2차 수확기중 경과비율=1-(25/50)=0.5,
2차 피해율=(1,400/2,000)x0.8x(1-0.2)=0.448, 44.8%
잔존보험가입금액=10,000,000-2,144,580원=7,555,420원
자기부담금액=7,555,420원x0.03=226,662원
2차 생산비보장보험금=7,555,420원x0.5x0.448-226,662원=1,692,414원

예제 3 보상하는 재해로 인하여 수확전종합위험 과실손해보장방식 무화과 농가에 피해가 발생하였다. 다음 계약내용 및 조사내용을 참조하여 물음에 답하시오.
(단, 피해율은 % 단위로 소수점 아래 셋째자리에서 반올림, 원단위 미만 절사)

***계약내용**

품목	보험가입금액	평년수확량	가입과중	가입주수	자기부담비율
무화과	1,000만원	2,000kg	100g	200주	20%

***수확개시 이전 조사내용**

사고일자 (7/10일)	나무조사			적정 표본주수	표본주 착과수의 합	착과피해 구성율
	실제결과주수	미보상주수	고사주수			
강풍	200주	10주	10주	(가)	720개	50%

- 미보상비율: 10%

***수확개시 이후 조사내용(중복사고 발생)**

사고일자	표본주 3주에 달려있는 결과지수 조사			착과 피해율
	미고사결과지수(정상)	보상고사결과지수	미보상고사결과지수	
8/15일 (태풍)	10개	8개	2개	10%
9/10일 (우박)	3개	12개	5개	20%

* 잔여수확량비율 산정식
- 8월: 100-(1.06x사고발생일자) -9월: (100-33)-(1.13x사고발생일자)

물음 1 종합위험 과실손해 피해율(%)을 구하시오.

물음 2 특정위험 과실손해 피해율(%)을 구하시오.

물음 3 과실손해 보험금의 계산과정과 값(원)을 쓰시오.

풀이 3

1주당 평년착과량=10kg, 과중=0.1kg, 조사대상주수=200-10-10=180주이므로
적정표본주수는 8주, 표본주 1주당 착과수는 90개이고 착과피해구성율은 50%이므로
수확개시이전 수확량=180x90x0.1x(1-0.5)+10x10=910kg
미보상감수량=(2,000-910)x0.1=109kg, 피해율(기사고 피해율)=49.05%
(1) 종합위험 과실손해 피해율=49.05%
  8/15일 잔여수확량비율=84.1%, 결과지피해율=(10x0.1+8)/20=0.45, 45%
  8/15일 피해율=(1-0.4905)x0.841x0.45=0.19282, 19.28%
  9/10일 잔여수확량비율=55.7%, 결과지피해율=(3x0.2+12)/20=0.63, 63%
  9/10일 피해율=(1-0.4905)x0.557x(0.63-0.45)=0.05108, 5.11%
(2) 특정위험 과실손해 피해율=19.28%+5.11%=24.39%
  무화과피해율=49.05%+24.39%=73.44%
(3) 과실손해 보험금=1,000만x(0.7344-0.2)=5,344,000원

예제 4 보상하는 재해로 인하여 종합위험 보장방식 원예시설작물에 피해가 발생하였다. 다음 계약내용 및 조사내용을 참조하여 물음에 답하시오.

*계약내용

품목	보험가입금액	m^2 당 보장생산비	가입면적	표준생장일수
참외	최대가입금액	7,400원	2,000m^2	90일

*조사내용(동일 작기에 발생한 중복사고)

시기	사고시기	재배면적	피해면적(누적)	생장일수	손해정도	미보상비율
1차	수확기이전	2,000m^2	500m^2	27일	48%	5%
2차	수확기이전		1,000m^2	45일	67%	10%

물음 1 1차 사고의 생산비보장보험금의 계산과정과 값(원)을 쓰시오.

물음 2 2차 사고의 생산비보장보험금의 계산과정과 값(원)을 쓰시오.

풀이 4

(1) 보험가액=2,000x7,400=1,480만원, 최대보험가입금액=보험가액의 100%
참외 수확기이전 경과비율=0.4+(1-0.4)x(27/90)=0.58
1차 피해율=(500/2,000)x0.6x(1-0.05)=0.1425, 14.25%
1차 생산비보장보험금=1,480만원x0.58x0.1425=1,223,220원

(2) 2차 수확기이전 경과비율=0.4+(1-0.4)x(45/90)=0.7, 70%
2차 피해율=(1,000/2,000)x0.8x(1-0.1)=0.36, 36%
2차 생산비보장보험금=1,480만원x0.7x(0.36-0.1425)=2,253,300원

예제 5 보상하는 재해로 인하여 종합위험 보장방식 원예시설작물에 피해가 발생하였다.
다음 계약내용 및 조사내용을 참조하여 물음에 답하시오.
(단, 피해율은 % 단위로 소수점 아래 셋째자리에서 반올림, 원단위 미만 절사)

***계약내용**

품목	보험가입금액	m^2 당 보장생산비	가입면적	표준생장일수
수박	보험가액의 80%	5,500원	4,000m^2	100일

***조사내용(동일 작기에 발생한 중복사고)**

시기	사고시기	재배면적	피해면적(누적)	생장일수	손해정도	미보상비율
1차	수확기이전	3,600m^2	1,080m^2	40일	38%	-
2차	수확기이전		2,160m^2	60일	57%	10%

물음 1 1차 사고의 생산비보장 보험금의 계산과정과 값(원)을 쓰시오.

물음 2 2차 사고의 생산비보장 보험금의 계산과정과 값(원)을 쓰시오.
(단, 2차 보험금 산정 시 원단위 미만은 절사하시오.)

풀이 5

보험가입금액은 4,000x5,500=2,200만원의 80%를 보험가입금액=1,760만원
보험가액=3,600x5,500=1,980만원, (일부보험), 비례보상
(1) 1차사고, 수박의 표준생장일수=100일, 생장일수=40일, 손해정도비율=40%
수확기 이전 경과비율=0.4+(1-0.4)x(40/100)=0.64, 64%
1차 피해율=(1,080/3,600)x0.4x(1-0)=0.12, 12%
1차 생산비보장보험금=1,980만원x0.64x0.12x(1,760만원/1,980만원)=1,351,680원

(2) 2차사고, 수박의 표준생장일수=100일, 생장일수=60일, 손해정도비율=60%
수확기 이전 경과비율=0.4+(1-0.4)x(60/100)=0.76, 76%
2차 피해율=(2,160/3,600)x0.6x(1-0.1)=0.324, 32.4%
2차 생산비보장보험금=1,980만원x0.76x(0.324-0.12)x(1,760만/1,980만)
=2,728,704원

예제 6 보상하는 재해로 인하여 종합위험보장 원예시설작물인 배추 품목에 피해가 발생하였다. 다음 계약내용 및 조사내용을 참조하여 물음에 답하시오.

*계약내용

품목	보험가입금액	m^2 당 보장생산비	가입면적	표준생장(수확)일수
배추	최저가입금액	3,100원	5,000m^2	70일(50일)

*조사내용(동일 작기에 발생한 중복사고)

시기	사고시기	재배면적	피해면적(누적)	생장/수확일수	손해정도	미보상비율
1차	수확기이전	4,500m^2	1,800m^2	21일	33%	5%
2차	수확기 중		2,250m^2	30일	67%	10%

물음 1 1차 사고의 생산비보장 보험금의 계산과정과 값(원)을 쓰시오.

물음 2 2차 사고의 생산비보장 보험금의 계산과정과 값(원)을 쓰시오.

풀이 6

보험가입금액은 5,000x3,100=1,550만원의 50%를 보험가입금액=775만원

보험가액=4,500x3,100=1,395만원, 비례보상

(1) 1차사고, 배추의 표준생장일수=70일, 생장일수=21일, 손해정도비율=40%

수확기 이전 경과비율=0.4+(1-0.4)x(21/70)=0.58, 58%

1차 피해율=(1,800/4,500)x0.4x(1-0.05)=0.152, 15.2%

1차 생산비보장보험금=1,395만원x0.58x0.152x(775만/1,395만)=683,240원

(2) 2차사고, 배추의 표준수확일수=50일, 수확일수=30일, 손해정도비율=80%

수확기 중 경과비율=1-(30/50)=0.4, 40%

2차 피해율=(2,250/4,500)x(0.8-0.4)x(1-0.1)=0.18, 18%

2차 생산비보장보험금=1,395만원x0.4x0.18x(775만/1,395만)=558,000원

23

기준가격 산정

23 기준가격 산정

⊙ 농업수입감소보장 기준가격 산정

*** 보험가입금액(농업수입감소 보장=농업수입안정 보장)**

- 고구마, 감자, 마늘, 양파, 양배추, 콩, 옥수수, 포도,(밀, 보리 예정)

⇨ **(보험가입금액)=(가입수확량)x**(기준가격), (천원단위 절사)

① 가입수확량=평년수확량의 50~100%

② 평년수확량 산출 방법에 의해 산정(신규가입은 평년수확량=표준수확량의 100%)

③ 최저자기부담비율: 20%, (농업수입감소보장: 20%, 30%, 40%)

*** 기초통계기간**

품목	품종	기초통계기간
콩	서리태, 흑태, 나물용	수확년도 11월 1일 ~ 이듬해 1월 31일까지
양파	조생종	4월 1일 ~ 5월 10일까지
	중.만생종	6월 1일 ~ 7월 10일까지
감자	대지마	12월 1일 ~ 1월 31일까지
고구마	밤고구마	8월 1일 ~ 9월 30일까지
	호박고구마	8월 1일 ~ 9월 30일까지
양배추	-	2월 1일 ~ 3월 31일까지
마늘	대서종(창년농협)	7월 1일 ~ 8월 31일까지
	남도종(전남,제주)	(전남): 6월1일~7월31일, (제주): 5월1일~ 6월30일
	한지형(의성농협)	7월 1일 ~ 8월 31일까지
포도	캠벨얼리(시설)	6월 1일 ~ 7월 31일까지
	거봉(시설)	6월 1일 ~ 7월 31일까지

* 기준가격 산출: 5개년 올림픽평균값을 이용하여 기준가격 산정

① **보험가입년도 포함 5개년 평균**: 마늘, 양배추, 감자(가을재배)

② **보험가입년도 미포함 (직전 5개년) 평균**: 콩, 고구마, 양파, 포도, 옥수수

③ 중품, 상품 평균가격을 올림픽평균값 적용

④ 품종이 여러 개인 경우에는 면적별 가중 평균하여 올림픽평균 적용

***수확기가격 산출**

수확년도 중품, 상품 평균가격에 농가수취비율을 곱한 값

(수확기 가격)=(상품, 중품의 평균가격)x(농가수취비율)

* **농가수취비율**: 도매시장 가격에서 유통비용 등을 차감한 농가수취가격이 차지하는 비율로 사전에 결정된 값

① **농가수취비율 미적용 품목(지역농협 직접수매): 마늘, 나물용 콩**

② 농가수취비율 적용 품목: 마늘과 나물용 콩을 제외한 농업수입감소보장 품목

③ **농가수취비율: 최근 5년간 올림픽평균: 콩(장류,두부, 밥밑용), 양파, 포도, 옥수수**

품목	올림픽 평균
콩	장류.두부용.밥밑용: **중품과 상품 평균가격**의 5년 올림픽 평균값
	나물용: 제주도 **지역농협의 5년 연도별 평균 수매가**를 올림픽 평균값 **(수매금액의 합)/(수매량의 합) (가입년도 미포함)**-직전 5년
고구마	가락도매시장 연도별 **중품과 상품 평균가격**의 5년 올림픽 평균값 **(가입년도 미포함)** 2개 이상의 품종인 경우: **면적의 비율에 따라 가중평균**
양파	가락도매시장 연도별 **중품과 상품 평균가격**의 5년 올림픽 평균값 **(가입년도 미포함)**-직전 5년, -농가수취비율 적용
감자 가을재배	가락도매시장 연도별 **중품과 상품 평균가격**의 5년 올림픽 평균값 **(가입년도 포함)** -농가수취비율 적용
양배추	가락도매시장 연도별 **중품과 상품 평균가격**의 5년 올림픽 평균값 **(가입년도 포함)** -농가수취비율 적용
마늘	**지역농협 수매가격 평균값**의 보험가입 직전 5년 올림픽 평균값 **(가입년도 포함)** -농가수취비율 **미적용**
옥수수	가락도매시장 연도별 **중품과 상품 평균가격**의 5년 올림픽 평균값 **(가입년도 미포함)**-직전 5년, -농가수취비율 적용
포도	가락도매시장 연도별 **중품과 상품 평균가격**의 5년 올림픽 평균값 **(가입년도 미포함)**-직전 5년, -농가수취비율 적용

***기준수입=(평년수확량)x(기준가격)**

***실제수입=(수확량+미보상감수량)xMin{기준가격, 수확기가격}**

***실제수입(감자)=(수확량+미보상감수량-병충해감수량)xMin{기준가격, 수확기가격}**

***실제수입(옥수수)=(기준수입)-(손해액),**

(손해액)=(기준가격-수확기가격)x(표준수확량-피해수확량)+(기준가격)x(피해수확량),

(가격하락인 경우)

(손해액)=(기준가격)x(피해수확량), (가격상승인 경우)

예제 1 *제주도지역 농협 연도별 수매현황(단위: 수매량(kg), 수매가격(만원))
농업수입안정보장: 콩(나물용)-(보험가입일: 25년 6월 10일)

구분	A농협		B농협		C농협	
	수매량	수매가격	수매량	수매가격	수매량	수매가격
2020년	18,000	7,800	20,000	8,000	22,000	8,200
2021년	19,000	7,900	20,000	8,000	21,000	8,100
2022년	20,000	8,000	21,000	8,200	19,000	7,800
2023년	20,000	8,000	21,000	8,000	19,000	7,400
2024년	19,000	8,200	20,000	8,800	21,000	8,800
2025년	22,500	8,100	21,000	8,000	19,500	7,840

풀이 1

(가준가격)
2020년=24,000만/60,000=4,000원, 2021년=24,000만/60,000=4,000원
2022년=24,000만/60,000=4,000원, 2023년=23,400만/60,000=3,900원
2024년=25,800만/60,000=4,300원,
4,000, 4,000, 4,000, 3,900, 4,300의 올림픽 평균값, 기준가격=올림픽평균값=4,000원
(수확기가격)=(8,100만+8,000만+7,840만)/(22,500+21,000+19,500)
=23,940만/63,000=3,800원

예제 2 다음 조건을 참조하여 농업수입보장방식 고구마 품목의 기준가격과 수확기가격의 계산과정과 값(원)을 쓰시오.

*** 서울시 농수산식품공사 가락도매시장 연도별(고구마) 평균수매 가격(원/kg)**

품종	재배면적	분류	2020년	2021년	2022년	2023년	2024년	2025년
밤 고구마	1,800m^2	중품	2,300	2,400	2,500	2,600	2,800	2,200
		상품	3,300	3,400	3,300	3,200	3,400	2,800
호박 고구마	1,200m^2	중품	2,900	3,000	2,900	3,000	3,200	2,600
		상품	3,500	3,600	3,700	3,600	3,800	3,400
농가수취비율			78%	82%	79%	80%	81%	78%

-2025년 수확하는 품종이고 2025년 5월에 보험 가입함

풀이 2

농가수취비율(20년~24년 올림픽평균), (79+80+81)/3=80%
재배면적비율, 밤고구마=60%, 호박고구마=40%, 기준가격, (가입년도 미포함 직전 5년 올림픽평균)
연도별(20년~24년)중에서 상품, 중품 평균가격에서 최대, 최소를 제외한 나머지 3개의 평균값,
밤고구마: 2,800, 2,900, 2,900, 2,900, 3,100 (올림픽평균)
(2,900+2,900+2,900)/3=2,900원, 2,900x60%x0.8=1,400원
호박고구마: 3,200, 3,300, 3,300, 3,300, 3,500 (올림픽평균)
(3,300+3,300+3,300)/3=3,300원, 3,300x40%x0.8=1,056원,
(기준가격)=1,400+1,056=2,456원
수확기가격=2,500x60%x0.8+3,000x40%x0.8=1,200+960=2,160원

예제 3

다음 조건을 참조하여 농업수입보장방식 마늘 품목의 기준가격과 수확기가격의 계산과정과 값(원)을 쓰시오.

***경북 의성군 지역농협 수매가격(원/kg) (단위: 수매량(kg), 수매가격(만원))**

구분	의성농협		금성농협		새의성농협	
	수매량	수매가격	수매량	수매가격	수매량	수매가격
2020년	18,000	7,800	20,000	8,000	22,000	8,200
2021년	19,000	7,900	20,000	8,000	21,000	8,100
2022년	20,000	8,000	21,000	8,200	19,000	7,800
2023년	20,000	8,000	21,000	8,000	19,000	7,400
2024년	19,000	8,200	20,000	8,800	21,000	8,800
2025년	22,500	8,100	21,000	8,000	19,500	7,840

- 보험가입일: 24년 11월 1일이고 25년도 수확하는 품목
- 농가수취비율이 적용가능하면 78%를 적용한다.

풀이 3

(기준가격)
2020년=24,000/60,000=4,000원, 2021년=24,000/60,000=4,000원
2022년=24,000/60,000=4,000원, 2023년=23,400/60,000=3,900원
2024년=25,800/60,000=4,300원,
4,000, 4,000, 4,000, 3,900, 4,300의 올림픽 평균값, 기준가격=올림픽평균값=4,000원
(수확기가격)
2025년=(8,100+8,000+7,840)/(22,500+21,000+19,500)=23,940/63,000=3,800원

예제 4 *경북 의성군 지역농협 수매가격(원/kg) (보험가입일: 24년 11월 1일)

연도	의성	새의성	금성	금성중부
2019년	4,500	4,400	4,400	4,300
2020년	4,500	4,450	4,500	4,550
2021년	4,500	4,550	4,450	4,500
2022년	4,500	4,600	4,600	4,700
2023년	4,550	4,500	4,450	4,500
2024년	4,500	4,400	4,400	4,300
2025년	4,350	4,200	4,250	4,400

풀이 4

4개 농협 수매가격의 평균(20년~24년),
4,500, 4,500, 4,500, ~~4,600~~, ~~4,400~~의 올림픽평균값=4,500원, 기준가격=4,500원

예제 5 종합위험 농업수입감소 보장방식 콩 품목에 보상하는 재해로 피해가 발생하였다.
계약내용 및 조사내용을 참조하여 다음 물음에 답하시오.
(단, 피해율은 % 단위로 소수점 아래 셋째자리에서 반올림)

*** 제주도 지역 농협의 연도별 서리태과 백태 평균수매 가격(원/kg)**

품종	재배면적	2020년	2021년	2022년	2023년	2024년	2025년
A(백태)	1,500m²	3,300	3,600	3,500	3,400	3,800	3,000
B(서리태)	1,000m²	3,700	4,200	3,800	4,000	4,500	3,500

- 2025년 수확하는 품종이고 2025년 6월에 보험 가입함.
- 농가수취비율이 적용가능하면 80%를 적용한다.

***계약내용 및 수확량 조사내용**

보험가입금액	평년수확량	수확량	미보상비율	자기부담비율
최대가입금액	3,000kg	1,600kg	20%	최저비율적용

물음 1 기준가격과 수확기 가격을 산정하시오.(원단위 미만은 절사)

물음 2 농업수입감소 보험금의 계산과정과 값(원)을 쓰시오.

풀이 5

(물음1) 재배면적비율, A=60%, B=40%,

수확기가격(25년), A품종=3,000원, 3,000x0.8x60%=1,440원

B품종=3,500원, 3,500x0.8x40%=1,120원,

(수확기가격)=1,440+1,120=2,560원

기준가격, (콩은 가입년도(25년) 미포함 직전 5년 올림픽평균)

연도별(20년~24년)중에서 최대, 최소를 제외한 나머지 3개의 평균값,

A품종=(3,600+3,500+3,400)/3=3,500원, 3,500x0.8x60%=1,680원

B품종=(4,200+4,000+3,800)/3=4,000원, 4,000x0.8x40%=1,280원,

(기준가격)=1,680+1,280=2,960원

(물음2) 기준수입=3,000x2,960=888만원, 보험가입금액(최대)=888만원

미보상감수량=(3,000-1,600)x0.2=280kg

실제수입=(1,600+280)x2,560=4,812,800원

피해율=(888만-4,812,800원)/888만=0.45801, 45.8%

농업수입감소 보험금=888만원x(0.458-0.2)=2,291,040원

24

시설물총정리

24 시설물총정리

구분	비가림시설
보상하는 재해	**- 자연재해, 조수해** **- 화재 특약(화재특약 가입 여부 확인)**
보험가입금액	산정된 **재조달가액의 80%~130%** 범위에서 가입(감가상각 없음) **(재조달가액)=(비가림시설의 가입면적)x(m^2 당 시설비)** (천원 단위 절사)
손해에 의한 보험금	- **손해액 산정**: 재조달가액(피해액)=**(피해 면적)x(m^2 당 시설비)**, - 감가피해액(수리복구 완료 여부에 따라 감가상각율 적용) - 자기부담금: 손해액의10%, (최소30만원~최대100만원)한도 - 피복재 단독사고: 손해액의10%, (최소10만원~최대30만원)한도
잔존물 제거비용	- **잔존물제거비용=Min{손해액x0.1, 실제잔존물제거비용}** - 자기부담금(O), 100만원 차감 완료 시(X) - 비례보상(X)
손해방지비용	- 자기부담금(O), 100만원 차감 완료 시(X) - 한도(X), 비례보상(X)
대위권보전비용 잔존물보전비용	- 자기부담금(O), 100만원 차감 완료 시(X) - 한도(X), 비례보상(X)
기타협력비용	- 100% 지급
지급 보험금	**보험금=Min{손해액(손+잔)-자기부담금액, 보험가입금액}**
예제문제	보험가입금액: 850만원, 피해액=손해액: 900만원 잔존물제거비용: 60만원, 손해방지비용: 30만원 대위권보전비용: 20만원, 잔존물보전비용: 10만원 (풀이) 잔존물제거비용=**Min{900만원x0.1, 60만원}=60만원** 손해액+잔존물제거비용=900만+60만=960만원 자기부담금액=96만원(4만원 추가 차감 가능) 보험금=Min{960만-96만, **850만원**}=850만원 비용의 보험금액=(30만+20만+10만)-4만원=56만원 지급보험금=850만원+56만원=9,060,000원 **화재에 의한 사고(화재특약 가입) 보험금** 자기부담금=0원 지급보험금=850만원+60만원=9,100,000원

구분	해가림시설
보상하는 재해	- 자연재해, 조수해, 화재 (재조달가액보장 특약 신설)
보험가입금액	(재조달가액)=(해가림시설의 면적)x(m^2 당 시설비), (천원 단위 절사) (재조달가액)x(1- 감가상각율), (설치시기~가입시기까지 감가상각율) (재조달가액)x(1- 감가상각율)의 90~130% 또는 ~~80~130%~~
	재조달가액보장 특약에 가입하면 감가상각하지 않음 (재조달가액)의 90~130% 또는 ~~(재조달가액)의 80~130%~~
내용연수	- 목재: 6년(13.33%), 철재: 18년(4.44%), 경년감가율=80%/내용연수
보험가액산정	- 재조달가액x(1- 경년감가율x경과연수), 사고당시 보험가액
피해액산정	(피해칸수)x(칸넓이)x(m^2 당 시설비)
손해액산정	Med{피해액, 감가피해액, 보험가액의 20%} - 자기부담금: 손해액의10%, (10만~100만원)한도, 비례보상(O)
잔존물 제거비용	- 잔존물제거비용=Min{손해액x0.1, 실제잔존물제거비용} - 자기부담금(O), 100만원 차감 완료 시(X), 비례보상(O)
손해방지비용	- 자기부담금(O), 100만원 차감 완료 시(X) - 한도(20만원), 비례보상(O), (선한도, 후비례),
대위권보전비용 잔존물보전비용	- 자기부담금(O), 100만원 차감 완료 시(X) - 한도(X), 비례보상(O)
기타협력비용	- 100% 지급
지급보험금	Min{(손해액(손+잔)- 자기부담금액)x비례보상, 보험가입금액}
예제문제	보험가입금액: 2,000만원, 보험가액: 2,000만원 피해액: 1,000만원, 감가피해액=800만원 잔존물제거비용: 100만원, 손해방지비용: 30만원 재조달가액보장 특약에 미가입 (풀이) 전부보험 비례보상(X), 보험가액의 20%=400만원, 피해액=1,000만원, 감가피해액=800만원이므로 손해액=800만원, 잔존물제거비용=80만원, (손해액+잔존물제거비용)=880만원, 자기부담금액=88만원 (목적물+잔존물) 보험금=Min{(880만- 88만)x1, 2,000만원}=792만원 손해방지비용=20만원 한도, (20만- 2만원)x1=180,000원 총 지급보험금=792만원+18만원=8,100,000원

구분	농업용 시설물(원예시설, 버섯재배사)
보상하는 재해	**- 자연재해, 조수해** **- 화재 특별약관**(자기부담금=0원) **- 화재대물배상책임 특별약관** **- 수재 부보장 특별약관**
보험가입금액	하우스 1동 단위 산정된 **재조달가액의 90%~130%** 범위에서 가입 **(재조달가액)=(농업용시설의 면적)x(m^2 당 시설비)** - 재조달가액보장 특약에 가입하지 않은 경우에는 감가상각율 적용 - 부대시설=계약자 고지사항 참조
피해액산정	**(피해면적)x(m^2 당 시설비), 구조체, 피복재, 부대시설 각각 산정**
손해액산정	재조달가액(피해액)x(1- 경년감가율x경과월수) 경과월수: 30개월=2.5년, 39개월=3.25년, 45개월=3.75년
자기부담금액	**(구조체+피복재=농업용 시설물)+(부대시설)=30만원~100만원 한도,** **가중평균하여 농업용 시설물과 부대시설 자기부담금을 각각 산정**
잔존물 제거비용	- 잔존물제거비용=Min{손해액x0.1, 실제잔존물제거비용} - **자기부담금(O)**, 100만원 초과시(X) - 비례보상(X)
손해방지비용	- 자기부담금(X), - 한도(X), 비례보상(X)
대위권보전비용 잔존물보전비용	- 자기부담금(X), - 한도(X), 비례보상(X)
기타협력비용	- 100% 지급
지급보험금	**Min{손해액**(손+잔)**- 자기부담금액, 보험가입금액}**
내용연수	**- 유리온실(철골조): 60년(1.33%)** **- 유리온실(경량철골조): 40년(2.0%)** **- 단동하우스: 10년(8%)** **- 연동하우스: 15년**(5.3%) **- 부대시설: 8년(10%)** **- 피복재(장기성po): 5년(16%)** **- 피복재(비닐필름): 1년(고정감가 40%)** **- 이동식 하우스(2~4년): (고정감가 30%)** **- 이동식 하우스(5~8년): (고정감가 50%)**

구분	축산시설물
보상하는 재해	- **자연재해(풍해.수해.설해.지진), 화재**에 의한 손해 - 화재에 따른 소방손해 - **방재 및 긴급피난: 5일(120시간)이내 발생한 손해**
보험가액 산정	**(재조달가액)x(잔가율)**
수정잔가율 (최댓값)	**- 보온덮개. 쇠파이프 조인 축사구조물: 50%** **- 보온덮개. 쇠파이프 이외의 축사구조물: 70%** **- 보온덮개, 쇠파이프 구조 (6개월 이내 복구되지 않음): 30%**
비례보상	- **부보비율조건부 실손 보상**(보험가액의 80%까지는 전부보험) - 손해액 산정: 재조달가격(피해액), 감가피해액 - **비례보상(O), 보험가액x80%(부보비율조건부 실손보상)** - 보험가입금액<보험가액의 80% ⇨ 비례보상(O) - 보험가입금액≥보험가액의 80% ⇨ 전부. 초과보험, 비례보상(X)
자기부담금	**- 풍재.수재.설해.지진=Max{손해액x비례보상x자기부담비율, 50만원}** **- 화재: 손해액x비례보상x자기부담비율**
잔존물 제거비용	- 잔존물제거비용=Min{손해액x0.1, 실제잔존물제거비용} - 자기부담금(O) - 비례보상(O)
손해방지비용	- 자기부담금(X) - 한도(X), 비례보상(O) - 축사에서 대위권보전비용과 잔존물보전비용에 관해서는 언급이 없음.
지급보험금	**- 풍재·수재·설해·지진** **=Min{(손해액+잔존물)x비례보상- 자기부담금액, 잔존보험가입금액}** **- 화재=Min{(손해액+잔존물)x비례보상x(1- 자기부담비율), 보험가입금액}**
잔존 보험가입금액	- 보상하는 손해에 따라 손해를 보상하는 경우에는 보험가입금액에서 보상액을 뺀 잔액을 손해가 생긴 후의 나머지 보험기간에 대한 잔존보험가입금액으로 한다.
중복보험	- **가입금액 비례분담방식**(보험가입금액 가중평균) - **독립책임액 분담방식**(보험금액 가중평균) - 자기부담금=0원

예제 1 인삼재해보험을 가입한 농가가 태풍으로 인하여 해가림시설에 일부피해가 발생하였다. 다음 계약내용 및 조사내용을 참조하여 보험금의 계산과정과 값(원)을 쓰시오.(단, 보험금 산정 시 원단위 미만은 절사)

*해가림시설 계약내용

가입면적	칸넓이	m²당 시설비	시설재료	경과년수	보험가입금액
8,000m²	4m²	5,000원	목재	2년	(가)

*해가림시설 조사내용

*피해칸수 조사(600칸, 일부 또는 전체파손)

전체파손	20%파손	40%파손	60%파손	80%파손
200	-	-	100	300

- 잔존물제거비용: 666,000원, 손해방지비용: 266,000원
- 재조달가액보장 특약에 미가입

풀이 1

재조달가액=8,000x5,000원=4,000만원, 보험가입금액=4,000만원x(1-0.1333x2)=29,336,000원

보험가액=4,000만원x(1-0.1333x2)=29,336,000원, 일부보험, 비례보상=2,933만원/29,336,000원

피해칸수=200x1+100x0.6+300x0.8=500칸, 피해액=500칸x4x5,000원=1,000만원

감가피해액=1,000만원x(1-0.1333x2)=7,334,000원

보험가액의 20%=29,336,000원x0.2=5,867,200원

손해액=7,334,000원, 잔존물제거비용=Min{7,334,000원x0.1, 666,000원}=666,000원

(손해액+잔존물제거비용)=800만원, 자기부담금액=800,000원

(목적물+잔존물)보험금=Min{(800만원-80만원)x(2,933만원/29,336,000원), 2,933만원}=7,198,527원

손해방지비용=(20만원-2만원)x(2,933만원/29,336,000원)=179,963원(20만원 한도 비례보상)

해가림시설 보험금=7,198,527원+179,963원=7,378,490원

예제 2 농작물재해보험 농업용시설물인 단동하우스와 부대시설에 보상하는 재해(태풍)으로 피해가 발생하였다. 다음 계약내용 및 조사내용을 참조하여 물음에 답하시오.

***계약내용 및 조사내용**

구분	단동하우스	부대시설
보험가입금액	최대가입금액	1,200만원
가입면적	600m²	-
m²당 시설비	100,000원	-
내용연수	10년(8%)	8년
설치시기	2022년 12월1일	2022년 12월1일
가입시기	2024년 12월1일	2024년 12월1일
사고발생시기	2025년 6월1일	2025년 6월1일
피해면적	300m², 전체파손	피해액: 600만원

- 화재위험보장 특별약관에 가입하였고 재조달가액보장 특별약관은 미가입
- 주어진 조건 이외 다른 조건은 고려하지 않음.

물음 1 단동하우스 보험금의 계산과정과 값(원)을 쓰시오.(단, 원단위 미만은 절사)

물음 2 부대시설물 보험금의 계산과정과 값(원)을 쓰시오.(단, 원단위 미만은 절사)

풀이 2

재조달가액=600x10만원=6,000만원,

보험가입금액=6,000만원x(1-0.08x2)=5,040만원의 90%~130%

보험가입금액(최대)=5,040만원x1.3=6,552만원

단동하우스 피해액=300x100,000원=3,000만원

부대시설 피해액=600만원,

단동하우스 손해액=3,000만원x(1-0.08x2.5)=2,400만원

부대시설 손해액=600만원x(1-0.1x2.5)=450만원

손해액의 총합=2,400만원+450만원=2,850만원, 자기부담금액=100만원,

단동하우스 자기부담금=100만원x(2,400만/2,850만원)=842,105원

부대시설 자기부담금=100만원x(450만/2,850만원)=157,894원

단동하우스 보험금=Min{2,400만원-842,105원원, 6,552만원}=23,157,895원

부대시설 보험금=Min{450만원-157,894원, 1,200만원}=4,342,106원

예제 3 보상하는 재해로 인하여 축사에 지진 피해가 발생하였다. 다음 조사내용을 참조하여 각 농가의 보험금을 산정하시오.

보험 가입금액	재해	사고조사 내용		
		구조	재조달가액	잔가율
2,240만원	지진	보온덮개, 쇠파이프 조인 구조	8,000만원	최댓값 적용
손해액 산정	지진 피해로 인해 지붕틀 1개 수리비용: 150만원			
	지진 피해로 인해 지붕재 $10m^2$ 수리비용: 200만원			
	지진 피해로 인해 기둥과 벽에 생긴 균열 8m 수리비용: 250만원			
	지진 피해로 인한 긴급피난 5일째 발생한 손해비용 : 350만원			
잔존물제거비용	잔존물 청소비용: 25만원			
	잔존물 해체비용: 55만원			
	잔존물을 폐기물로 처리하는 비용: 50만원			
	잔존물을 차에 싣는 비용: 20만원			

- 자기부담비율: 0%, 손해방지비용: 30만원, 수리복구 완료됨
- 보험목적물이 지속적인 개.보수가 이루어져 보험목적물의 가치증대가 인정된 경우

물음 1 보험가액의 계산과정과 값(원)을 쓰시오.

물음 2 지급보험금(비용포함)의 계산과정과 값(원)을 쓰시오.

풀이 3

(1) 보온덮개, 쇠파이프 조인 구조물의 수정잔가율 최댓값=50%

보험가액=8,000만원x0.5=4,000만원, 보험가입금액=2,240만원(일부보험)

(2) 비례보상=2,240/(4,000x0.8)=0.7, 70%

손해액=200만+250만+350만원=800만원

실제잔존물제거비용=25만+55만+20만=100만원

잔존물제거비용=Min{800만원x0.1, 100만원}=80만원

손해액+잔존물제거비용=880만원,

[illegible]기부담금액=Max{880만원x0.7x0.0, 50만원}=50만원

[illegible]액+잔존물제거비용 보험금=Min{880만원x0.7-50만원, 2,240만원}=5,660,000원

[illegible]지비용=30만원x0.7=21만원

[illegible]=5,660,000원+21만원=5,870,000원

예제 4 가축 축사에 보상하는 재해(태풍)로 인하여 피해가 발생하였다. 다음 계약내용 및 조사내용을 참조하여 지급보험금(비용포함)(원)을 산정하시오.

*계약내용 및 조사내용

재해종류	보험가입금액	구조체	재조달가격
태풍	2,800만원	보온덮개. 쇠파이프 이외의 축사구조물	1억원

손해액	잔존물제거비용	손해방지비용	자기부담비율	잔가율
5,500만원	500만원	100만원	5%	최댓값적용

- 보험목적물이 지속적인 개. 보수가 이루어져 보험목적물의 가치증대가 인정됨.
- 내용연수가 지나서 잔가율의 최댓값을 적용함.

풀이 4

(정확한 계산법)

(보험가액)=1억원x0.7=7,000만원

보험가액의 80%, 7,000만원x0.8=5,600만원, 보험가입금액=2,800만원(일부보험)

비례보상=2,800/(7,000x0.8)=0.5

손해액=5,500만원, 잔존물제거비용=Min{5,500만원x0.1, 500만원}=500만원

(손해액+잔존물제거비용)=6,000만원

자기부담금액=Max{6,000만원x0.5x0.05, 50만원}=150만원

(목적물+잔존물제거비용)의 보험금=Min{6,000만원x0.5-150만원, 2,800만원}=2,800만원

손해방지비용=100만원x0.5=500,000원

지급 보험금=2,800만원+50만원=28,500,000원

(잘못된 계산법)

(보험가액)=10,000만원x0.7=7,000만원

보험가액의 80%, 7,000만원x0.8=5,600만원, 보험가입금액=2,800만원(일부보험)

비례보상=2,800/(7,000x0.8)=0.5

손해액=5,500만원, 자기부담금액=Max{5,500만원x0.5x0.05, 50만원}=1,375,000원

(손해액)의 보험금=Min{5,500만원x0.5-1,375,000원, 2,800만원}=26,125,000원

잔존물제거비용=Min{5,500만원x0.1, 500만원}=500만원,

자기부담금액=500만원x0.5x0.05=125,000원

(잔존물제거비용)의 보험금=500만원x0.5-125,000원=2,375,000원

(목적물+잔존물제거비용)의 보험금=26,125,000원+2,375,000원=2,850만원

손해방지비용=100만원x0.5=500,000원

지급 보험금=2,850만원+50만원=29,000,000원

2025 유튜버 나원참 손해평가사 2차 이론서 주제별 특강 상권
개념·예제 설명+실전문제풀이

발행일 2024년 12월 15일
발행처 인성재단(지식오름)
발행인 조순자
편저자 나원참
집 이우미
979-11-93686-89-8
[illegible]8,000원